인문학의 위기

인문의 새로운 길을 향한 중국 지식인의 성찰과 모색

인문학의 위기

백원담 편역

푸른숲

■《인문학의 위기》발간에 부쳐

세계화의 조류 바깥에서 어떻게 '인간'을 탐구할 것인가

1995년 가을, 나는《인문정신심사록(人文精神尋思錄)》이라는 책의 후기를 쓰면서 '인문정신' 토론의 특징을 다음과 같이 설명했다.

"우선, 그것은 현실의 정신 문제를 겨냥해서 전개한 토론이다. 그것은 우리의 구체적인 생존 경험에서 발원한 것이며, 시종일관 중국이라는 특정한 사회문화와 사상 환경 속에서 온양되고 전개되고 마침내 발아되어 나온 것이다. 다음으로 그것은 강렬한 비판성을 체현해낸 토론이며, 그 비판의 범위는 매우 광범위하다. 따라서 그것은 우선 심각한 반성으로 표현되었고, 크게는 그것을 지식인의 자아 힐문과 자아 비판이라고 여겨도 괜찮을 것이다"

그로부터 거의 3년이 지났고, 맨 처음의 열렬한 토론 분위기는 자연 일찌감치 사라져버렸다.

그러나 그것이 겨냥했던 '현실의 정신 문제'는 확실히 더욱 커지고 구체화된 것으로 보인다. 정의감과 도덕감이 보편적으로 약화되었을 뿐만 아니라 인간과 인간 사이의 신뢰감은 그것보다 훨씬 더 미미해졌고, '현실의 정신 문제' 또한 더욱 심각하게 표현되었으니, 이것은 바로 '인간'에 대한 이해가 나날이 좁아지고 있음을 반증하는 것이고, '인간'이라는 개념이 갖는 풍부함을 엄중하게 상실한 결과라고 할 것이다.

사람은 무엇인가? 사람은 등따습고 배부른 것을 최고의 욕구로 생각하는 생물에 지나지 않는다. 무슨 정의라든가 자유, 자연과의 조화, 아름다움에 대한 추구, 사회의 공정함과 정치의 민주화, 이런 것들은 모두 그 다음으로 중요한 것이다. 등따습고 배부르기 위해서라면, 이런 것들은 뒷전에 있어도 상관없다.

그러나 생활이 부유해지면 이런 기본적인 욕구들은 사람들의 관심 밖으로 밀려난다. 그리고 경제의 발전은 필연적으로 다른 방면의 진보를 가져올 것인데, 그렇다면 무엇이 경제의 발전인가? 큰 공장, 큰 회사, 비행기, 기차, 고층빌딩 등등…….

1990년대에 들어선 이후 중국사회 곳곳에서 사람들은 모두 떳떳하게 이러한 '인간'이라는 관념을 선양한다. 유행하고 있는 생활풍습에서부터 많은 문화인들의 '현대화'와 '시장경제'에 대한 열렬한 찬양에 이르기까지, 게다가 정부의 사회정책은 물론이고 거의 모두가 이러한 '인간'에 대한 정의를 크게 부각시키고 있다.

하지만 이러한 좁은 근시안들, 거기에는 이미 무슨 사람됨됨이랄까 하는 존엄한 '인간'의 개념은 거의 없다. 인구가 세계 제일인 나라에서 '인간'에 대한 인식이 마침내 이처럼 초라한 지경에 이르렀다니, 정말 놀라지 않을 수 없다. 이런 식의 인간 관념이 결국 사람들의 '현대화'에 대한 보편적 인식을 주재한다면, 그들의 생활과 사회발전 목표에 대한 기본 설정을 이끌고, 심지어 그들의 이러한 목표에 대한 지속적 추구를 좌지우지할 수 있다면, 그것이 마지막에 어떤 결과를 낳을지는 상상조차 할 수 없다.

물론, 인간을 이러한 안목으로 인식하는 것은 크게는 생활상태에 따라 불거져나온 것이다. 그것은 결코 하나의 인식 문제만도 아니며,

하나의 문화현상만도 아니다. 그 배후에는 연속된 엄혹한 정치, 경제와 사회사건이 연루되어 있고, 일단의 길고 오랜 고통의 역사가 숨쉬고 있다. 여기에서 이러한 사건과 역사를 자세하게 진술할 수는 없지만, 그러나 나는 그것들이 당대 중국인의 정신세계를 주조하는 데 결정적인 작용을 했다는 사실을 강조하고자 한다. 이러한 사건과 역사 모두가 중국이라는 땅덩어리에서 발생한 것이므로, 가히 중국에서만 볼 수 있는 현상이라고 할 수 있으리라. 하지만 다른 한편, 그것들은 또한 20세기 아시아와 세계를 석권한 '세계화' 진행 과정에서 발생한 결과이고, 이렇게 진전된 것은 중국의 '본토화'와 밀접한 관련이 있다.

이렇게 볼 때 당대 중국사회의 '인간'에 대한 인식의 비속화 경향, 중국 지식인의 '인문정신' 토론에서 발단된 이러한 경향에 대한 질의와 비판은 단지 중국 '특정'의 의미만을 갖지는 않을 것이다. 그처럼 피동적으로 '세계화' 진행에 편입된 국가와 지역에서, 이러한 지역의 인민들이 '현대화' 과정 추구에 애쓰지 않을 수 없었던 과정에서, 중국과 마찬가지로 '인간' 및 그 '현대화'에 대한 단면(片面)적 이해, 인류의 풍부한 생존의의를 그대로 보아넘기는 일이 끊임없이 발생하고 있다.

20세기는 바야흐로 종결되고, 다국적 자본과 미개발지구의 각종 세속 권력은 서로 이용하며, 이들 지역의 인민생활—육체적 욕망에서 정신현상에 이르기까지—을 조종하는 거대한 역량을 드러내고 있다. 이러한 엄준한 현실에 직면하여 여하히 '세계화' 흐름이 획정한 시야의 바깥에서, '인간'을 새롭게 이해하고, 인간적 생활을 체험하고 상상하며, 인간의 생존의의를 탐구·확인하고, 아울러 여기에 의거하여 개인과 사회의 발전 목표를 다시 새롭게 확립할 것인가? 이것은 바로 우리가 앞으로 새로운 세기 동안 반드시 답변해 나가지 않으면 안 되는 가장 절박한 문제이다. 이러한 문제는, 물론 중국인 면전에 바로 직면해 있지만, 내가 생각하기에는 동아시아를 포함한 아시아 대륙, 세계인의 눈앞에 닥친 문제가 아닐 수 없다.

바로 이러한 문제인식 속에서 백원담 선생이 중국 '인문정신' 논쟁에 관한 문헌을 번역, 한국의 독자들에게 소개하고자 한다는 것을 알고, 나는 매우 기쁘게 생각했다. 이들 문헌이 반영한 당대 중국사회의 문화와 정신 위기, 중국 지식인이 이러한 위기를 맞아서 보여준 무감함과 경각심, 직시와 반항이 한국의 독자들에게 유익한 참조를 제공하기를 바란다. 더욱이 당면한 경제 위기로부터 촉발된 한국 지식인의 깊은 반성과 사고 또한 중국 지식계에 유익한 참조와 계시를 제공할 수 있기를 희망한다.

우리는 분명 전세계를 석권한 역사 진행 속에 함께 처해 있을 뿐만 아니라, 유사한 정치·경제와 문화적 곤경의 엄중한 압박에 직면해 있는 것이다.

1999년 8월 상해에서
왕효명(王曉明)

■ 편역자 서문

　1993년부터 3년여에 걸쳐 진행된 중국 지식인들의 인문정신 논쟁에 대한 기획 구상은 박사학위 논문을 쓰고자 머물렀던 1996년 1월 북경대에서 이루어졌다. 당시 인문정신은 초기의 문학과 인문학의 위기 논쟁에서 지식인 논쟁으로 전화해 중국 문단과 학계가 그야말로 시끌벅적했는데, 인신 공격으로까지 번진 논쟁의 막바지를 보면서 한편의 안타까움과, 한번 쟁점을 붙들면 끈질기게 물고늘어지는 중국 지식인들에 대한 부러움으로 논쟁의 처음과 마무리를 집요하게 추적해보아야겠다는 생각을 굳히게 되었던 것이다.
　그런데 또 한편 뇌리 속에는 오기와 책임감도 도사리고 있었다. 당시는 우리 학계 및 문단에서도 온통 서구의 포스트사조에 학문적 거처를 둔 우리 인문학 및 문단의 도저한 외세풍에 대한 자성 속에서 동아시아 및 근대성 논의가 막 차오를 때였다. 따라서 동일한 근대의 경험 속에서 역사의 한 굽이를 넘고, 자본주의의 세계적 확장 속에서 힘겨운 역사의 새로운 도정을 열어나가야 하는 중국 지식계의 문제인식이 그래도 서구의 허무주의적인 지적 풍토보다는 생생한 참조가 되어 줄 것이라는 확신, 무엇보다도 중국 지식인들의 고민의 현주소를 정확하게 이해하고, 그 공통의 이해 지반을 출발선으로 할 때 서구적 근대의 가공할 지배 관철을 넘어서는 새로운 문명적 대안을 마련해나갈 수 있을 것이라는 전망, 그리하여 우리의 동아시아론이 그야말로 담론의 재생산구조 속에만 머무는 것이 아니라 새로운 세기를 여는 진정한 모색이 될 수 있도록 논의의 중심을 견인해내야 한다는 중국 연구자로서의 책임의식이 감히 발동했던 것이다.

그러나 정작 책의 긴밀한 구성과 보다 치밀한 번역은 의욕에 미치지 못했다. 책의 제목은 많은 고심 끝에 '인문학의 위기'로 붙였다. 중국에서는 인문정신론과 그것이 형성한 쟁점 부면의 광범함과 지식인 논쟁 등 새로운 쟁점으로의 전화를 이루었다는 점에서 '인문정신과 인문학의 위기'가 보다 적합할 수 있겠다. 그러나 최근 인문학의 위기, 나아가 학문의 위기가 문제범주로 떠오르고 있는 우리의 절박한 인문 현실에 보다 부응하고 계발지점을 고려하여 '인문학의 위기'로 최종 결정하였다.

이 책은 3부로 구성되었다. 1부와 2부는 중국 인문정신 논쟁의 쟁점과 추이를 추적할 수 있도록 주요한 논의와 좌담을 배치하였다. 여기 실린 글들의 저본은 왕효명이 편집한 《인문정신심사록(人文精神尋思錄, 文滙出版社, 1996)》을 기본으로 하고 이 책에 수록되지 않았지만, 논의의 쟁점화가 이루어진 주요한 글들을 추려 실었다. 마지막 3부는 우리 나라에서 나온 인문정신 논쟁에 관한 연구성과들을 수록하였다.

우선 1부는 인문정신론의 제기와 논의의 전개 과정을 볼 수 있는 좌담들을 실었다. 인문정신론이 상해의 일부 학자 및 문학평론가들이 전개한 좌담형식으로 제출된 데서 이후의 논의진전 또한 좌담형식으로 진행되었기 때문이다. 초기의 문제제기는 인문정신의 상실과 문학의 위기 문제에서 비롯된 상해 평단 및 학계의 논의를 통해 알 수 있을 것이다. 〈문학의 위기와 인문정신〉(원제 曠野上的廢墟)이 그것이다. 그러나 그 글이 최초의 문제제기임에도 문화 및 문학의 위기현상을 파악하는 데 치중해 있다는 점에서 1부 중간에 넣었고, 〈우리가 새롭게 찾아야 할 '인문'의 길〉(원제 我們需要怎樣的人文精神)이 인문정신 논의의 철학적 바탕과 주체, 대상, 목표가 비교적 선명하게 드러나고 있어 맨 앞에 배열하였다. 이 논의를 처음에 배치한 것은 이들 논의가 인문정신의 개념을 '부정과 비판'의 정신으로 규정하는 적극성을 띠고 있기 때문이다. 지식인의 진정한 생존을 그 자체의 인간적 실현의 문제보다 사회적 책임성 속에서 획득되는 것으로 이해하는 것은 중국 지식인들의 자기안주 경향에 대한 문제제기적 성격을 강하게 띠고 있을 뿐만 아니라, 우리의 인문 현실을 환기시킬 수 있는 좋은 기제가 될 것이다.

초기의 문제 현상을 확인하고 점검하는 수준에서의 논의는 인문정신의 내용 규정 문제, 중국 문화전통 속에서 지식인과 지식의 존재 방식을 규명하고자 하는 일련의 노력 속에서 이루어졌고, 이후 논의는 인문정신을 새로운 보편가치로 내세우게 된 담론의 중심적 권위를 수립하기보다는 개체적 실천을 통한 인문적 가치의 획득이라는 결론에 이르게 된다. 그런 점에서 〈다원화사회의 새로운 정합 원리, 인문정신〉(원제 道統, 學統與正統)을 주목해볼 수 있다. 〈인문정신 논쟁에 대한 성찰〉(원제 對 '人文精神' 尋思的尋思)은 비교적 균형감 있게 인문정신 논쟁의 지형도를 그리게 한다는 점에서 2부에 실리는 것이 타당하겠지만, 1부가 주로 '좌담' 형식을 띠고 있음으로 해서 1부에 게재하였다.

인문정신 논의가 쟁점화되는 것은 문단의 왕삭(王朔)을 중심으로 한 유행작가들의 반박에서 비롯되어 문학 내 논쟁으로 이루어졌는데, 이들 작가들의 반론은 이 책에서는 배제하였다. 이후 논쟁의 중심이 인문정신의 함의와 새로운 가치 중심의 건설 문제, 지식인 문제로 전화되었으므로, 이 논의에 중점을 두었기 때문이다. 이 책의 2부는 이런 반론의 실제들을 모아보았고 그런 점에서 왕몽(王蒙)과 왕빈빈(王彬彬)의 입장 또한 눈여겨볼 만하다. 그리고 이른바 중국의 포스트모더니스트들이 보인 인문정신 논자들에 대한 비난에 가까운 반론 또한 중국 지식계의 지형을 조감할 수 있다는 점에서 의미가 있을 것이다.

3부는 우리 나라에서 1998년에 집중적으로 나온 인문정신 논쟁에 관한 연구성과들을 수록하였다. 나름의 비판적 입지를 확보한 우리 중국학계의 현주소를 볼 수 있는 대목이 아닌가 한다.

이 책의 한국 출판을 흔쾌히 승낙하고, 원고까지 보내주신 중국 화동사범대학의 왕효명 교수님께 깊은 감사를 드린다. 1년이나 늦어버린 책의 출간을 사과드릴 일이 난감하다. 이 편저의 저본인《인문정신 심사록》을 보내준 북경대 박사연구생 하계매(賀桂梅, 허꿰이메이), 그녀는 이 책을 엮어내는 기획선상에서 결정적 기여를 하였다. 기꺼이 논문을 실어주신 유세종 선생님, 어려운 조건 속에서 논문과 번역 원고를 함께 보내준 심혜영 선생님(이 책의 〈인문정신 논쟁에 대한 성찰〉〈인문정신은 처음부터 존재하지 않았다(人文精神問題偶感)〉〈문학에 대한 세 번째 반성과 왕몽의 잘못된 처방(錯開的藥方)〉번역)께도 한없는 고마움을 전해드린다. 늘 든든한 삶과 학문의 후원자이신 유중하 선생님, 작업에 도움을 주며 늘 질정의 눈길을 거두지 않는 서광덕·권기영·성근제·이보경·임우경·최정섭·박계화·박자영 등 연세대 동학들에게는 학문적 정진으로 보답할 밖에 달리 길이 없는 것 같다.

늘 엄마를 기다리느라 어둠을 밝히고 있었던 아름, 하제 두 아이의 긴 그리움의 인고, 질타와 사랑을 잊지 않는 그이의 치열한 삶에 이 책이 작은 위로가 되었으면 좋겠다.

백 원 담

차례

■《인문학의 위기》 발간에 부쳐 · 5
　세계화의 조류 바깥에서 어떻게 '인간'을 탐구할 것인가

■ 편역자 서문 · 9

제1부　인문학의 위기와 인문정신 논쟁

우리가 새롭게 찾아야 할 '인문'의 길

우리의 전통 속에 인문정신이 있었는가 · 24 / 서구 인문정신의 보편성, 그리고 부정과 비판정신 · 32 / 무엇을 위한 부정과 비판인가 · 36

다원화사회의 새로운 정합 원리, 인문정신

지식인들의 엘리트의식 · 44 / 중국문화의 세 가지 전통—도통, 학통, 정통 · 49
인문정신의 퇴락은 시장경제에 대한 굴복이다 · 53
도통, 학통, 정통은 평등하고 상호보완적이어야 · 57

인문정신, 어떻게 가능한가

문제까지 밖에서 수입해야 하는가 · 66 / 지식인은 어디에 서야 하나 · 70
인문을 관찰하여 천하를 변화시키자 · 74 / 인문정신은 지식인의 일상생활 규범 · 81

문학의 위기와 인문정신

장예모의 욕망 3부곡 · 95 / 서구 관념을 좇는 열정 · 102
심미적 상상력을 상실한 문학 · 105 / 새로운 인문정신에 대한 갈망 · 110

인문정신 논쟁에 대한 성찰

인문정신이 은폐하는 것 · 122 / 새로운 사유방식 · 127
다양한 관점들과의 깊이 있는 대화 · 133

제2부 논쟁을 둘러싼 지식인들의 비판과 반비판

인문정신은 처음부터 존재하지 않았다

정신 지상주의 · 142 / 정신적 가치를 배타적으로 규정하지 말아야 · 146
시장이 살아야 인문정신이 산다 · 151 / 50명의 노신이 존재한다면 · 154

문혁에 대한 세 번째 반성과 왕몽의 잘못된 처방

목소리 낮추기의 음험한 정체 · 164 / 실용주의적이고 현실 안주적인 경향 · 169
저조주의는 위험한 모험 · 172

인문정신 담론은 지식과 서사의 한 종류일 뿐이다

한 시대의 문화가 쏟아낸 병폐 · 182 / 인문정신 담론은 계몽주의 철학 · 187
다원화된 문화 상황은 과도기일 뿐이다 · 191

인문정신, 20세기 최후의 신화

언어 밖에 있는 신비한 권위 · 198 / 인문정신은 구원의 길인가 · 201

제3부 인문정신 논쟁, 어떻게 바라볼 것인가

90년대 중국 인문정신 논쟁의 의의

머리말 · 209 / 인문정신 논쟁 개략 · 211 / 인문정신 논쟁과
중국의 정치 성격 · 215 / 인문정신 논쟁과 시장경제 · 218 / 인문정신 논쟁과
문화 비판 · 221 / 인문정신 논쟁과 지식인 · 225 / 맺음말 · 227

인문정신 논쟁과 90년대 중국사회의 정신적 풍경

머리말 · 233 / 인문정신 논의의 출발 · 234 / 지식인의 자기 반사 · 237
인문정신 '상실' 론 · 241 / '상실' 론에 대한 반격 · 247 / '이왕지쟁' 과 그 해석 · 252
인문정신 논쟁이 얻은 것-문맥의 발견 · 256 / 맺음말 · 265

인문정신이냐 포스트모더니즘이냐

90년대 중국 지식인의 곤혹과 모색 · 271 / 인문정신론 · 276
중국적 포스트모더니즘 · 304 / 맺음말 · 334

| 일러두기 |
1. 중국 고유명사(인명·지명)는 한자음으로 표기했다.
 다만 처음 나올 때는 괄호 안에 중국식 발음을 병기하였다.
2. 본문 중 〔······ : 역주〕로 처리한 부분은 원서에는 없지만, 글의 맥락을
 이해하기 위해서 꼭 설명이 필요하다고 여겨 편역자가 넣은 것이다.

제1부
인문학의 위기와 인문정신 논쟁

우리가 새롭게 찾아야 할 '인문'의 길

왕빈빈(王彬彬)・왕간(王干)・오현(吳炫)・비진종(費振鍾)

왕빈빈
현재 남경(남경군구연치부(南京軍區聯治部) 문예창작실)에서 활동하고 있는 문학평론가이다. 문학계의 신좌파로 분류되기도 하며, 왕몽과 '이왕지쟁'을 벌인 것으로 유명하다.

왕간
〈종산〉이라는 문예종합지의 편집위원으로 활동하고 있는 신진 평론가. 왕몽과 장기간에 걸쳐 대화한 기록인《왕몽과의 대화》를 펴낸 바 있다.

오현
중국 강소성에서 활동하고 있는 문학평론가이자 문학연구자이다.

비진종
중국 강소성을 중심으로 평론활동에 종사하는 문학비평가.

중국 강소성(江蘇省, 장쑤성)에서 활동하는 학자 및 비평가들이 〈상해문학〉에서 제기된 인문정신론에 대해 자신들의 입장을 밝힌 글이다. 이들은 〈상해문학〉에서의 문제제기는 인문정신 현상을 묘사한 것일 뿐이라는 데 인식을 같이 하며 좀더 심층적인 차원에서, 과거 봉건시대의 지식과 지식인의 존재 양식에 대한 토론을 통해 인문정신의 핵심을 '부정과 비판' 정신으로 파악한다.
이들은 인문의 위기를 새로운 인문정신의 보편성과 이를 기초로 한 개체적 실천을 통해 획득해나가야 한다고 역설했던 상해 인문정신 논자들과 마찬가지로, '자기 존재' '자기 존재의식'을 보존하는 문제에 집착하고 있다는 점에서 계몽적 경향을 강하게 드러내고 있다.

오 현(우쉬엔) 〈독서〉 잡지를 통해 몇 차례에 걸쳐 상해의 학자들이 계속해서 인문정신의 상실과 은폐 등의 문제를 제기했습니다. 오늘 마침 우리 강소(江蘇, 장쑤성)의 문학비평에 종사하는 사람들이 한자리에 모였는데, 그 중 일련의 문제들을 심화시켜 보는 것이 어떻겠습니까? 제가 줄곧 생각해온 것은 상실도 좋고 은폐도 좋지만, 그것은 중국에서의 인문정신 현상을 묘사한 것일 뿐이라는 점입니다. 그러나 좀더 심층으로 파고들어가 보면, 그 이면에는 우리들의 과거 인문정신에 대한 이해의 문제가 자리잡고 있습니다. 바꾸어 말하면, 바로 우리가 과거에 추구해왔던 인문정신이 문제가 있었기 때문에 오늘날 이렇게 퇴락하게 되었으며, 지금 우리가 새로운 인문정신의 건립이라는 공전(空前)에 없던 난제에 봉착하게 되었다는 것이죠.

그 밖에 제가 주목하고 있는 것은 중국 유가의 인문적 관심과 서구 근대의 인문담론은 모두 하나의 특징을 가지고 있다는 점입니다. 그것은 바로 그것들 모두가 사회의 주류 담론이었으며, 각각의 문화체계 안에서 주류를 점하고 있다는 것이지요. 이것은 다음과 같은 문제를 제기합니다. 즉, 우리가 유가의 인문적 관심을 포기했는데, 새롭게

우리가 새롭게 찾아야 할 '인문'의 길 21

건립해야 하는 인문 가치 또한 애써 주류화시켜 내야만 할 것인가? 바꾸어 말해서, 금세기 서구의 인문의식이 중국에서 줄곧 주변적 위치에 처해 있던 까닭, 실천 속에서도 유가적 전통을 부정하는 것이 지극히 어려웠던 이유는, 기존의 서구 인문담론이 중국에서 결코 완전하게 적응하지 못했다는 것을 설명해주는 것 아니겠습니까?

왕 간(왕깐) 저는 인문정신이 오늘날 주로 지식인들의 어떤 생존과 사유형태로 체현되었다고 생각합니다. 인문정신의 위기는 도저하게 지식인들의 생존 위기를 설명해줍니다. 구체적으로 말하면, 몇 년 동안 우리 인문학에 종사하는 사람들은 줄곧 '참조(參照)'를 생존의 근거를 삼아왔다는 것입니다.

5·4 시기에 노신(魯迅, 루쉰), 이대조(李大釗, 리따자오), 진독수(陳獨秀, 천두슈) 등 신문화의 선구자들은 유가 전통에 대해 격렬한 비판을 가했는데, 그들이 참조한 서구의 인문 가치체계는 분명한 것이었습니다. 민주, 자유, 박애라는 일련의 가치규범, 이것과 중국 봉건사회의 충돌은 물론 지극히 첨예했지요. 이후 갖가지 특수한 상황으로 말미암아 5·4의 이러한 서구적 인문 전통은 중단되었습니다. 이 '중단'은 아마 일련의 문제들을 설명해줄 것입니다. 1970년대 말 1980년대 초에 이르러, 중국의 지식인들은 5·4 시기의 이러한 인문 전통을 다시 회복시키려고 했습니다.

그러나 현실은 매우 잔혹했습니다. 최호(崔護, 최이후)의 '지난해 오늘엔 이 문 안에서, 사람과 도화가 엉켜 붉었는데, 사람은 어디로 가고 도화만 예전처럼 봄바람에 웃고 있구나' 라는 시구가, 홀연 오늘을 사는 중국 지식인의 자화상이 되었습니다. 원래 중국 지식인들이 그토록 촉구했던 서구의 인문 전통은, 서구에서도 위기에 처해 있으며, 해결할 수 없는 많은 문제들에 직면해 있습니다.

분명한 것은 서구의 인문 가치 전통이 붕괴일로에 있다는 것입니다. '참조'를 생존방식으로 하는 중국 지식인들로서는 물론 일종의 미망(迷妄)의 곤경을 느낄 수 있겠지요. 현실의 문제나 현실의 곤경 또한 우리가 이렇게 미망 속에서 헤매는 것을 더욱 부추기고 있습니다. 그래서 우리는 별안간 자신의 생존상태를 찾지 못하고 있었던 것입니다.

오늘 우리의 인문정신 문제 고찰이 갖는 현재적 의미를 말한다면, 저는 그것을 주요하게는 일종의 반성적 고찰[反思]이라고 생각합니다. 간단하게 말해서, 중국 전통의 인문정신을 발양하자고 한다거나, 혹은 서구의 기존 인문정신과 동일시하는 것은 아마도 우리들의 생존 곤경, 인문학의 곤경을 해결할 수 없을 것입니다. 따라서 저는 '새로운 상태를 찾아나가는 것'이 이미 1990년대 인문학 종사자들이 21세기로 나아가는 가장 절박한 화두가 되었다고 생각합니다.

비진종(훼이쩐종) 확실히 지난날 인문정신에 대한 우리들의 인식은 혼돈스러운 채 불명확했다고 해야 할 것입니다. 이는 적어도 중국 지식인들의 생존 태도와 연관이 있습니다. 중국 지식인들은 줄곧 현실적인 공리와 집체적인 원칙을 지나치게 중시했고, 너무 쉽게 서로를 인정해왔으며, 형이상학적 비판이나 부정정신이 결핍되어 있었습니다. 따라서 중국 지식인들은 자신의 개인적인 위치와 독립 담론을 찾기가 아주 어렵습니다. 그리고 또한 이처럼 인문정신이 가지고 있는 깨어 있는 창조의식에 대해서도 논의할 수가 없는 것입니다.

그러나 중국의 수천 년 역사 속에 인문정신이 없었다고 말할 수는 없습니다. 또한 근 1백 년 동안, 특히 '서학동점(西學東漸)' 이후 중국의 현대적(근대적) 지식인들에게 인문정신을 추구하고자 하는 열정과 인문정신을 추구하기 위해서 기울인 노력이 없었다고도 말할 수 없습니다. 중국 역사 속에서 인문정신의 발생과 발전 과정을 회고해보면, 유가의 소박한 인도주의사상은 물론 도가의 개인 생명에 대한 중시 등에서 어렵지 않게 중국 전통의 인문정신의 궤적을 찾아볼 수 있습니다.

그러나 비극은 바로 여기에 있습니다. 즉, 본래 인문정신은 통치계급의 정치담론과는 서로 대립적이어야 합니다. 그러나 일단 통치계급이 유가사상과 도가사상을 그 집단적 정치담론 속으로 받아들였을 때, 유가형 지식인들뿐만 아니라 도가형 지식인들도 모두 저마다 통치계급의 공개적 혹은 잠재적 '합작자'가 되어버렸으며, 인문정신 또한 바로 이때 파열되어 버렸던 것입니다. 이른바 "유가가 조정에 있다〔儒在廟堂〕"는 것은 곧 유가의 인문정신이 (지배 권력에) 동화되었다는 사실을 설명해주는 것이죠. 그러므로 공자가 여러 제후국을 주유할 때 선양했던 '인애(仁愛)' 사상은 분명히 군주의 잔혹한 폭정에 반대하는 경향을 띠고 있었지만, 한대에 와서 '오직 유가만이 존중된〔獨尊儒術〕' 이후, 비판적인 인문사상의 성질은 곧 변화를 일으키기 시작했습니다. 이는 역사일 뿐만 아니라 또한 현실이기도 합니다. 근 1백 년 동안, 곧 5·4 이후 중국의 근대적 지식인은 일찍이 (전통적 지위를) 거절했다고 했지만, 그러나 끝내 이러한 비극에서 벗어나지 못했습니다. 가령, '국학'의 경우를 보더라도, 표면적으로 보기에는 정치담론과 통치 의지에 대한 파탈로 보이지만, 그 잠재적 '합작자' 신분은 여전히 분명하게 드러난다고 하겠습니다.

▎우리의 전통 속에 인문정신이 있었는가

왕빈빈(왕빈빈) 중국 지식인들은 원래 자신의 인문정신을 가지고 있었습니다. 역사상의 유가철학, 더욱이 선진 유가는 중국식 인문정신의 체현이라고 할 수 있습니다. 그러나 유가철학과 통치계급의 관계는 합작 또는 대립관계였습니다. 통치계급은 한편으로는 유가철학을 이용하려 하면서도, 다른 한편으로는 유가철학을 개조해야 했으므로 그것을 '거세'한 것입니다. 이는 바로 궁중에서 환관을 두고자 했던 이유와 같습니다. 즉, 남자를 필요로 하기는 하면서도 거세당한 남자가 필요했던 것입니다. 통치계급은 유가의 '경세치용'이라는 한 측면만을 필요로 했습니다. 그것으로 사회를 유지하면서 세상을 기만하고 백성들을 우롱했던 것이죠.

그러나 그들은 통치계급을 능가하는, 합리 여부나 정의 여부를 검증할 수 있는 '도'를 필요로 하지 않았습니다. 혹은 '도'에 대해 자기 통치 목적에 부합되는 해석을 진행했는데, 이렇게 (통치계급에 의해) 거세되고 해석된 것, 그것이 바로 인문정신이라고 할 수 있겠지요.

명대의 주원장(朱元璋)은 "효로써 천하를 다스린다〔以孝治天下〕"고 했습니다. 그러나 그는 《맹자(孟子)》에서 "임금은 신하를 초개처럼 여기고, 신하는 임금을 원수처럼 여긴다〔君視臣爲草芥, 臣視君如仇寇〕"나 "백성이 가장 귀하고 사직이 그 다음이며, 임금이 가장 가볍다〔民爲貴, 社稷次之, 君爲輕〕" 등과 같은 구절은 삭제했고, 맹자로 일컬어지는 이가 세상에 있다는 것이 알려지면 반드시 죽였는데, 그것이 바로 좋은 일례가 되겠지요. 바꿔 말하면, 절조 있는 지식인들은 또한 늘 항쟁하고 있었다는 것이죠. 명말 청초에 황종희(黃宗羲)는 《명이대방록(明夷待訪錄)》에서 군주의 권한을 검증하고 제한할 수 있는 척도를 있는 힘껏 주장했으며, 도통으로 대항할 수 있는 합리성을 찾기 위해 진력했습니다. 중국에도 일찍이 인문정신이 있었다고 한다면, 바로 이런 것들이지 않겠습니까?

유가의 인문 관심이 어째서 통치계급에 의해 제거되었는가 하는 문제에 대해, 저는 이렇게 생각합니다. 유가철학에 서구적인 의미에서의 초험적 가치가 결여되어 있던 점과 관련이 있다는 것이지요. 각 문화와 민족이 고유의 인문 해석을 가지고 있다고 하더라도, 마찬가지로 (각 문화와 민족 사이에) 일종의 '가족적 유사성〔家族相似性〕' 또한 있어야 합니다. 유가는 세속적 가치의 실현을 주장하는데, 이것이 바로 (세계 다른 문화나 민족과의) '가족적 유사성'이 결여되어 있다는 증거 아니겠습니까?

오 현 비진종 선생과 왕빈빈 선생이 유가 전통을 분석하고 정리한 것은 반드시 필요한 작업이라고 생각합니다. 이러한 윤리체계가 너무 강하기 때문에 5·4 당시 비판을 받았지만, 그 뒤 수십 년 동안 중국의 현실적 주류 담론으로 존재했습니다. 중국 자체도 인문 전통을 가지고 있었다는 의미에서 보면, 이러한 퇴락은 심지어 위진시대까지 거슬러 올라갑니다.

저는 늘 이렇게 생각해왔습니다. 한말에 유학이 붕괴되고 동중서(董仲舒)의 '천인감응설〔天人感應說, 한대의 유학자 동중서는 한(漢) 왕조가 건립된 후 새로운 지배 이념을 정립해야 할 필요성을 절감하고, 진대(秦代)에 법가(法家)를 지배 이념으로 했던 것과는 달리 진시황이 파괴한 유가적 전통을 재건하고자 함은 물론, 공자시대의 원시적 유가를 새로운 시대에 걸맞게 재편해냈다. 천인감응설은 동중서가 음양오행설을 유가와 접맥시키면서 정립해낸 지배 담론으로, 황제를 하늘과 같은 존재로 등극시키면서 통치권의 안정을 꾀하고자 했으며, 통치권 또한 '인(人)', 만백성의 뜻에 거슬려서는 안 된다고 하여 지배 권력의 존립 근거가 대다수 민중에게 있음을 분명히 밝혀낸 것이다. 감응이란 결국 통치 세력과 민중의 안정적 조화를 이르는 것이다. 그러나 동중서가 봉건통치 이념을 정립해냄으로써, 유가와 그 학설은 사회 비판 세력으로 통치권과의 일정한 거리를 유지하면서 지식인 본연의 역할을 수행해가기보다는 지배 권력구조를 유지·온존시키는 지배 이데올로기와 그 세력으로 존립해왔고, 그것이 중국 봉건통치 왕조가 그처럼 오랫동안 강고하게 지탱되어올 수 있던 가장 큰 동인이었다: 역주〕' 이 지식인들의 보편적 회의를 받을 때가 제1차 문화 대발전의 호기였다고 말이지요.

그러나 애석하게도 중국 문인들은 이 기회를 잘 이용하지 못한 채 수(隋)·당(唐)에 이르렀고, 이후의 송명이학(宋明理學, 신유학) 또한 사회정치의 주류 담론이 되고 말았습니다. 예컨대, 동한말의 범방(范滂)은 이미 유가의 선악관에 대해 "누가 너를 선하다 하고 누가 너를 악하다 하는가〔誰汝爲善誰汝爲惡〕"라는 질의를 던지고 있습니다. 그러나 이러한 질의 결과는 여전히 동한 때 곽태(郭泰)의 '은거하지도 않고 사직에 나아가지도 않는〔不隱不仕〕' 모순을 탈피하지 못했고, 정신〔心靈〕적으로는 '머리를 산발하고 세상을 떠나, 깊은 산림에 몸을 맡겨두고자'《후한전(後漢傳)》권45《원굉전(袁宏傳)》) 하는 헛되고 막막한 지경으로 퇴락하고 말았습니다. 그리고 결국 하안(何晏), 왕필(王弼)의 "도가가 근본이고 유가는 현상에 불과하다〔道本儒末〕"는 사유방식 및 완적(阮籍), 유령(劉伶)의 "명교를 넘어 자연에 맡긴다〔超名敎而任自然〕"는 생활방식을 벗어나지는 못했습니다.

또한 이 때문에 도교적 의미의 자연스러운 생명과 인위적으로 행하지 않는 무위불위(無爲不爲)의 인격이 진정으로 유가를 부정하지 못한 것이 아닌가 줄곧 의문을 품게 됩니다. 이후 곽상(郭象)이 세운 '삼교 상호 보완〔三敎互補〕'과 정호(鄭顥)·정이(鄭頤) 및 주희(朱熹)가 제창한 송명이학은 중국 지식인들이 도교로써 유교를 반대하는 데 실패했다는 것을 사실로 입증할 뿐입니다.

저는 또한 다음과 같은 재미있는 현상에 주목하고 있습니다. 위진 시대 이후 인도 불학의 수용 양상이 5·4 이후 서구 철학을 흡수하는 양상과 매우 흡사하다는 것입니다. 불학이 이후 중국에 선종으로 정착되지만, 그러나 그것은 도교와 마찬가지로 결국에는 유가의 사상 양식 속에 통일되어 버립니다. 이 비극은 지난 1백 년 동안 우리가 강설했던 서구 인문철학이 (중국에서) 겪는 비극 그대로입니다. 유가에 대한 보다 좋은 부정방식을 찾기 전에는, 유가는 끊임없이 후인들에 의해 새롭게 해석될 뿐입니다. 이것이 대개는 '신유학'이 성립되게 된 역사적 연고겠지요.

　　왕　간 저는 이렇게 생각합니다. 앞에서 몇 분이 제기하신 중국 전통의 인문정신은 문화 전통이나 문화체계라는 의미에서라면 성립될 수 있습니다. 그러나 이러한 인문정신의 보다 많은 부분은 일종의 문인정신으로 체현되었다는 점을 인식해야 합니다. 가령, 방효유(方孝儒)의 구족이 멸문하는 것도 두려워 않는 절개, 통치계급과 결코 합작할 수 없는 두려움을 모르는 기개가 체현해낸 것은 일종의 문인정신으로, 우리들이 갈망하는 인문정신과 완전히 같은 것은 아닙니다. 수천 년 동안 문인정신은 중국 지식인들의 생존 근거로서, 지식인들의 인격과 존엄을 지키는 무기로서, 확실히 매우 적극적인 일면을 가져왔습니다.

　그러나 그 또한 아주 큰 문제를 안고 있었는데, 그것은 항상 '대신하여 말함〔代言〕' '의지함〔依附〕' '도구〔工具〕'의 신분이었다는 것이죠. 성인을 대신하여 말하지 않으면 자연을 대신하여 말하고, 이 계급이나 계층에 의존하지 않으면 저 집단과 체계에 의존했으니, 지식인들은 사회에서 줄곧 독립적으로 존재한 적이 없고, 진정한 자아를 찾은 적이 없다는 것이죠. 유가철학이 어째서 통치계급에게 이용당했는가? 그 원인 중의 하나는 아마도 여기에 있을 것입니다. 도가에서 말하는 인격의 독립 및 생명의 자유는 지식인이 한 사회의 주인공으로서 독립적으로 사고한다는 것과는 아마 다른 차원일 것입니다.

　이 밖에 신경을 곤두세워야 하는 것은, 오늘 우리는 반농반공업(半農半工業)의 사회역사적 전환기에 처해 있으므로 현시대에 주목하여 새로운 인문정신 상태의 건립을 논의해야 한다는 것입니다. 오늘의 지식인들은 보편적으로 '대변인〔代言〕'의 신분을 잃어버렸지만, 아마도 바로 그것 때문에 새로운 서사 가능성과 서사 권리의 계기를 찾고 있는 것이 아닌가 합니다. 지식인들이 담론권이 없고, 독립적으로 생존할 가치가 없다면, 인문정신의 재생은 자칫 문인정신으로 회귀하는 것이 될 수 있습니다. 저는 심지어는 이렇게도 생각을 해봅니다.

지금 인문정신의 건립을 논하지만, 그것이 하나의 보편적인 원칙이 될 가능성은 그리 크지 않고, 누구나가 신봉하는 종교가 될 수도 없으며, 또한 사회의 새로운 경세치용의 철학이나 가치체계가 될 가능성도 그리 크지 않다는 것입니다. 어떤 의미에서 지금 필요한 인문정신이란 지식인 담론의 하나의 집착적 세계일 수 있고, 이는 진사화(陳思和, 천쓰허)가 말한 묘당(廟堂, 사대부가 자신의 정치 이상을 실현하는 정치의 장 : 역주), 광장, 본분 등과는 모두 무관할 수 있습니다. '본분으로 돌아간다.' 저는 이러한 주장 속에서 전통적 지식인들의 문인정신이 여전히 추앙받고 있다는 생각을 떨쳐버릴 수가 없습니다. 한 지식인이 진정으로 자신의 존재, 자신의 담론을 가지고 있다면, 묘당에서든 광장에서든 본분에서든 모두 일관된 자태를 가질 것입니다.

비진종 인문정신의 재건, 우리들이 추구하는 목적에 가장 근접한 것으로 말하면, 그것은 오늘날 우리 지식인들의 자구적 경로이며 재생을 모색하는 길입니다. 따라서 인문정신의 현재적 '가능성'은 학문상의 원리나 이론의 '가능성'뿐만 아니라, 보다 주요하게는 '실천'적 '가능성'을 가리키는 것입니다. 제가 여기에서 지적한 실천성이란 주로 담론 운용의 차원으로, 〈독서〉 제3기에서 왕효명(王曉明, 왕샤오밍) 등이 말한 '개인적 실천성'과는 전혀 다릅니다. 예컨대, 위진시대 현학의 유학에 대한 반동이나, 명대 개인의 성정(性情)이 세속생활에서 해방된 것[명말 양명학(陽明學) 좌파(左派) 및 기론(氣論)의 발흥과 발전에 따른 성령(性靈) 혹은 성정(性情)의 주장이 제기되고, 중국식 낭만주의 문학 경향과 생활양상이 대두된 것을 이름 : 역주), 5·4

시기에 지식인들이 서구의 민주와 과학을 통해 전통문화를 비판했던 것들은 모두 매우 강한 실용성(操作性)을 가지고 있지요.

오늘의 시점에서 인문정신의 재건을 논의할 때, 우리는 어떠한 담론을 기획할 것인가, 담론의 표준과 대상은 또한 무엇이어야 하는가……. 이러한 문제는 모두 아주 구체적인 실천의 문제입니다. 곤란한 점 역시 바로 여기에 있습니다. 방금 우리들이 논의한 것을 근거로 하면, 마치 5·4에 의해 폐기된 중국문화 전통으로 돌아가자는 것처럼 보이는데, 중국 전통의 문화 인격과 학술생활 속에서 재생력을 찾는다? 그것은 지극히 의구스러운 일이겠지요. 그리고 5·4의 사고 경로(思路)로 돌아가, 현대 서구 인문철학류의 담론을 가져다 (중국 현실에) 적용하는 것은 오랜 병마로 허약해진 병자가 보하면 할수록 더 허해지는 그런 문제를 낳을 수도 있습니다. 아무리 좋은 약이라 하더라도 서구의 병마를 치유할 수는 있을지언정 중국의 병까지 치유할 수 있을 것으로는 보이지 않으니까요. 더구나 우리는 운명처럼 한편으로는 당대 인문정신의 재건이라는 사명을 짊어져야 하지만, 다른 한편으로는 역사의 심층에 자리하고 있는 (봉건통치 권력의) '합작자'라는 심리적 장애를 극복할 방법이 없습니다.

이것이 바로 우리가 대면하고 있는 오늘의 인문담론 대상을 예상보다 훨씬 더 복잡하게 만드는 것이니, 인문정신을 재건하는 과정은 그리 낙관할 수 있는 것이 아니며, 급히 서두를 수는 더욱 없는 일이지요. 허약함은 동시에 쉽사리 초조하고 조급한 정서를 낳게 마련입니다.

왕빈빈 '신유학'과 우리들이 방금 말한 중국 전통은 둘 다 모두 인문정신을 보유하고 있지만, 사실 같은 것은 아닙니다. 이 점을 강조하는 것이 매우 중요합니다. 신유학 최대의 문제는 아마도 '심성본체론(心性本體論)' 방면에 있을 터인데, 그것은 전통 유가와 별차이가 없습니다. 역시나 일종의 '내성외왕'적 사유 패러다임이지요.

현재 인문정신의 퇴락이나 은폐, 중건을 논의하는 데서 반드시 명확히 해야할 전제가 있습니다. 전통 속에 인문정신이 있었는가 없었는가? 중국의 문화 전통에서 근본적으로 오늘날 우리들이 필요로 하는 인문정신을 찾을 수 없다고 한다면, 그렇다면 전통 속에는 진정한 인문정신이 없다고 말할 수 있습니다. 또한 퇴락했다거나 엄폐되고 말았다는 그런 말은 입에 담을 필요도 없습니다.

그러나 그렇다고 한다면, 중건은 또 무엇을 근거로 하고 참조로 해야 합니까? 전반적인 서구화식〔全般西化式〕의 인문정신은 중국에서는 통용될 수 없으니, 결국 우리는 여전히 전통 속에서 인문정신의 근원적 요소를 찾아내야 할 것입니다. 예컨대, 유가는 인문정신을 갖추고 있었습니다. 그러나 오히려 끝내 그것을 고취시켜내지 못했습니다. 그 원인은 유가사상이 지나치게 세속적인 사상이었다는 점에 있습니다. 유가는 지식인이 자신의 가치를 실현하고자 한다면 반드시 정치로부터, '제가치국평천하'를 이상으로 삼아야 한다는 것을 시종일관 강조해왔습니다. 이것이 바로 인문정신의 발전을 극도로 제약하는 것이었습니다.

중국에는 "신의 일은 신에게 맡기고, 케사르의 일은 케사르에게 맡긴다"는 식의 서구적 전통은 애시당초 없었습니다. 또한 선험성이나 절대적 신성과 같은 가치의 터전〔依據〕도 없었습니다. 그래서 중국 지식인들의 인문정신은 때때로 지극히 위약했고, 끝내 충격을 견뎌내지 못했던 것입니다. 그러므로 오늘날의 중국인이 서구식의 절대적 신성이라는 종교정신을 받아들인다는 것은 아마 매우 어려운 일일 것입니다. 그러나 (과거 유가적 사대부 지식인들처럼) 현실과 사회 참여〔入世, 출세길에 들어선다는 의미 : 역주〕의 층차에서 일종의 절대적 가치 좌표를 설계해낸다는 생각을 할 수 있을까요? 그리고 '세파에 접어드는〔入世〕'의 '접어드는〔入〕' 선상에서 글 한 줄 써낼 수 있을까요?

서구 인문정신의 보편성, 그리고 부정과 비판정신

오 현 저는 과거 인문정신 문제를 반사하는 이상, 근 1백 년 동안의 서구 인문정신에 대한 이해와 추구를 한번 회고해볼 필요가 있을 것이라고 생각합니다. 제가 이해하기에, 각 민족은 모두 인문적 관심을 갖습니다. 그러나 시대가 다르다면 이런 관심의 결과 역시 다르지요. 서구의 근대 인도주의와 모더니즘의 차이는 바로 여기에 있는 것입니다. 우리가 처한 시대적 특수성 또한 서구의 특정 시기의 인문적 관심의 결과를 그대로 채용할 수 없게 했습니다. 예를 들어, 서양의 기독교 정신이나 신사의 풍격, 숙녀의 풍모 등은 오늘날 중국의 인문적 풍모에는 적합하지 않다고 생각합니다. 서구의 근대가 설파한 인격의 존엄성과 개성 해방, 그것은 모두 인간의 보편적 내용에 대한 관심이지만, 오늘날 우리의 이 두서 없고 망연한 사회환경에서는 그것의 진정한 의미를 잃어버린 채 진부함을 드러낼 것입니다. 특히 인격과 개성이라는 범주는 방금 우리가 말한 중국 '문인정신'에 아주 쉽사리 동화될 것이며, 도가적 인격과 성정에 동화되어버리고 말 것입니다.

'이해'라는 말은 동서양의 현대 철학에서 본래 특정한 전제와 함의를 가지고 있습니다. 그러나 우리가 가져와서 사용하자, '용서, 위로, 동정과 타협'의 대명사가 되어버렸지요. 서구의 현대 철학이 설파한 생명의 고통 체험(苦痛體驗)은 어떻습니까. 제가 생각하기에 그것 또한 우리의 문맥(表述) 속에서 이미 생존의 몸부림이나 민족 존망의 성분과 혼합되었고, 심지어는 중국문화 전통 속의 어떤 원욕성(原欲性, 원초적 욕망) 문화와 직접적으로 소통(溝通)될 수 있는 것으로까지 여겨집니다. '생명'은 이로써 매우 혼재된(含混) 개념이 되어버렸지요.

왕 간 인문정신은 오늘날 무엇으로 가능해지겠는가 하는 문제는, 주로 지식인의 서사적 가능성과 필요성으로 나타납니다. '인(人)'은 주로 지식인의 정신에서 체현되고, '문(文)'은 주로 지식인들의 서사 가능성 속에서 체현됩니다. 인간으로서, 그의 재생과 우리 사회 전체 지식인 역량의 존재는 아주 깊은 관계가 있습니다. 인문정신은 주로 지식인들의 독립적인 서사 정도, 독립적인 서사의 역량으로 구체화되는데, 물질적인 욕망이 횡행하는 사회와 경계를 그어내는지는 그것을 통해 알 수 있습니다.

현재의 지식인들은 일종의 곤경을 느끼고 있으며, 이 사회와 (경계)선을 그을 방법이 없으니, 자신의 상태를 찾지 못하고 있는 것이죠. 지식인이 서사할 때는 다른 사회의 역할들에 뒤섞이게〔混淆〕 마련이고, 결국에는 여타 사회적 소리들에 의해 매몰되어버릴 수밖에 없습니다. 따라서 지식인의 독립적인 서사가 상존〔存在〕하는 것, 그것이 인문정신이 존재할 수 있기 위한 선결조건이라고 하겠습니다. 그렇지 않다면 인문정신의 중건은 공허한 이야기가 될 것입니다. 그리고 지식인 또한 필연적으로 어떤 가치규범에 다시 새롭게 의존할 수밖에 없으며, 기존의 권력기제 속에 편입되게 마련입니다.

그 밖에 다음과 같은 것을 강조해야 할 것입니다. 서사자〔敍事人〕로서의 지식인이 준비〔預設〕하는 인문 가치는 하나의 중요한 특징을 갖는다는 것입니다. 즉, 그것의 본질적 특성은 부정적이며 비판적이라는 것이지요. 인문정신은 지도성이 아니며, 실현성이 없는〔無實施性적인〕 것입니다. 만일 인문정신을 실시 가능한 청사진이나 장정(章程, 규정)으로 변질시켜 버린다면, 인문정신의 기치는 펌하되고 말 것입니다. 왜 유가의 학설이 중국에서 쇠락했는가? 그것은 후세에 경세치용의 규범과 장정으로 변해버렸고, 따라서 인문정신이 쇠멸해버렸기 때문입니다. 일군의 지식인들처럼 과학 영역에서 사회에 대한 도구적 작용을 할 수도 있지만, 그러나 인문정신 영역에서는 사회의 부정 역량(否定力量)으로 존재해야만 합니다.

  오 현 저는 그 점에서 〈독서〉 제3기에서 상해의 지식인들이 제출한 인문정신의 보편성과 개인 실천성의 문제를 떠올리게 됩니다. 저는 '부정'에 대한 강조를 통해서 보면, 양자가 거의 같다는 생각이 듭니다. 우리가 인간의 탄생을, 인간은 자연물에 대한 부정 속에서 이루어질 수 있는 것이라고 이해한다면, 우리는 지금 확실히 인간이 창조한 물질을 부정하는 상황에 직면해 있습니다. 인문정신이 상실된 시점은 역시 바로 이러한 부정이 가장 요구되는 때입니다. 이러한 부정은 한 가지 특징을 가지고 있습니다. 그 결과는 반드시 개체적이라는 것이지요.

  따라서 우리는 인류의 탄생을 우주 속의 한 개체로 이해할 수 있을 것이며, 서로 다른 문화와 문명은 이러한 부정의 결과(개체)라고 이해할 수 있습니다. 이른바 인문정신의 보편성이란 바로 서로 다른 문화와 민족을 가리키며, 실상 그런 의미에서의 부정성을 암암리에 품고 있습니다. 이른바 개별성이란 바로 이러한 부정의 결정을 지칭하며, 긍정은 역시 또 다른 종류입니다. 또한 하나의 특수하고, 또한 다른 특수한 종류임을 긍정합니다.

  저는 이러한 부정을 강조하는 것이 지금 우리가 반대하는 서구문화의 패권(혹은 동방문화 패권)에 대해 의미를 갖는다고 생각합니다. 아울러 우리가 건립할 어떤 문화형태에 대해서도 의미를 가질 것이라고 생각합니다. 나아가 지식인이 자신의 독립된 존재를 찾을 수 있을지, 모든 사람들이 보편적인 생활방식 속에서 자신의 독특한 체험을 찾을 수 있을지 여부는 모두 이러한 부정의식과 관련 있는 것이 아닌지요?

  또 한 가지 보충해야 할 것은 다음과 같은 점입니다. 각 문화가 성숙하는 시기에는 모두 이러한 부정(의식)을 쉽게 잃어버린다는 점입니다. 중국문화는 송명이학 시기(혹은 더 이전에)에 상실되었고, 서구문화는 오늘날에도 잃어버릴 가능성이 있으며, 에스키모인은 탄생할 그 무렵, 이미 이러한 부정정신을 상실했습니다.

다시 논의를 확장해보자면, 그처럼 전체 인류가 인문적 위기를 맞고 있다고 해서 인류 역사가 오늘날 이미 하나의 성숙한 상태에 도달했다고 할 수 있을까요? 저는 일본계 미국학자 프란시스 후쿠야마의 《역사의 종말(歷史的終結和最後的一個人)》이라는 저작이 시사해주는 바가 있다고 생각합니다.

비진종 우리가 지금 인문정신 재건 문제를 논의하는 데서 중요한 것은 인문정신의 보편원칙을 규정해내는 문제입니다. 이 보편원칙은 일종의 부정원칙, 혹은 거절원칙으로 이해할 수 있습니다. 왕빈빈은 서구의 인문정신은 하나의 강대한 종교문화적 기초를 가지고 있지만, 우리는 그러한 기초가 결여되어 있다고 했습니다. 중국 전통의 인문정신은 유학이건 노장이건 모두 지극히 농후한 세속적 성분을 가지고 있습니다. 이후의 불학은 종교라고는 하지만, 중국에 들어오자마자 세속화할 만큼 세속화되었죠. 이러한 한계를 가지고 있었기 때문에, 중국 지식인들의 자신의 가치 위상에 대한 선택은 지금까지 지극히 피동적이었고, 줄곧 세속문화 속에서 떠돌며 순환해왔습니다.

우리는 지금 지식인들이 주동적으로 '본위'로 돌아가야 한다고 이야기했지만, 그러나 '본위'는 과연 어디에 있습니까? 그가 세속세계의 어떤 집체적인 대변인과 예속자의 역할을 넘어, 형이상학적 정신의 용감한 발언자가 될 수 있느냐? 저는 심대한 곤혹감을 느낍니다.

지금 확실히 직지 않은 학자들이 '묘당'과 '광장'에서 물러나 서재로 돌아와서 순수 학술활동에 종사하고 있습니다. 그러나 '서재'에 있다고 해서 '본위'를 상실한 망연함이 없겠습니까? 이 역시 유가와 도가가 교대로 상호 보완해가면서 존립해온 문화 순환(의 현재화)입니다. 묘당과 광장은 결국 경세치용과 관련 있는 것이며, 서재는 산림과 마찬가지로 도가가 물러나 재능을 감추고 숨어버리는 또 하나의 책략입니다. 청대 '건가학파〔乾嘉學派, 경학을 훈고·고증했던 학파로 고염무顧炎武를 시조로 한다:역주〕'의 학술 경로도 그러했지요. 물론 건가학파 및 서재에 틀어박혔던 모든 중국의 문인들은 학술적 측면에서 그 나름대로 가치 있는 것으로 평가될 만하며 중국 인문사에서도 결코 무시할 수 없는 공헌을 했습니다.

그러나 '학술'이 개인의 생존방식과 이유가 된 것은, 다른 측면에서 보자면 그것이 지식인의 인류에 대한 궁극적 관심과, 이러한 관심으로부터 산생된 현실에 대한 비판과 부정을 해소해버린 과정일 수도 있습니다. 단순히 서재로 돌아간다는 것에 대한 의구심은 바로 여기에 있는 것이며, 적어도 오늘의 시대 환경에서는 그렇습니다.

따라서 지식인 개인의 학술활동이 어떤 면에서 지식인의 '본위'를 이룰 수 있는가를 말하는 것이 보다 중요할 수 있습니다. 그렇지 않으면 개인은 그 무엇에도 관심을 갖지 않게 되며, 그의 책에만 관심을 갖게 됩니다. 그런 사람은 대개 인문지식을 보유하고 있는 사람〔留存者〕일지언정, 인류에 관심을 갖는 사람은 아닐 것입니다. 현대 지식인들에게 학술보다 중대한 것은 당연히 인류 정감〔情憫〕입니다.

무엇을 위한 부정과 비판인가

왕빈빈 방금 여러분들이 말한 인문정신의 핵심 내용은 비판성·부정성인데, 그것은 아주 정확한 지적입니다. 이는 또한 제게 종교 문제를 떠올리게 하는군요. 인류 역사상 인류사회에 대해, 속세에 대해, 그리고 자신에 대해 가장 견결(堅決)하고 가장 심각하고 가장 철저한 비판과 부정은 종교정신에서 나온 것입니다. 그러나 인문정신이 반드시 종교정신을 체현해야 한다는 것은 아니며, 인문 가치가 반드시 종교적 가치로 체현되어야 한다는 것도 아닙니다. 그리고 그러한 일은 여기 중국에서는 더욱이나 불가능하지요.

하지만 이 둘 사이에는 절대적인 연계가 있습니다. 인문정신이 비판성과 부정성으로 이해된다면, 인문학자와 지식인들은 반드시 현실의 대립선상에 서 있어야 합니다. 그리고 현실의 대립 지점에 서 있다면, 반드시 하나의 가치 입각점(가치관)을 지니고 있어야 합니다. 이 입각점은 세속적이거나 경험적인 것일 수는 없습니다. 그것은 반드시 신성함과 초험적인 성질을 지닐 수밖에 없으며, 단지 종교성만을 지닌 것일 수 있습니다. 따라서 인문정신을 재건하고 발양하고자 한다면, '본분'으로 돌아가자고 하는 것보다는 '천국'으로 돌아가자고 하는 것이 낫겠지요. 세속적인 것을 부정하고 비판하려면 반드시 천국에서 발원한 척도를 가져야 할 것입니다.

근 몇 년 동안 중국 문화계의 인문정신은 쇠락했습니다. 그러나 간혹 한두 가지 사람의 마음을 절절하게 뒤흔드는 소리〔聲音, 여기서 성(聲)은 중국 전통의 시적 정신, 정음(正聲)을 의미한다 : 역주〕들은 있었습니다. 작가들 중에서 장승지〔張承志, 장청즈,《心靈史》등의 작품이 있음 : 역주〕는 비교적 중요한 문화현상입니다. 그의 산문은 최근 몇 년 동안 비판성과 부정성을 가장 잘 갖춘 하나의 소리이며, 또한 가장 진실하고 정의로운 소리이기도 합니다. 그는 왜 그럴 수 있는가. 그것은 바로 그가 일종의 종교적 척도와 초험적 가치를 이미 발견했기 때문이겠지요.

오 현 약속도 하지 않았는데 모두들 하나같이 '부정과 비판'을 강조했습니다. 지금 우리가 필요로 하는 인문정신을 그렇게 이해했을 때, 저는 '부정'에 대해 우리 나름대로 한계를 규정해내야 하는가라는 문제를 생각해봅니다. 금세기 이래 우리는 줄곧 서구의 인문

관념으로 중국 전통문화를 '부정'해왔는데, 그렇게 보면 중국학자들에게 원래부터 부정정신이 결여되어 있었던 것은 아니라고 여겨지기 때문입니다. 그러나 사실 어떤 종류의 현재화된[現成] 것으로 다른 종류의 현재화된 것을 부정하는 것은, 단지 헤겔의 방법적 부정에 속한다는 것을 증명해줍니다. 이러한 부정이 계속되다 보면 결국에는 과거와 마찬가지로 우리 자신에 귀속된 존재를 탄생시킬 수 없을 것입니다.

따라서 우리가 말한 부정은 우리 자신의 존재를 탄생시킬 수 있는 '본체적' 부정이어야 합니다. 통속적으로 말해서 우리는 현재 아직 자기 존재가 없기 때문에, 우리들이 갖고자 하는 현존적 관념과 행위는 우리의 자기 존재의식을 표현해낼 수 없습니다. 그러나 현단계에서 우리는 또한 이렇게 아직 태어나지 않은 존재에 근거하여 표준을 세워야 하고, 일체의 현재화된 것에 대한 비판과 부정을 진행해야 할 것입니다. 거대한 현실에 대해서라면 이 '존재'는 초험성을 갖고 있으며, 구체적인 현실에 대해서는 미래성(아직은 실현되지 않은 현실)을 가지고 있다고 하겠습니다. 그러므로 이러한 '부정성'은 없는 곳이 없을 것이며, 세속적 층면(層面)과 초험적 층면에서 모두 체현되는 바가 있을 것입니다.

우리 학자들에 대해 말하자면, 이러한 본체적 부정을 강조하는 것은 우리가 이것으로부터 의식적으로 자신의 사상, 자기 세계에 대한 이해, 자신의 담론, 자신의 체험방식과 내용을 깊이 탐구할 수 있다는 것을 뜻하는 것이며, 더 이상 타인을 추수(追隨)하거나 인정하지 않는다는 것을 의미합니다. 설령, 이러한 것들이 아직 실현되지 않는다 할지라도, 우리는 모두 '나의 존재는 어디에 있는가'라는 의식을 가지고 있으므로, 그러한 자문에 근거하여 비판하고 부정할 자격과 권리를 가집니다. 그리고 아울러 '인간의 시작[人之初]'이라는 의미에서의 인문적 분위기를 만들어낼 자격과 권리를 가집니다. 저는 이러한 정신적 분위기가 있다면, 중국문화의 전환, 지식인의 독립, 개체적 존재는 적어도 하나의 정확한 방향을 가질 것이고, 구체적 운용방법을 더 고려한다면 훨씬 쉬워질 것이라고 생각합니다.

〈독서(讀書)〉, 1994년 제6기

〈독서(讀書)〉
개혁 개방과 함께 발행되기 시작한(1979년 3월) 전통 있는 월간 종합간행물이다. 중국의 대표적인 신좌파 계열의 간행물로 왕휘(汪暉, 왕후이)와 황평(黃平, 황핑)이 책임편집을 맡고 있으며, 문학·역사·철학·경제·정치 문제 전반에 걸쳐 핵심 사안들을 다루고 있다. 상해에서 시작된 인문정신 논의가 북경 및 중국 전역으로 퍼지게 된 것도 이 〈독서〉의 특집란에 쟁점을 대비시키면서 시작된 것이다.

다원화사회의 새로운 정합 원리, 인문정신

허기림(許紀霖)·진사화(陳思和)·채상(蔡翔)·고원보(郜元寶)

허기림
상해 화동이공대학(上海華東理工大學) 부교수, 부설 사회발전연구소(社會發展硏究所) 부소장. 중국 현대문화, 현대화 변천 과정과 지식인 연구에 집중하고 있는 현재 중국의 대표적 자유주의자이다.

진사화
상해 복단대학교 교수. 1998년 한국외국어대학교 교환교수를 역임한 바 있다. '문학사 다시 쓰기(重寫文學史)' 운동의 기수이며, 문학계의 대표적인 신계몽주의자이다.

채상
〈상해문학〉 편집인, 현실문화 및 문학 비평에 종사하고 있다.

고원보
〈상해문학〉 등에서 문화 및 문학평론 활동에 종사하는 중국 5세대 비평가 중 한 사람이다.

이 좌담은 〈문학의 위기와 인문정신〉에서 왕효명 등이 문학 및 문화현상에서 인문정신의 위기 문제를 제기한 것에서 한 단계 나아가 인문정신의 위기를 지식인의 생존위기와 동일시하고, 인문정신이 상실된 원인의 탐색과 재건의 모색을 지식인의 새로운 생존양식을 찾는 문제, 곧 자기 반성과 역할 찾기라는 지식인적 정체성을 찾는 과정으로 이해한다. 인문정신을 지식인적인 '처세의 태도' 이자, 지식인이 세계와 사회에 대해 가지고 있는 독특한 이해 방식과 참여 방식이라 규정함으로써 인문정신 문제를 지식인 문제와 동일시하는 관점이 분명하게 나타난다. 그런 점에서 앞의 〈우리가 새롭게 찾아야 할 '인문'의 길〉과 뒤의 〈인문정신, 어떻게 가능한가〉와 맞닿아 있다. 학술을 이데올로기의 속박에서 해방시켜 학술의 독립성을 확보하고, 인문정신이 정치적 기능을 초월한 독립적 의미를 갖추게 하는 것, 그것이 새로운 인문정신을 재건하는 길이라고 역설하고 있다.

허기림(쉬지린) 예전에 그리스인은 "너 자신을 알라"고 말했습니다. 중국 지식인들의 역사와 미래에 대한 깊은 통찰은 자신들에 대한 부단한 반성과 연계되어 있습니다. 근 10년 동안 대륙의 지식인들은 두 차례에 걸쳐 반사(反思)를 했습니다. 첫 번째는 1980년대 중반으로, 다름아닌 사회의 주변에서 중심으로 복귀한 지식인들이 '문화열[1980년대 중반에 진행된 문화 연구 붐:역주]'을 일으킨 가운데 전통문화에 대한 비판을 통해 과거의 형상들과 결별하고, 다시 새롭게 세상을 바로잡고 나라를 구하고자 하는 사명을 담당하고자 하는 것이었지요. 두 번째는 1990년대 초, 격렬한 정치적 격변을 거치면서 중국은 급격한 세속화 과정에 들어갔고, 지식인들이 가까스로 확립한 생존의 무게중심과 이상·신념은 세속에 의해 무정하게 전복되고 조롱받았습니다. 그들이 의지하던 신성한 사명과 비장한 의식, 그리고 궁극적 이상은 순식간에 그 의미를 상실해버렸고, 지식인들 스스로도 당혹스러워 어느 길로 가야할지를 알지 못하게 되었습니다. 재미있는 것은 1980년대 지식인들은 엘리트의식을 강조하는 것으로부터 각성을 시작했지만, 1990년대 들어서는 바로 그 지식인적인 엘리트의식의 허망함을 추궁하면서 자아를 새롭게 정립했다는 것입니다.

진사화(천쓰허) 물론 이는 지식인적인 엘리트의식의 당혹감입니다. 문혁 이후 엘리트의식의 부활은 5·4 신문화운동의 맥락에 닿아 있습니다. 그러나 5·4 시기 지식인들의 문화적 배경은 일찌감치 사라져버렸고, 지식인들이 복귀할 만한 묘당(廟堂)의 도(道)도 없었습니다. 다만 전통적으로 침전되어 쌓여오던 사유 습관만이 남아, 다시 지식인들의 정치문화적 중심 지위를 회복할 것을 요구하였지만, 곧 헛된 환상으로 변해버렸죠.

문혁 이후 지식인들의 엘리트의식은 주로 두 가지 무기를 통해 드러났습니다. 하나는 휴머니즘이고, 다른 하나는 자유사상이지요. 이 두 무기는 정치적으로는 민주 평등의식의 발전을 가져왔고, 경제적으로는 계획체제의 전환을 가져왔는데, 그것은 마치 하나의 사슬처럼 연결되어 하나의 총체를 이루었습니다. 그러나 이러한 결과는 1950년대부터 이어져온 국가계획체제 관계와 충돌을 일으켰습니다. 이는 지식인들이 선양하던 이상이, 본질적으로 말하면 그들의 현재의 사회적 지위와 역할을 파탈해야 한다는 것을 의미합니다. 만약 여기서 한 발짝 크게 벗어나지 않는다면 지식인들의 당혹감은 영원히 해소되지 않을 것입니다.

▎지식인들의 엘리트의식

채 상(차이시앙) 중국 지식인들은 줄곧 '천하의 스승[爲天下師]'이라는 전통적인 멘탈리티를 견지하고 있었습니다. 명확하게 말하자면 '도통(道統)'을 통해 '정통(政統)'을 통제하고자 하였다는 것입니다. 이렇듯 지식인들의 자기 역할 규정은 문화적 계몽자일 뿐만 아니라, 사회적 실천의 주요 기획자였다는 점입니다. 그들이 중건하기를 갈망했던 것은 사회의 문화 질서뿐만 아니라 정치 질서였고, 그렇기에 자신의 담론권력을 건립했습니다.

그러나 이러한 담론권력은 1949년 이후 정치적 도전을 받아 끝내 전복되고 말았습니다. 지식인들은 국가 행정체제의 각 부문으로 귀속되었고, '국가 간부'로 변모했습니다. 이러한 신분적 전환은 당대의 지식인들이 '스승〔師〕'의 역할로부터 철저히 물러났음을 의미하며(이러한 퇴출은 지식인들의 자유로운 사상과 담론권력의 상실을 의미합니다.), 아울러 정치적 개조 대상이 되었음을 뜻합니다.

문혁 이후 사회 분위기가 다소 완화되자, 지식인들은 전통적 문화 배경 속에서 다시금 '스승'의 역할을 하도록 요구받았습니다. 담론중심으로 다시 돌아가고자 하는 기도는 이로부터 생겨났지요. 당시의 사상해방운동 중에 지식인들이 견지했던 것은 계몽주의적 입장이었고, 따라서 어떤 의미에서는 5·4의 신인문전통을 계승했다고 하겠습니다.

그러나 사상적으로 지식인들은 이미 보편적으로 전통적인 격식을 벗어나 있었고(여기서 다음과 같은 비교가 가능합니다. 즉, 5·4운동 중의 천안문시초天安門詩抄가 그러한데, 당시 전통의 전제에 대항하는 것으로 대개는 전통사상과 전통적인 형식에 근거했다는 점입니다.), 인간의 존엄성에 대한 존중은 다시금 강조되었으며, 개인성과 자아 지도(自我指導)와 자유와 해방 등등이 보호받았습니다. 이렇듯 지식인들이 적극적으로 선도했고 참여했던 사상해방운동으로 인해, 정치적으로는 자유 평등에 대한 의식이 고무되었으며, 경제적으로는 전통적인 계획체제가 해소되기 시작했습니다. 이처럼 그것이 이끌어낼 수 있었던 것은 현대화된 민주제도와 시장경제체제였습니다.

신시기〔1980년대 이후 사회주의의 새로운 역사시기를 말함 : 역주〕의 현저한 특징 중의 하나는 정신이 선봉적인 역할을 했다는 것이지요. 관념이 사회정치 및 경제의 개혁과 발전을 이끌고 계발했습니다(이로 인해 지식인들의 계몽의 역할과 이데올로기 기능이 돌출되었습니다). 이 시기 지식인들은 사회적 실천을 통해서가 아니라, 주로 자신의 정신 전통과 지식으로 미래를 상상하였고, 이러한 상상 속에는 짙은 유토피아적 정서가 있었습니다. 그러나 경제가 일단 추동되자 곧 그 자신만의 특징들을 허다하게 파생시켜 나갔습니다. 이어서 닥쳐온 시장경제는 유토피아적 상상을 만족시키지 못했을 뿐만 아니라, 오히려 상업적·소비적 경향으로 지식인들의 담론권력을 전복시켜버렸습니다. 지식인들이 일찍이 이상적 격정에 붙였던 일련의 구호들—자유나 평등, 그리고 공정(公正) 등—은 현재 시민계급의 세속적인 해석을 얻어, 가장 원시적인 배금주의를 제조하고 말았습니다.

그리고 개인주의적이고 이기주의적인 경향은 부추김과 격려를 받아 영혼과 육체의 분리를 가져왔고, 잔혹한 경쟁법칙이 사회와 인간 사이의 관계에 도입되어 속된 취미와 취향이 점차 확립되고 있으며, 정신은 조소와 조롱을 받았습니다. 비속화의 시대가 이미 도래한 것입니다. 확실히 어떤 사상운동이 보편적인 사회실천으로 전화되지 못한다면, 그것의 현실적 의미는 곧 심각하게 회의될 수밖에 없는 것입니다.

그러나 그것이 어떤 거칠고 천박한 사회적 실천으로 전화될 경우, 우리가 직면하는 것은 바로 쓰디쓴 결과일 것입니다. 지식인들의 사회와 개인에 대한 낭만적 상상은 현실에서 전혀 다른 모습을 띠고 있습니다. 대중들은 일종의 자발적인 경제적 구미에 좌우지되고, 관능적인 만족을 추구하고 있어 지식인들의 '진지한 가르침'을 거절했습니다. 수업을 마치는 종소리는 이미 높이 울렸고, 지식인들의 '스승'으로서의 역할은 자연스럽게 사라지고 있습니다.

제가 생각하기에, 인문정신의 재건은 우선 이러한 사상해방과 상품화의 거대한 물결 속에서 곤혹에 직면함으로써 신념적 지지와 역할을 다시 새롭게 정립할 수 있다고 봅니다. 여기에는 우리들이 다시 새롭게 깊이 생각해야 할 문제들이 있습니다. 가령, 중국 지식인들의 전통적인 엘리트주의(만백성의 우두머리〔四民之首〕)가 현대사회와 잠재적인 대립관계를 이루고 있는가 하는 문제입니다. '계몽'의 방식이 어쩔 수 없이 해체되고 난 뒤, 그들이 새로운 담론방식, 예컨대 대화나 혹은 독백을 받아들일 수 있느냐 없느냐 등과 같은 것들도 생각해볼 문제입니다.

허기림 중국문화의 이면에는 우리들이 파악할 수 있는 세 가지 전통이 있는데, 도통과 학통 및 정통이 그것입니다. 지식인들에게는 도통이 최고였습니다. 이른바 '3조목(格物致知誠意正心修身齊家治國平天下) 가운데 성의정심수신(誠意正心修身)이 바로 도통으로, 정통〔齊家治國平天下〕'이 이의 제약을 받아야 할 뿐만 아니라, 학통〔格物致知〕 역시 도통을 위해 존재하는 것이었습니다. 이 3통의 분별은 본체〔體, 道統〕, 용도〔用, 政統〕 및 문(文, 學通)의 등급관계를 나타냈습니다.

이러한 차원에서 문제를 보자면, 중국 역사상 책임 있는 윤리정신을 갖춘 독립된 정치 전통은 발전할 수 없었습니다. 마찬가지로 서구의 학자들이 그러하듯이 학술을 위한 학술, 지식을 추구하기 위해 지식을 추구하는 독립된 학통 역시 발전할 수 없었습니다. 정치의 도덕화와 학술의 도덕화는 보편적 현상이었습니다. 오랫동안 중국 지식인들이 추구해왔던 것은 바로 저 천지만물이 그 안에서 벗어날 수 없는 '도'였습니다. 그들은 모든 것을 거느리면서 제어하는 도통을 세워 나라를 다스리고자 했고, 학술은 단지 구도(求道)의 도구 혹은 통로에 불과했습니다. 이러한 도통은 지식인들의 특허권이었습니다. 다른 어떤 사람, 만금을 보유한 부자는 물론 대권을 장악한 제왕까지도 자격을 부여받지 못했지요. 이것이 바로 엘리트의식의 심리적 토대와 문화적 토대를 이루는 것입니다.

1980년대의 대륙 지식인들 역시 이러한 사유 경로로 자신들의 사회적 사명을 이해했던 것입니다. 임육생(林毓生, 린위성) 교수가 그의 명저 《중국의식의 위기》를 통해 중국 지식인들은 '사상문화를 통해 사회정치 문제를 해결하려'는 경향이 있음을 제기했을 때, 저를 포함한 학계에서는 이를 상당히 오해했습니다. 그가 실제로 지적한 것은 이러한 일원화된 도통의식이었는데요. 흥미로운 것은 당시 대륙 지식인들은 자신의 엘리트적 지위를 강조할 때, 적어도 자신도 모르게 이전 사람들의 이러한 심리상태를 계승하고 있다는 점입니다.

그들이 5·4 시기 지식인들보다 더 진보적인 태도로 격렬하게 전통을 반대했다 하더라도, 그러나 도통을 세우는 방식 혹은 나아갈 방향에 있어서는 여전히 '전통'적이었던 것입니다. 최근 김관도(金觀濤, 진관타오)와 유청봉(劉青峰, 리우칭펑)이 홍콩에서 출판한 《개방의 변천》은 이 문제에 대해 뛰어난 분석을 하고 있습니다. 5·4 이후 중국의 지식인들은 이데올로기 일체화 구도를 재건했는데, 비록 이데올로기, 즉 '도'의 내용은 변했지만 그 일원화 구조는 전혀 변하지 않은 채, 여전히 이데올로기를 중심으로 사회를 다시 만들어가고자 했다는 것입니다.

그런 의미에서, 1980년대 지식인들의 반사는 여전히 이러한 전통적 구조를 돌파하지 못했습니다. 당시 한바탕 문화열을 거치고 난 뒤, 지식인들은 참신한 이념을 꽤 많이 남겼습니다. 뿐만 아니라 학술에서 어떤 축적된 바도 없을 때, 오히려 학통 자체의 독립성을 중시하기 시작했으며, 전대의 사람들이 남겨둔 학술 전통에 주의를 기울이고 계승하기 시작했습니다. 일단 이데올로기로 변한 도통의식이 약화되자,

학통의 의의가 두드러지기 시작했으며, 정통 또한 세속화되기 시작했고, 윤리를 책임지는 방식으로 새롭게 구축되었습니다. 도통의식은 사라졌지만, 도통의 의의는 오히려 더욱 순정(純正)해졌고, 그것은 다시는 자신을 비범으로 운명짓지 않았으며, 경계를 넘어 지식 혹은 정치에 간섭하지 않게 되었습니다. 형이상학의 영역을 지키면서 이 세속화된 사회를 위해 초월적 정신 및 도덕 자원을 제공하고 있는 것입니다.

중국문화의 세 가지 전통―도통, 학통, 정통

고원보(까오웬바오) 지식인들의 존귀한 점은, 자신의 이상을 사회실천으로 구체화해낼 수 있느냐에 있는 것이 아니라, 자신의 전통으로부터 사회실천을 지향하는 일련의 이상을 제출하는 것, 아울러 이로써 자신의 독립된 가치 입장을 견지하는 것에 있습니다. 때문에 지식인이 자신을 단일한 현실적 바람과 완전히 밀착시켜서는 안 되며, 마땅히 많은 정력과 열정을 자기 전통을 구축하는 데 쏟아야 하고, 또한 자신이 가지고 있는 가치 척도에 대한 성찰을 소홀히 해서는 안 된다고 생각합니다.

1990년대 사회 흐름은 확실히 여러 측면에서 지식인들이 가지고 있던 인문 구상을 흐트러버리고 있으며, 사회문화적 무질서 및 불확실성이 더욱 분명해지고 있습니다. 이런 가운데, 축적된 인문 전통이 빈약한 상황에서 대중들의 소비문화와 불타오르는 물욕은 모든 것을 석권하고 말았습니다. 이러한 상황에서 지식인들은 마땅히 과감하게 자신의 학술과 지식 전통을 위해 원초적인 축적작업을 해나가야 할 것입니다.

중국인들은 예전부터 배움을 통해 사고를 기르고〔以學養思〕, 배움을 통해 사고를 촉진하며〔以學促思〕, 사상을 학문과 융합시킨다〔思融于學〕는 점을 강조해왔으니, 학통은 또한 사통(思統)인 것입니다. 따라서 학통을 세우자는 주장은 죽어버린 학문을 표방하는 것과는 다릅니다. 반대로 자신을 하나의 학통 속에 둘 때만이 지식인들은 학문을 하는 데 비로소 충만한 생기를 머금을 수 있게 되고, 또한 각종 사회 현상들을 더욱 효과적으로 비판할 수 있는 것입니다. 지금의 문제는 넉넉하게 학문을 축적〔積學〕할 수 있느냐 하는 것입니다. '학문을 축적'할 수 없다면, 지식인들의 모든 문제를 담론한다고 해도 그 자신의 근거를 가질 수 없는 것입니다. 학문 축적은 지식인들의 가치 입장을 유지하는 절실한 경로입니다. 평생 학문 축적 과정에 있을 때만이 그들은 비로소 안신입명〔安身立命, 안거하면서 천명(天命)을 받들고 수행하는 전통 유가적 지식인의 생존방식 : 역주〕할 지점을 찾을 수 있을 것입니다.

이제 더 이상 이러한 기본 문제에서 좌우를 둘러보며 그 누군가에게 길을 물을 수도 없습니다. 더 이상 "몸 뒤에 여유가 있다고 손 오그리는 것을 잊고, 눈앞에 길이 없다고 머리를 돌려 생각할(身後有餘忘縮手, 眼前無路想回頭)" 수는 없습니다. 몇십 년 동안 지식인들은 자신의 전통적 실재와 괴리되어 있었으며, 돌아갈 곳 없는 인문의 황폐한 들판 위에서 유랑했던 시간이 너무나 길었습니다. 자신의 정신의 안식처로 돌아가야 합니다. 이는 말로만 그칠 일이 아닙니다. 이 문제는 인문학자의 모든 생활에 영향을 미치며, 중국 지식인 전통의 대대적인 보수작업에까지 관련되어 있습니다. 반드시 문제를 해결해야만 한다는 것은 아닙니다. 우리 스스로 힘써 조금씩 조금씩 해나가자는 것이죠.

진사화 지식인들이 자리해야 할 곳 역시 정신의 정원입니다.

학통은 그것의 표현형태이지 근본적으로 의탁할 곳은 아닙니다. 현대 사회의 지식인들은 도통과 학통을 분리한 이후에도 여전히 안신입명할 곳을 가지고 있습니다. 제가《세기에 대한 회고》라는 총서를 기획했던 것은 이러한 일단의 역사에서 느낀 바가 있었기 때문입니다.

지난 세기말에 도통이 붕괴될 때, 왕국유〔王國維, 왕궈웨이 1877~1927. 중국 근대 미학사상가, 문학연구자. 신해혁명이 일어나자 스승 나진옥(羅振玉)을 따라 일본으로 피난했다. 쇼펜하우어와 칸트의 영향을 받고 철학 연구에 몰입했으나, 이후 문예미학을 연구했고, 신해혁명 이후 사학과 고증학에 치중하였으며, 만년에 정신적 방황 속에서 이화원(頤和園)의 곤명 호수에 스스로 몸을 던졌다 : 역주〕처럼 "꿈속에서도 공포에 떨었네 하늘이 무너지는 것은 아닌지〔夢中恐怖諸天墮〕"라고 걱정한 지식인들도 있었지만, 대부분의 지식인들은 결코 이 때문에 놀라 허둥대지는 않았습니다. 그들 중 어떤 이들은 교육 영역에 관심을 가졌는데, 예컨대 채원배(蔡元培, 차이원페이), 진독수, 호적(胡適, 후스) 등은 북경대에서 신문화를 제창했습니다. 그리고 어떤 이들은 출판에 관심을 기울여 문화 전통과 현대를 잇는 수로를 뚫었지요. 게다가 수많은 지식인들이 저서를 쓰고 입론을 세우면서 많은 현대적 인문학과를 창설했습니다. 그들은 왜 오늘날의 우리들과는 달리 사회변혁과 도통이 붕괴되는 현실에 직면해서도 놀라 두려워하지 않았을까요?

제가 생각하기에는 그들이 그때 정신상의 본분을 잃지 않았기 때문인 것 같습니다. 그래서 그들은 자신이 어떻게 해야만 하며, 어떻게 할 수 있을 것인가를 명료하게 알 수 있었고, 전통적인 도통에서 벗어나 새로운 세계에 대한 시야를 넓혔던 것입니다. 그리고 문혁 이후의 지식인들 또한 이데올로기적인 정통(政統)으로부터 한 발 앞으로 나아갈 수 있었습니다. 그러나 나아갔다고 해도 여전히 정치권 내에서 담보상태에 머물고 말았습니다. 심지어는 시장경제의 거대한 흐름이

면전에 닥쳤는데도 계획경제체제 하의 안정감을 그리워하고 있습니다. 이러한 옛날을 그리워하는 정서는 바로 인격의 위축으로부터 생겨난 것이고, 이러한 인격적 위축은 바로 자신의 본분을 분명하게 하지 못한 것에서 비롯된다고 생각됩니다.

고원보 인문학자의 운명은 그 자신과 '도'의 연계에 달려 있습니다. 19세기 인문 전통과 20세기 인문 지향 간에 발생한 도의 역사적 전환은 근본적으로 당대 중국 학인(學人)들의 문화적 운명과 현실적 상황을 결정했습니다. 예를 들어 인도주의나 이성주의 등과 같은 서구의 인문 전통이 의거하던 '도'는 아마도 당대엔 확실히 곤란에 처하거나 혹은 어떤 단절을 겪을 수밖에 없었을 터인데, 그런데도 서구 학자들의 학통은 결코 포기되지 않았습니다. 도리어 끊임없는 반전통의 구호 속에서 더욱 견고해졌지요.

예전의 '도'가 혹 바뀌더라도, 그러나 굳건한 학통이 있으니 또다시 새로운 '도'가 연출되는 것입니다. 이것이 우리가 부러워하는 서구 학자들의 가장 가치 있는 부분입니다. 황야[荒原], 황탄(荒誕), 허무주의, 해체 등은 모두 그들이 외쳐댄 것입니다. 그러나 또한 바로 그들 중 뛰어난 자들은 서구 전통의 합법적인 해석자 및 예전의 도를 새로운 도로 전화시키는 발명가 역할을 담당했습니다. '서구 인문의 도'는 변화무쌍했지만, 그러나 결국 굳건한 학통과 사통이 학인들의 정신적 정원과 의미의 왕국을 만들어냈던 것이지요.

비교해보면, 근현대 이래로 '중국 인문의 도'는 변화를 거쳤고, 동시에 일정하게 습관화된 학통과 사통 역시 면모를 달리해왔습니다. 현대 중국의 거의 모든 인문학과는 모두 피할 수 없는 동서고금의 변론 속에서 소모적인 학술 논쟁을 거쳐왔습니다. 이 사실이 도통이 쇠잔해졌다는 표증이 아니라고 한다면, 또한 전체 인문학이 직면한 학통의 파편화를 족히 증명할 것입니다. 학통도 없는데, 하물며 도통이야 논할 것도 없지요. 한 시대의 도통이 설령 완전 붕괴되었다 하더라도, 학통이 여전히 존재하기만 한다면, 학자들은 이 학통 속에 근저를 둔 저술을 통해 그의 도통을 분명하게 할 수 있습니다. 건가학파(乾嘉學派)가 좋은 예가 되겠습니다.

허기림 선생이 방금 지식인들에겐 3통(三統)이 있다고 말씀하셨는데, 도통과 학통 및 정통 가운데 제가 생각하기에 당대 중국 학자들의 경우, 학통이 가장 중요하고 가장 근접해 있는 것으로 보입니다. 우리는 오늘날 여전히 '도'를 말하고 '정'을 의론할 만한 수준에 이르지 못하고 있습니다. 진사화 선생은 일찍이 지식인들이 본분의식을 가져야 한다고 하셨는데, 저는 그것이 바로 우리의 학통을 먼저 강화해야 한다는 것으로 이해했습니다.

인문정신의 퇴락은 시장경제에 대한 굴복이다

채 상 인문정신을 잃어버리는 것은 어떤 의미에서는 우리의 생존환경과 내재적 연관이 있습니다. 현대 지식인들은 많은 자유 직업을 통해 자신의 사상 혹은 여러분들이 말씀하신 '학통'을 발전시킬 수 있었습니다. 그러나 이러한 생존환경은 1949년 이후로는 존재하지 않았습니다. 모두들 정치 경제가 일체화된 국가체제 속으로 귀속되고 말았죠. 저는 양강(楊絳, 양지앙)의 《목욕(洗澡)》을 읽고 깊은 감명을 받았습니다. 지식인들은 '국가의 간부'가 되어 모든 사람들이 매달 재무과에서 월급을 받고, 아울러 사상 개조라는 고통(洗澡)을 겪습니다. 천천히 지식인들은 습관이 배어버렸고, 아울러 점차 이러한 체제에 의존하는 존재로 탈바꿈했습니다.

현재 일련의 지식인들이 이러한 체제로부터 유리되어[下海] 있다고는 하지만, 그러나 (우리들을 포함한) 많은 지식인들은 여전히 이러한 체제 내에서 숨쉬고 있습니다. 체제를 지지하는 이데올로기는 이미 이상적 격정과 유토피아적 매력을 잃어버렸습니다. 그런데도 많은 지식인들이 이상에 빠져 있거나 또는 그와 밀접한 내재적 관련을 맺고 있습니다. 지식성 이론은 그리 중요하지 않습니다. 중요한 것은 그 사람의 잠재적인, 그리고 근본적인 생명에 대한 태도겠지요. 현재의 지식인들은 일종의 '틈내기〔抽空, 시간내기〕'식의 사상 감각을 가지고 있습니다. 그렇게 된 중요한 원인 중의 하나는 그가 지금껏 '민간(民間)'의 역할을 하지 못한 데 있습니다. 체제 내에서 태어나 체제 내에서 성장했으니, 그들의 사상은 필연적으로 체제 및 그 배후의 이데올로기와 내재적으로 천 가닥 만 가닥 얽히고설켜 있는 것이지요. 현재는 억지로라도 각기 자아를 드러내야 할 때입니다. 가릴 수도 회피할 수도 없는 것이지요.

현재의 문제는 체제 내에도 마찬가지로 상업적 분위기가 가득차 있어 사리(私利)에 대한 각축을 체제 내에 국한하고 있고, 이것이 곧 권력의 쟁탈로 변했다는 것입니다. 그러면 체제 밖은? 시장경제의 상업적 경향은 역시 지식인들에게는 압박감을 느끼게 만듭니다. 거기서는 단지 관능적인 만족만을 추구할 뿐이고, 가치에 대한 관심은 요구하지 않습니다. 적자생존의 진화론이 또다시 증명됩니다. 그리고 지식인들의 체제 내에서 오랫동안 양성된 생활습관은 이미 '탈출'할 용기와 능력을 상실하게 만들었습니다. 이처럼 물질생활뿐만 아니라 정신생활에서도 지식인들은 출로를 찾을 수 없다는 것을 감지하고 있습니다. 심지어는 어느 정도 절망하기도 하지요. 많은 고통과 곤혹감은 이로부터 생겨난 것입니다. 몇몇 학자들이 서재로 들어갔지만, 그러나 제 생각에 그 속에는 어쩔 수 없는, 그리고 피동적인 선택이 숨겨져 있다고 보입니다.

오늘날 우리가 인문정신의 재건을 강조하는 것은, 시장경제의 천박함에 대항하는 것일 뿐만 아니라, 동시에 체제를 초월하고자 하는 노력입니다. 최소한 정신에서 우리는 마땅히 민간사회의 시각에 서고, 거기에서 우리의 사상과 전통을 다시 반사하고 정리해야 합니다. 그렇지 않다면 상업사회에 대한 두려움, 나아가 우리 자신과 이 체제의 의존관계 때문에 '인문정신'의 창도는 도리어 급진주의적 정감과 정서를 격발시키거나 혹은 일종의 보수적 도덕으로 전향하게 될 가능성이 있습니다.

진사화 제 생각에는 원래의 계획경제체제가 와해되었든 아니든 간에 지식인들은 반드시 자신의 생존공간에 속해야만 합니다. 물론 개인으로서는, 당신이 문화부장이든 시계 수리공이든 인문정신을 견지하는 데는 아무런 문제가 없습니다. 그러나 집단[群体]적 지식인으로서는 당연히 민간에서 자신의 역할 본분을 찾고, 자신의 수로를 통해 인문 이상의 목소리를 전파해야 할 것입니다. 인문정신은 결코 지식인들이 의존하여 자위할 아Q주의가 아닐 뿐더러, "당신이 허리에 천만 관의 돈을 두르든 말든, 나는 스스로 인문정신을 가지고 있다[任憑你腰纏萬貫, 我自有人文精神]"는 소극적인 방어도 아닙니다. 인문정신은 일종의 처세(入世)태도이며, 지식인들의 세계와 사회에 대한 독특한 이해방식이자 개입방식입니다. 그리고 지식인들의 학통은 정통으로부터 분리된 후 재건된 일종의 자아 표달의 기제입니다.

앞으로 지식은 갈수록 널리 보급될 것이고, 경제에 종사하는 사람이나 관리가 되는 사람 및 각종 사업에 종사하는 사람들은 모두 비교적 높은 학력을 지니게 될 것입니다. 그러나 세계에 대한 인문적 관심은 누구나 다 가질 수 있는 것이 아닙니다. 이것이 곧 미래사회에서의 인문학과 지식인들의 특수한 지위를 형성할 수 있습니다.

허기림 체제와 인문정신 사이의 문제에 관해, 저는 계획체제가 사라졌다 해도 그 또한 유사한 문제가 존재한다고 생각합니다. 전근대사회와 비교하여 근대사회에서의 체제 역량은 약화되는 것이 아니라 날로 강화되는 추세입니다. 경제 영역에서의 시장기제와 정치 영역에서의 세분화된 관리체계는 일단 통일적인 계획체제를 대체하였고, 마찬가지로 인문정신까지 위협하고 있습니다.

이러한 현상은 공업이 발달한 국가에서는 이미 충분히 드러나고 있는데, 중국에서도 그 단초가 드러나고 있습니다. 시장경제와 과층(科層)제도의 구분은 금전과 권력이 매개가 된 것입니다. 권력과 금전이란 가치를 제외한 부분은 본질적으로 다른 가치를 배제하게 되지요. 하버마스(Jürgen Habermas, 1929~)는 계통화된 세계(경제 계통과 행정 계통)의 자세한 논리는 현대사회에서 끊임없이 삶의 세계로 확장되었고, 그리하여 사람들이 생활 속에서 합리적인 소통구조를 상실하게 만들었으며, 단지 교환과 억제의 관계만 남게 만들었다고 말했습니다. 이러한 논리 아래 지식인들이 수행했던 초월적인 가치는 사회에서 거절당하였고, 지식인들은 가치의 준거틀을 상실하고 말았습니다. 그리고 시장 유통의 가치로 자신을 평가하는 지경에 이르고 말았습니다. 과거의 인간들은 정치적인 욕망에 따라 글을 썼지만, 지금은 상업적인 욕망〔名利慾望〕에 사로잡혀 글을 생산하고 있습니다. 이것은 심각한 인문정신의 타락입니다!

채 상 허기림 선생이 말한 '상업적 욕망'은 실제로 문학 속에 침투해 있습니다. 문학과 상업화의 결합은 바로 그것의 세상에 영합하고자 하는 경향이지요. 예술은 이미 독창적인 개인의 것이 아닙니다. 순수한 정신적인 작품은 이미 드물게 되었습니다. 작품을 쓰는 자는 예술을 통해 중산계급들의 삶의 체면을 세우려 합니다. 때문에 새삼 지식인들의 최종적인 관심을 강조하는 것이며, 최소한 목전의 상황에서는 매우 필요한 부분이지요. 더욱이 글을 쓰는 사람들의 정신과 인격의 품위가 속되고 부족해진 오늘날에는 더욱 그렇지요.

▮도통, 학통, 정통은 평등하고 상호보완적이어야

고원보 사실 소설 역시 한 시대 인문정신의 주요한 표현 수단입니다만, 현재의 상황을 살펴보자면 소설가들 역시 기존의 이데올로기화된 정신체계에 대항하는 수준에 머물고 있습니다. 지식인들이 처한 환경이나 자아 초월의 가능성을 정면으로 묘사하는 단계에는 도달하지 못한 것이지요. 작가들은 돌아갈 곳 없는 정신적 방랑자들로, 설령 지식인들과 밀접한 관련이 있는 생존문제를 표현하려 해도, 주체적으로 지식인들을 그려내는 것에는 무력한 편입니다. 아마도 이것은 지식인들이 여전히 소설의 주요 작가로 충당될 만한 정도에 이르지 못했다는 것을 설명해주는 것으로, 설령 '결석자'들을 논외로 친다 하더라도, 아직은 소설의 담론 중심이나 의식의 중심에 진입하지 못했다는 것을 설명해 줍니다.

진사화 우리들이 '인문정신, 어떻게 가능한가'를 논의할 때, 실제로는 이미 당대적 의의를 포함하고 있습니다. 이 명제의 전제는 당대 인문학이 직면한 위기가 인문학자들의 현재의 위치를 위협하고 있을 뿐만 아니라, 이 국가와 민족의 미래의 전망을 심각하게 위협하고 있다는 점입니다. 문제의 출발점이 인문학자들이 처한 환경이기 때문에 이 토론 자체는 더욱 지식인들의 자성, 즉 인문학이 어째서 현재 사회기제의 변화 속에서 피동적인 국면에 처하게 되었는가 하는 문제를 띠고 있습니다. 한 발 더 나아가, 즉 당대의 인문학은 결국 이런 인문학이 되었는가, 당대의 지식인들은 어떤 문화적 측면에서 지식인들의 직책을 수행하고 있는가 하는 점이지요.

인문학의 위기와 지식인들의 곤경이 소홀하게 취급된다면, 일종의 허망한 패배주의의 그물에 갇히게 되고, 문제 역시 깊은 곳까지 논의되지 못할 것이며, 더욱이 당대 사회변혁의 전망 속에서 어떤 인문정신으로 조율할 것인가를 논의할 수가 없게 됩니다.

1950년대 이래로 인문학은 국가 이데올로기의 계획체제 속에 귀속되어 이데올로기의 주요 부분이 되었습니다. 인문학은 끊임없는 자기반성을 통해 새로운 영역을 개척하고 새로운 문제를 제기해야만 하는데, 이데올로기로 정착되고 나서는 체제의 제약을 받을 수밖에 없게 되었습니다. 이른바 진리를 구한다는 과학적 속성과는 피할 수 없는 모순관계에 부딪치고 말았지요. 그 시대에 편성된 일종의 개론식, 그리고 사론식(史論式) 교과서는 후에 교육 영역에 들어와 교재가 되어 버렸습니다. 우리 세대와 이후의 젊은이들을 포함한 사람들에게 학교에서 기본적으로 가르쳐준 것은 바로 이런 교과서적 전통이었지요. 저 자신 역시 문학을 연구하는 사람으로서, 당대 문학사와 문학개론 류의 교과서에는 인문정신을 함유할 수 없다는 것을 잘 압니다. 이것이 당대 지식인들과 교육 전통 간의 관계의 일면입니다.

1950년대 지식인들은 국가 이데올로기를 생산하는 사람들로서, 그들이 향유한 것은 국가 간부 대우였으며, 정치적·경제적 지위는 당연히 일반 사람보다 높았습니다. 이것은 자연히 대가를 요구하게 마련이었죠. 국가 이데올로기 생산자로서의 직책과 지식인의 본능으로부터 격발한 엘리트의식은 어쩔 수 없이 대립하게 되었고, 이것이 결국 1950년대 이래 일련의 정치운동을 야기시켰습니다. 그 결과, 무릇 생존할 수 있었던 사람들은 다만 인문정신 분야에서 자아를 제거한 사람들이 되어갈 뿐이었습니다.

당연히 저는 여기서 1987년 이래의 사상해방운동의 적극적인 성과 및 근년 이래의 국제적인 학술 교류 중 적극적인 영향을 뭉뚱그려서

하는 얘기는 아닙니다. 그러나 일반적인 상황으로 말씀드리자면, 목전의 상품경제가 불러일으킨 배금주의가 범람하는 가운데 가장 두려움을 느끼게 하는 것은, 이러한 이데올로기의 계획체제 내에 의존하는 인문학 및 근래의 사상해방운동의 영향 아래서 점차 이러한 계획체제와 유리되어 나왔지만, 학술 전통이라는 측면에서는 여전히 원래의 형태를 유지하고 있는 인문학입니다. 이 때문에 우리들이 인문학의 위기를 논의할 때, 먼저 이러한 인문학 자체가 인문정신을 구비하고 있느냐 없느냐를 분명하게 구분해야 할 것입니다. 그렇지 않으면, 아주 쉽게 부정적인 결론에 도달하게 될 것이고, 인문정신은 시장경제의 개혁 중에 퇴락하고 말았다고 인식하게 될 것입니다. 사실 인문정신이란 과제가 비록 오늘날 우리 앞에 놓여 있지만, 이 문제 자체는 이미 전체 당대사 속에 존재했었습니다.

허기림 오늘 우리들의 대화는 지식인들의 엘리트의식으로부터 문제를 제기하여, 중국문화 속의 세 가지 전통, 즉 학통과 도통 및 정통을 분석하는 데까지 이르렀습니다. 우리들의 화제는 계획체제와 시장경제에서의 지식인의 학통과 인문의 관심이 어떻게 퇴락되었는가에 집중되었습니다. 우리들은 모두 학술의 독립성과 인문정신의 재건을 위해서는 먼저 도통 중심의 인식을 해체해야만 하고, 학술이 이데올로기의 속박으로부터 해방되어야만 하며, 인문정신이 정치 기능으로부터 벗어난 독립된 의의를 갖추어야 한다는 데 동의했습니다. 그러나 천하의 대세는 합쳐짐이 오래 되면 반드시 분리되고, 분리됨이 오래 지속되면 반드시 합쳐지는 것〔合久必分, 分久必合〕이지요. 다원화된 사회에서 학통 및 도통, 그리고 정통이 비록 구조상 서로 분리되어 있다 해도, 그것이 결코 전혀 관련이 없다는 것을 의미하는 것은 아닙니다. 다원이란 것은 흩어진 모래알이나 지리멸렬하게 분해된 세계를 말하는 것은 아닙니다. 그것은 새로운 이해 속에서의 새로운 정합을 의미합니다. 또한 이러한 의미에서 인문정신이라는 이 과제는 재건된 합법칙성이라는 전제를 구비하고 있다 하겠습니다.

우리는 인문정신을 일종의 새로운 '도'로 이해할 수 있겠는데, 이 '도'는 결코 이데올로기라는 방식으로 학술과 정치를 '통합〔統〕'하는 것이어서는 안 됩니다. 이것은 단지 형이상학의 층차에서 모든 사회의 문화를 위해 의의와 소통 규범을 제공하고 정합하는 것일 뿐이지요. 이와 같은 새로운 '도통'과 학통 및 정통의 관계는 평등하고 적극적이며 상호보완적인 것입니다. 인문정신은 세계를 체계화하기 위해 적극적인 합법적 자원을 제공합니다. 그리고 후자는 또한 제도화·체제화의 형식을 통해 인문 이상이 현실생활 속에서 실현될 조건을 갖추고 있음을 증명합니다. 마찬가지로 인문정신은 학술작업 중에 학자들이 순수 기술주의로 떨어지는 것을 막아주며, 지식적인 관심과 동시에 인문적인 관심을 여전히 유지할 수 있도록 해주지요. 그리고 학술 작업은 또한 인문정신의 재건을 위해 충분한 지적 자원을 제공해줍니다. 개인의 인문정신이 실제로 어디에 있으며, 어떤 믿음을 갖고 있느냐 하는 것은 그리 중요한 것이 아닙니다. 중요한 것은 믿음을 갖는다는 것이지요. 믿는 바가 있고 추구하는 바가 있으며, 경외하는 것이 있다는 것이지요. 이렇게 되어야만 비로소 서로 소통, 대화, 교류할 수 있으며, 대화와 교류의 규범을 건립할 수 있게 됩니다. 이러해야만 비로소 체제 이면의 논리가 생활세계 자체의 논리를 대신하지 않게 됩니다. (그렇게 되면) 우리들은 바야흐로 금전과 권력의 억제를 넘어서는, 사회와 문화의 영역—물화되지 않은 진정으로 인간의 생활세계에 속한—속에서 인문의 가치를 위해 돈이나 권력에 못지않은 제3의 존귀한 무엇인가를 건립할 수 있게 될 것입니다.

〈독서(讀書)〉, 1994년 제5기

인문정신, 어떻게 가능한가

장여륜(長汝倫)・왕효명(王曉明)・주학근(朱學勤)・진사화(陳思和)

장여륜
상해 복단대학교 철학과 부교수. 허기림, 주학근과 함께 자유주의 성향을 대표하고 있으며 인문학 전반에 걸친 활발한 문필활동을 전개하고 있다.

왕효명
상해를 중심으로 활발하게 활동하고 있는 중국 제5세대 비평가. 현재 상해 화동사범대학 교수. 중국 비평계의 양대 산맥(북경, 상해)의 하나를 주도적으로 이끌어가고 있다.

주학근
상해대학 역사학과 교수. 철학 분야까지 망라한 인문학과 관련된 수준 있는 글쓰기로 명성을 떨치고 있고 최근에는 자유주의 논의를 이끌고 있다.

진사화
상해 복단대학교 교수. 1998년 한국외국어대학교 교환교수를 역임한 바 있다. '문학사 다시 쓰기(重寫文學史)' 운동의 기수이며, 문학계의 대표적인 신계몽주의자이다.

이 글은 인문학 전반의 문제를 놓고 학문으로서의 인문학과 인문연구자가 존립의 위기를 맞게 된 원인분석에서부터 인문정신 문제를 접근해 들어간다. 논자들은 실용주의 대세와 정치경제적인 외부 요인보다는 인문학의 내재적 생명력의 고갈이라는 내부 요인에 더 심각한 문제가 있음을 제기한다. 철학, 문학비평 등 인문학의 내재적 기초이자 근거인 인문정신이 상실된 것은 인문학 연구자들의 저력, 혹은 자기바탕이 부족하거나, 거기에 굳건히 뿌리내리지 못한 까닭에 있다는 것이다. 이들의 비판 지점은 두 가지이다. 하나는 수입된 이론에 의거해서 자신들의 문제적 상황을 해석하거나 해결책을 찾으려는 의존적 경향성에 대한 비판이고, 다른 하나는 전통적 인문정신의 현재적 계승과 극복의 문제이다.

장여륜(장루룬) 오늘 참석하신 분은 모두 인문학 강의와 연구에 종사하는 지식인들로서, 문학·역사·철학 등 3대 과학이 다 있습니다. 우리는 우리가 종사하는 인문학이 오늘날 '불경기'에만 그치는 것이 아니라 근본적인 위기에 빠졌다는 사실을 절실히 체험했습니다. 이런 위기를 조성한 요인은 매우 많습니다. 여러분들이 비교적 많이 아시는 것은 외재적 요인입니다.

실용주의적 멘탈리티가 주도적 지위를 차지하고 있는 이 시대에, 인문학은 보편적으로 있어도 좋고 없어도 좋은 것으로 여기고, 인문학이 실용화되어 시장경제의 수요에 적응하기를 요구하는 이들도 끊이지 않고 있습니다. 각종 정치·경제적 요소가 인문 지식인에게 미치는 지속적인 압력 등등이 그렇습니다.

그러나 오늘의 인문학의 위기에는 종종 사람들이 눈여겨보지 않는 내부적 요인도 작용하고 있는데, 다름아닌 인문학의 내재적인 생명력이 고갈되고 있다는 것입니다.

철학을 가지고 이야기해보면, 철학이 발전한 동력은 회의와 비판에 있었습니다. 그러나 지금은 진정한 의미의 회의와 비판이 거의 없다고 해도 지나친 말이 아닙니다. 철학은 지혜를 사랑하는 학문으로, 그것이 추구하는 것은 인생의 지혜입니다. 또 형이상학으로서 필연적으로 심원하고 절실한 궁극적 가치에 대한 관심이 있어야 하는데, 이러한 지혜와 궁극적 가치에 대한 관심은 철학적 진리의 주요 특징을 이루고 있으며, 그것을 구체적으로 실현하는 것이 인문정신입니다.

실제로 인문정신은 모든 인문학의 내재적 기초이자 근거입니다. 인문정신이라는 의식이 점차 희박해지고 상실됨으로써 지혜와 진리를 추구하는 노력은 내재적인 지지와 동력을 잃게 되었고, 궁극적 가치에 대한 관심이 금전에 대한 관심만큼 사람들의 마음을 격동시키지 못하게 되었습니다.

왕효명(왕샤오밍) 문학비평 현상도 그러합니다. 많은 사람들이 오늘날의 비평계가 너무 침체되어 있고 생기가 없다고 하는데, 제가 생각하기에 중요한 원인 가운데 하나는 바로 비평가가 비평의 근본적인 의미에 대한 확신을 잃어버린 데 있는 것 같습니다. 비평이 정치와 사회 해방의 선도[先聲]이며 사상을 계몽하는 예리한 무기라는 것은 오늘날 누구나 알고 있는 사실입니다만, 이는 비평의 한 가지 효용일 뿐 그 출발점은 아니며, 더욱이 그것이 존재하기 위한 충분한 근거가 될 수는 없습니다.

그렇다면 비평은 문학의 진리[眞諦]를, 자연과학이 '진리[眞]'를 탐구하는 것처럼 (과학적으로) 해명해낼 수 있을까요?

자연과학이 추구하는 그런 종류의 '진리'가 문학세계에는 결코 존재하지 않는다는 것은 분명합니다. 비평은 인문학에 속하므로 자연과학이나 사회과학과는 다른 자신의 존재 근거를 가지고 있어야 합니다. 그러나 그 근거는 무엇일까요? 이러한 근본적 토대[依據點]마저 분명하지 않다면, 비평의 격정은 또한 어디에서 나오겠습니까? 자기 존재 근거가 분명하지 않으니까 자연 횡설수설 허튼 소리만 지껄여댈

뿐이거나 혹은 아예 입을 닫아버리고, 심지어는 비평을 빌려 사사로운 이익을 꾀하기도 하는 것입니다.

주학근(주쉐친) 왕효명 선생이 말씀하신 것은, '저력(底氣) 부족'의 문제로 귀납되지 않겠습니까? 이는 아마 '뿌리에 닿아 있지 않다(地氣不接, 현실적 근거가 취약하다 : 역주)'는 것과 관련이 있을 것입니다. 이 점은 사상사 연구 영역에서도 두드러지게 표현됩니다.

'지기(地氣)'라는 것은 연구자와 연구 대상이 동일한 인문·지리적 환경에 함께 있음으로써 국외 연구자에 비해 연구 대상의 흐름과 변화를 절실하게 느낄 수 있는 상태를 말합니다. 대륙학자가 대륙 사상사, 특히 근현대 사상사를 연구하는 것은 바로 '지기와 접촉하는' 위치에 있는 것으로, 본래 자신들의 언어로 자신들의 문제를 제출해낼 수 있어야 하는 것입니다. 요 몇 년 동안 우리 사상사의 문제가 대부분 해외에서 수입된 것이라는 점은 정말 유감입니다.

예를들어, 지식인의 주변화 문제, '5·4'의 반전통(反傳統) 문제(임육생(林毓生, 린위성), 이택후(李澤厚, 리저호우) 등 1970년대와 1980년대 중국 현대 사상가들은 5·4 시기에 그 주역들이 '민주·과학'의 이치를 들며 중국 전통을 전면 거부한 것을 전반적 서구화론으로써 개괄하고, 그 입장은 중국의 우량 전통을 창조적으로 전화·계승하기보다는 서구의 과학기술 문명을 지나치게 흠모하고, 이를 잣대로 중국을 현대적으로 개혁하려 했으므로 이후 중국 현대사의 근본 문제를 야기했다고 비판한다 : 역주), 중국 현대사의 급진주의와 보수주의 문제 등이 그렇습니다.

대륙의 일부 중·장년층 학자들은 해외에서 들어온 문제에 응하느라 바빠서, 정작 자신들은 심도 있는 문제를 제기해내지 못하고 있습니다. 물론 해외에서 들어온 문제가 가치 없는 것이라고 할 수는 없지요. 하지만 그들은 (기본적으로) 방관자로서 분명한 입장을 가지고 있고 이데올로기적 오염도 적지만, 결국에는 중국 현실과 한 발 떨어져 있으므로 신발을 신고 가려운 데를 긁는 한계를 면치 못하며, 다른 곳을 긁을 수도 있습니다.

예컨대, 급진주의와 보수주의 문제는 1919년부터 1949년까지 그 복잡다변한 사회사, 정치사, 군사사, 경제사를 (급진/보수라는) 대비적 관념이 시종일관 관철되는 사상사라고 단순하게 정리해버리는데, 이는 그리 간단히 규정할 문제가 아니라 중요하게 논의해보아야 할 대목입니다. 역사 속에 내재되어 있는 관념적 역량을 지나치게 과대평가하는 것은 헤겔주의가 역사를 논리화한 흔적 아니겠습니까?

해외학자가 이러저러하게 주장하는 것을 크게 비난할 필요는 없지만, 그들은 그들의 문제 상황이 있는 것입니다. 실망스러운 것은 대륙학자들이 바람과 함께 차를 타고 어수선하게 이 '만유인력의 세계'를 떠나는 오늘의 인문 현실이니, 형이하학적 요소가 충만한 사회 변천사를 심각을 가장한 형이상학적 사상사로 해석해내려고 해서는 안 될 것입니다. 사상사의 내부적 연관성〔內緣性〕은 위축되었는데, 그 외부적 연관성〔外緣性〕은 오히려 나날이 왕성해지고 있습니다. 이는 곧 문제는 대륙에 있는데 문제 제기는 해외에서 하고, 현상은 대륙에 있는데 해석은 해외에서 하는, 그런 불구적 상황을 야기시켰습니다. 학문은 책만으로는 완성되지 않으며 실천과 결합되어야 하는데, 요즘 성행하는 인문학술 풍조가 학문적 바탕이 되는 자기 지반에 맞닿아 있지 않고, 저력 또한 당연히 갖지 못한 채 내재적인 생명력이 위축되어 있는 것, 이는 조금도 이상할 것이 없는 일이지요.

▎문제까지 밖에서 수입해야 하는가

장여륜 확실히 그렇습니다. 오랫동안 인문학계는 진정한 문제를 제기하지 못했고, 마치 문제까지도 모두 밖에서 수입해야 할 것 같은 상황에 이르렀습니다. 이는 요 몇 년 동안 지식계의 '쟁점〔熱點〕'과 흔히 사용되는 몇 가지 술어 등을 살펴보기만 해도 충분히 알 수 있습니다. 실제로 피상적이고 평범한 것, 심지어는 분명하게 소통되지 않는 것조차 단지 '수입품'이기만 하면 떠받들고, 거기에 대한 분석 비평능력을 완전히 잃어버린 사람들도 있습니다.

중국 근대 학술사를 진지하게 정리해보면, 많은 문제와 교훈을 발견할 수 있을 것입니다. 가령, 지난 1백 년 동안 경전의 지위에 오를 만한 작품이라고 할 수 있는 사상문화 작품이 얼마나 있는가라고 묻는다면, 아마 부끄러워서 진땀을 흘릴 것입니다. 왜 그럴까요. 그것은 그 누구도 중국인의 지적 역량이 그것밖에 안 된다고 말하지는 못할 것입니다. 반드시 다른 원인이 있는 것입니다.

지식인 자체로 보면, 그들이 보유해온 인문정신이 점차 희박해진 점과, 마침내 그것을 상실한 것이 주요 원인입니다. 진정한 인문정신을 가지고 그것을 학문 영역에 구현해간다면, 그 경지는 스스로 높아지고 학문적 골조는 스스로 거대해질 것입니다.

그러나 지금은 영혼은 이미 상실되었고, 그 뼈대〔形骸〕만 겨우 갖추고 있을 뿐입니다. 그러므로 오늘날 잃어버린 인문정신을 다시 찾고자 한다면, 우선 그것이 어떻게 상실되었는가를 추궁하는 것에서 시작해야 할 것입니다.

진사화 인문정신의 상실은 한정된 학과의 현상이 아닐 텐데, 제가 회의하는 것은 전체〔징체싱(整體性)을 가진 지식인 전체〕 지식인이 이 시대에 여전히 인문정신을 가지고 있느냐 하는 것입니다. 이는 저에게 공자가 규정한 '육경(六經)'을 떠올리게 했습니다.

'육경'의 분류는 대단히 큰 의미가 있습니다. 《역(易)》은 철학, 《서(書)》는 고대 역사, 《춘추(春秋)》는 당대의 역사〔當代史〕, 《예(禮)》는

철학이 파생시킨 정치,《시(詩)》는 문학, 그리고《악기(樂記)》가 있으
니, 이것은 음악입니다. 가만 생각해보면, '육경'은 확실히 전통 인문
학의 기본 골격을 포괄했던 것입니다.
 공자는 전대의 중국문화 전통을 계승하여 후대를 깨우친 인물로서,
확실히 매우 중요한 작용을 했습니다. 그는 서술은 하되 새로이 창작
하지는 않았고, 오히려 그 시대의 문화 전통을 소통·정리했으며, 학
술 전통을 문왕[周文王. 중국 주대(周代)의 성왕(聖王) : 역주], 주공[周
公. 문왕의 아들. 무왕(武王)의 동생으로 성왕(成王)이 어려서 섭정, 전
장(典章)제도를 정비하고 중원(中原)을 통치함 : 역주]의 시대까지 밀어
올렸습니다. 이처럼 공자는 학술 전통 속에 이미 수백 년 동안의 에너
지를 축적했습니다.
 그 시대에는 두 부류의 지식인이 있었는데, 하나는 소진(蘇秦)이나
장의(張儀) 같은 종횡가로서, 자기 스스로는 결코 어떤 고정된 학술적
이상이나 학술 전통을 가지고 있지 않지만, 재능이 있어서 제왕이나
패주의 도구가 되어 통치자를 위해 복무한 사람들입니다. 다른 한 부
류는 바로 공자, 맹자 일파입니다. 그들도 비록 여러 나라를 돌아다니
며 곳곳에서 관직을 구하려 했지만, 그들은 자신의 학술적 이상과 학
술 전통을 가지고 조정에 들어갔으며, 결코 통치자가 필요로 하는 일
에 자신을 두지 않았습니다. 다만, 통치자라면 마땅히 무엇을 해야 하
는가를 요구하고 통치자를 설복시킴으로써 지식인의 도통[道統, 유가
학술사상의 전승 계통. 중국 송명(宋明) 이학가(理學家)들이 지은 개념
: 역주]의 가치를 실현하기를 희망했습니다.
 그러나 공자의 학술 전통은 당시에는 결코 성공하지 못했으며, 이
후 다시 수백 년 동안 기량을 쌓아 한대(漢代)에 이르러서야 비로소
도통과 정통(政統)을 합일했습니다.
 확실히 그 시대에는 도통이 정통보다 높아서 정통을 포괄했습니다.

봉건전제는 실상 지식인의 문화전제(文化專制)였습니다. 지식인은 당연히 그 사회의 주인이 되었고, 그들이 써낸 문장은 모두 도통 안에 있었습니다〔문이재도(文以載道), 중국 전통 사대부들은 문장(文章)을 도(道)를 실어내기 위한 것으로 여기고, 문(文)의 독자적 존립을 인정하지 않았다 : 역주〕. 저는 봉건시대 지식인의 인문정신은 바로 이 도통 속에 체현되었으며, 그들이 배운 것, 자신의 학문을 현실에 활용하는 것, 속세를 벗어나고 세상사에 관여하는 행위들에는 단지 잘했냐 못했냐의 기준이 있었을 뿐, 어떻게 할 것인가 하는 의문은 결코 없었다고 생각합니다.

그러나 우리가 오늘날 인문정신을 말하는 데는 몇 가지 의심해보아야 할 것들이 있습니다. 20세기를 사는 지식인들이 우선적으로 생각하는 것은 '어떻게 할 것인가'이지 '잘할 것인가, 잘못할 것인가'는 아니라는 것입니다. 이것은 지식인들이 이미 스스로 마음의 평안을 얻을 수 있는 안정되고 유구한 정신적 전통을 잃어버렸다는 점을 설명해줍니다.

저 개인의 관찰에 의하면, 중국의 20세기 전반부는 지식인이 묘당과 새로운 학술 전통을 다시 소통시켜냄으로써 인문정신을 회복하고자 했으나 기본적으로 모두 실패했습니다. 후반부는 지식인이 '자리를 피해 문자옥 듣기를 두려워하는〔避席畏聞文字獄, 문자옥이란 글을 쓴 것으로 인해 당하는 정치적 피해를 이른다. 반우파투쟁·문화대혁명의 아픔을 겪은 중국 지식인들은 1985년 이후 '자체〔本身〕'로 돌아가자는 구호 속에서 현실정치와 일정하게 거리를 유지하면서 문학·학문 자체의 내재적 발전법칙을 고민하며 문학세계, 학문세계의 폐쇄회로를 구축하고자 하였고, 천안문사태 이후 고도의 긴장국면 속에서 그런 경향이 강화되었다 : 역주〕' 실패 속에서 스스로의 깨달음을 통해 시대와 거리를 두는 방법으로 학술의 순결과 초연함을 유지하던 시기였습니다.

그러나 인문정신은 오직 시대와의 대화, 심지어는 의견 충돌 속에서만 탄생할 수 있는 것이고, 그것이 지식인들이 학문하고 그것을 현실에 적용하는[用] 근본적인 도입니다. 하지만 시대적 맥박과의 융화를 벗어나는 것 또한 (인문정신의) 재건가능성을 잃어버리는 것이며, 이른바 학술라는 것이 오직 기술적이기만 할 뿐 인문적인 연구활동이 아니라면, 결과적으로 객관적인 인격을 위축시키게 될 것입니다.

그러므로 지식인들이 지금 소진이나 장의와 같은 경로를 밟아 정치 도구가 되든 학술을 현실 도피의 장소로 보든, 이 두 가지 길은 모두 인문정신을 재건하는 방법이 아닙니다.

왕효명 이로 보아 알 수 있듯이, 인문학도 좋고 전체 사회의 정신생활도 좋은데, 그것의 진정한 위기는 모두 지식인이 갖가지 박해를 받은 후 정신이 왜소화되고 동물화된 데 있다고 하겠습니다. 인문정신의 고갈과 위축, 궁극적 가치에 대한 관심의 민멸(泯滅)은 바로 이 왜소화와 동물화의 가장 심각한 표현입니다.

지식인은 어디에 서야 하나

장여륜 사실 이는 중국의 문제만은 아닙니다. 20세기에 진입한 뒤 도구적 이성이 범람하고 소비주의가 천지를 들썩들썩하게 하는 가운데, 인문학도 점차 사람들의 마음을 편안하게 해줄 궁극적인 가치를 잃어버렸고, 실용화 압력에 대응하기도 힘겨운 것입니다.

다니엘 벨(Daniel Bell, 1919~)은 《자본주의의 문화적 모순》에서 이 과정을 예리하게 논술한 바 있습니다. 표면적으로는 문화가 문제를 낳은 것처럼 보이지만, 실제로는 문화 이면에 있는 인문정신과 가치를 상실한 것입니다. 그러므로 현재 인류가 공동으로 당면한 문제는 바로 '인문정신이 필요한가 아닌가?' '상실되어 가고 있는 인문정신을 어떻게 구제할 것인가?' 입니다.

진사화 잃어가고 있는 인문정신을 구제하자고 말씀하신 데는 바로 가치관념이 바뀌는 문제가 있는데, 우선 문제를 명확히 할 필요가 있겠군요.

여영시(余英時, 위밍스)는 일찍이 현대 지식인이 정치문화의 중심에서 주변으로 옮겨간다는 이론을 이야기한 적이 있는데, 이 이론은 20세기 초 지식인이 처했던 상황에서는 일리가 있으나 오늘날의 정황은 조금 다릅니다. 오늘날 아직도 그 정치문화의 중심이 있는지, 중심이 있어야 할 필요가 있는지 하는 문제들은 직접적으로 지식인이 갖는 인문정신의 가치 취향, 즉 그것의 위상을 어디에 설정할 것인가 하는 문제와 관련이 있습니다.

저는 방금 봉건시대의 지식인은 조정의 중심에 머문다고 말했는데, 그들은 나아가서는 관직에 들어가고 물러나서는 민간으로 돌아왔으니, 서원을 세워 교육에 종사하든 책을 지어 학설을 세우든, 모두 하나의 도통 속에서 순환하며 폐쇄적인 자기 완성기제를 이루었던 것입니다. 1920년대에 호적이 호인정부(好人政府)를 제창하고, 1950년대에 웅십력(熊十力, 슝스리. 중국의 신유가 新儒家 철학자)이 《육경을 논함(論六經)》이란 책을 지은 것은, 모두 지식인들이 다시 관직으로 되돌아가려는 노력입니다.

그러나 20세기에 이르러 봉건시대의 조정은 저절로 없어졌고 가치는 다원화되었기에 지식인이 조정 이외의 곳에 자신의 위치를 세울 수 있는지, 이와 마찬가지로 인문정신을 계승하고 발양하여 자신의 인격 형상을 빚을 수 있는지는 지식인들 앞에 놓인 매우 현실적인 문제입니다. 그리고 20세기 중국문화의 가장 큰 특징은 바로 세계적 국면[格局]을 받아들였다는 것인데, 우리들이 대면하고 있는 문제는 더 이상 폐쇄된 중국의 문제가 아니라 인류 공동의 곤혹스러운 문제인 것입니다.

그러므로 많은 사상적 재료와 사상적 방법이 모두 세계와 교류〔相通〕되며, 이런 서구식 사상 자료는 20세기 중국에서 지식인의 전리품이 되었습니다. 이는 바로 원래 있던 조정과 민간 이외에 다시 서구적 방향성〔向度〕을 더한 것으로, 이 세 가지 가치체계는 현대에는 분열되었지만 미래의 다원문화 국면을 위해 규모를 규정하고 다진〔奠定〕 것입니다.

그러나 현대 지식인의 곤혹은 아직 해결되지 않았으니, 이 세 가지 가치체계를 통일시켜 현대 지식인의 새로운 도통을 건립할 수 있을까요? 아니면, 현대적 조정이나 민간, 지식인의 학술작업 모두를 오로지 현대의 다원화사회 속에 있는 하나의 방향으로 여기고 공동으로 현대 문화 건설의 과제를 짊어진다면, 지식인들 또한 자신의 작업 위치에서 안신입명(安身立命)이라는 근본이라도 확립할 수 있을까요?

다시 말하면, 우리들은 오늘날 보편성을 지닌 가치규범, 하나의 새로운 정신적 중심을 세워야 하는 것입니까, 아닙니까?

장여륜 중국 전통사상의 주된 흐름은 뚜렷한 보편주의적 경향을 가지고 있습니다. 이른바 '마음이 같으면 이치도 같으니, 그것을 세계에 놓으면 모두 같다〔心同理同, 敎之四海而皆准〕'는 것입니다. 서구 문화의 주된 흐름, 즉 기독교나 계몽사조 같은 것도 모두 보편주의적 입장을 지니고 있습니다. 이런 고전적 보편주의는 사물의 본질을 미리 설정하는 것이 아니라면 사람의 본성 혹은 선험적 주체성을 미리 설정하는 것이며, 이것을 절대 보편적 가치체계의 본체론적 기초와 근거로 삼습니다.

19세기의 역사주의와 20세기의 문화인류학이 반박할 수 없는 논리와 사실로써 보편주의 신화에 근본적인 동요를 일으켰지만, 보편주의자가 보기에 보편주의의 입장은 여전히 버려둘 수 없는 것입니다. 그렇지 않다면 인류사회는 정의와 진리를 갖지 못할 것이고, 간디와 히틀러도 구별할 수 없다고 할 것입니다.

그러나 이러한 배경성(背景性, contextuality) 개념이 발견된 뒤 보편주의를 지키는 유일한 방법은 내용을 밝히지 않는 것이며, 보편적으로 받아들일 수 있는 논증 규칙만을 규정하는 것이므로, 이런 규칙을 만족하는 규범과 명제가 바로 보편적으로 유효한 것입니다.

다른 한편, 사람들은 이 규칙에 따라 대화해야만 일치를 이룰 수 있습니다. 이것이 바로 하버마스가 보편주의를 구제하는 책략입니다. 이와 동시에 이른바 사회특유주의(communitarianism)라는 입장이 생겨났습니다. 이 입장은 그 대표 인물 알레스데어 매킨타이어(Alasdair Chalmes Macintyre, 1929~   )의 책이름이 나타내는 바와 같이, 먼저 다음과 같이 묻습니다.

"누구의 정의인가? 어떤 종류의 합리성인가?"

그것은 명확히 인류의 생활형식과 개념체계의 문화적·역사적 다양성을 승인하고, 각기 다른 문화적 전통과 세계가 소통(通約, commensuration)할 수 없을 수도 있다는 것을 인정합니다. 이는 바로 절대 보편주의를 완전히 부정하는 것입니다. 그러나 사회특유주의는 이런 소통불가성(incommensuration)을 승인하는 것이 반드시 상대주의를 일으키는 것은 결코 아니라고 여깁니다. 세계의 각기 다른 전통은 결국에는 공존해야 할 것이기 때문입니다.

가다머(Hans-Georg Gadamer, 1900~   )가 지적한 바와 같이, 다른 신앙과 가정(假定)의 대화 속에서 우리 자신의 부족한 점을 파악하고 그것을 초월할 수 있는 것입니다. 그러나 이것은 결코 또 다른 종류의 전통적 가치규범과 개념체계로 자신을 다시 새롭게 부조하는 것이 아닙니다.

가다머의 이론에 따르면, 대화구조와 목표를 결정하는 것은 어떤 대화의 참가자나 그들의 관점이 아니라 '대화의 주제(die Sache)'입니다. 그것은 또 대화의 진리를 결정하며, 그 진리는 곧 대화자의 주제에 관한 다양한 관점의 '시계 융합(視界融合)'의 결과입니다. 공동의 문제는 완전하게 적극적인 대화를 유도하여 어느 정도의 '시계 융합' 혹은 공통된 인식을 생산해낼 수 있으므로, 사회특유주의가 항상 보편주의와 상대된다고 하더라도 그것과 보편주의는 모두 후현대(포스트모던)의 회의주의 및 상대주의에 반대합니다.

우리가 오늘날 하나의 보편적 가치체계 혹은 규범을 공급할 필요가 없다는 것은 당연합니다. 이는 완전히 주체 사이의 역사적 산물일 뿐 아니라, 인문정신은 가치체계 혹은 규범과는 구별이 있기 때문입니다. 전자가 더욱 '허(虛)'한 것입니다.

그러나 인문정신을 상실한 것이 오늘날 인류가 당면한 공동의 문제라면, 대화를 통해서 일정한 공통의 인식에 이르는 것은 결코 불가능한 일이 아닙니다.

인문을 관찰하여 천하를 변화시키자

왕효명 그것은 오늘날 중국 지식인들이 더욱 절박하게 느끼는 문제입니다. 적어도 중국에서는 옛날부터 지금까지 절대 다수가 궁극적 가치를 해석하는 데 하나의 공통점을 가지고 있습니다. 바로 해석자가 사회의 대표이자 정신적 지도자라고 자처하고, 자신의 해석이 절대 진리이므로 사람들이 모두 받아들여야 한다고 여겼으며, 심지어는 이를 위해 많은 가공할 만한 일들을 초래했던 것입니다. 따라서 저는 지금 우리가 궁극적 가치를 논하는 데 있어서, 그것의 개인성을 보다 강조하고자 합니다.

　구체적으로 말하면, 첫째, 단지 개인의 현실 체험에서 출발할 때만 궁극적 가치를 추구할 수 있습니다. 둘째, 추구할 수 있는 것은 단지 이 가치에 대한 해석〔闡釋〕일 뿐, 그것은 궁극적 가치 자체와는 결코 같지 않습니다. 셋째, 오직 개인의 신분으로만 추구할 수 있지, 그 누구도 이 추구권과 해석권을 독점할 수 없다는 것입니다. 바로 그런 의미에서 저는 인문학자가 학술연구에서 최후로 표현해내는 것은, 실제적으로도 가장 먼저 그 개인의 생존 의미에 대한 체험과 사고여야 한다고 믿습니다.

　장여륜 물론, 인문정신을 추구하는 것은 담론 중심 혹은 궁극적 가치를 복습〔重溫〕하자는 류의 망상이 결코 아닙니다. 우리는 모두 다음과 같은 사실을 인정합니다.

　인문정신은 상실되었고, 일단 완전히 상실하게 된다면, '짐승을 거느리고 와서 사람을 잡아먹는 것'은 필연이며, 인문세계는 밀림세계로 변해버릴 것이라는 사실을 말입니다.

　인문정신은 고정 불변의 실체가 아닙니다. 그러나 그것은 비록 '어렴풋하고 몽롱하지만' 찾아낼 수 있는 흔적은 있습니다. 가령, 스승을 존중하고 도를 중시하는 사회는 바로 인문정신이 아직 없어지지 않은 사회입니다.

　인문 지식인들조차 스스로 자신을 경시하고, 환골탈태하여 명예와 이익을 좇아 한몫 볼 수 없음을 한스러워하는 것, 이것이 바로 인문정신의 상실을 의미합니다.

　인문정신은 무슨 명확한 규정이나 규범은 아니지만, '형체 없는 형체이며, 상(象) 없는 상'입니다. 그것이 없다면 천하는 이루어지지 않습니다. 《주역》에서 "인문을 관찰하여 천하를 변화시킨다〔觀乎人文, 以化成天下〕"라고 한 것은 이것을 말한 것입니다.

그러나 인문정신은 또한 그것을 이용하는 자는 살 것이요 버리는 자는 망할 것이라고 하며, 사람의 실행 혹은 실천을 요구합니다. 그러므로 유가들은 몸으로 가르치는 것〔身敎〕이 말로 가르치는 것〔言敎〕보다 중하고, 사람 스승〔人師〕이 경전 스승〔經師〕보다 높다는 것을 강조했습니다. 도를 체험하고〔體道〕, 도를 증명하는 것〔証道〕, 그리고 도를 넓히는 것〔弘道〕은 모두 개인의 일이며, 자기를 반추하고 자기로부터 시작하는 것입니다.

진사화 우리는 지식인 문제를 사고하면서 두 가지 범주를 언급했습니다. 하나는 도덕 범주이고, 다른 하나는 신앙 범주입니다. 사실 '하늘을 본받는다' 는 것도 일종의 신앙으로서, 옛사람들이 "세상〔六合〕밖에 성인이 존재해도 논하지 않는다"고 한 것은, 결코 그것이 일어난 일인지를 설명하지 않습니다. 단지 사람의 본능에 따라 이해할 수 있거나 혹은 자신의 행위를 규범한다는 것이지요. 도덕은 법으로 세울 수 있는 것으로서, 강제적 의미가 있습니다. 그러나 신앙은 개인의 일로서, 자신의 체험적 이해에 따를 뿐입니다.

저도 왕효명 선생과 마찬가지로, 관심이 있는 것은 자신의 문제입니다. 즉, 현대 지식인으로서 우리가 안신입명할 곳은 어디에 있는가 하는 것입니다. 어떻게 자신의 본분 속에서 지식인의 인문 전통을 이어낼 수 있을 것인가?

우리는 이 글에서 지식인의 본분의식을 이야기하고 있습니다. 몇몇 친구들이 제게 이렇게들 말합니다. "당신은 과거에는 현실 전투정신을 제창하더니, 지금은 다시 광장의식〔廣場意識, 선동의식 혹은 대중을 인식하는 정치 지향적 의식 : 역주〕을 반성하고 본분의식을 제창하는데, 그것은 이론상의 퇴각 아닌가"라고 말입니다. 저는 본분의식을 여러 가지 의미로 이해할 수 있다고 생각합니다. 광장의 허망함을 인식하고 서재로 물러나 학문하는 것으로 이해한다면, 그것은 이론의 퇴각

일 뿐 아니라 인격의 위축입니다.

그러나 제가 말하는 본분은 지식인의 본분으로서, 자신의 업을 숭상하는 경업정신(敬業精神)을 포함하는 것이며, 또한 경업 그 자체와도 다릅니다.

또 어떤 지식인은 인문 전통을 추구하고 계승하는 것에 대해, '앞을 지켜서 뒤를 기다리는 것〔守先待後〕'이라고 하는데, 무슨 '앞'을 지키고 또 무엇을 가지고 '뒤를 기다린다'는 겁니까? 궁극적 가치에 대한 관심, 우리는 무엇을 가지고 그것에 관심을 가집니까? 서양에는 종교가 있어서 옳든 그르든 그들은 말할 것이 있지만, 우리는 어떻습니까? 5·4 전통이 우리에게 남긴 것은 사명감과 정의감입니다.

그러나 이것은 단지 지식인의 행위준칙을 구성할 뿐이므로, 우리는 여전히 지식인 자신의 것을 가져야 합니다. 지식 전통과 인문 전통을 포괄해서 말입니다. 이런 것이 분명해지지 않는다면 사명감과 정의감을 모두 가지고 있다 해도 무력하기 짝이 없을 것입니다. 용기는 지식과 다르며, 역량과도 같지 않습니다.

주학근 세 분이 말씀하시는 것을 줄곧 듣고 있자니, 점차 하나의 핵심 문제로 다가가고 있군요. 곧 인문정신은 원칙의 보편성과 실천의 개체성에 있다는 것입니다. 이것은 긴장을 요하는 문제인데, 우리가 이 한 측면에 너무 오래 머무는 것은 아닐까요?

장여륜 선생이 강조한 것은, 인문정신을 최후까지 밀고나가는 것은 보편주의라는 것입니다. 저는 이 견해에 찬성합니다. 고금중외(古今中外)를 막론하고, 무릇 사람들이 모여 사는 곳에는 모두 공동된 것이 존재했다는 사실은 결코 부정할 수 없습니다.

문명이 사람들을 놀라게 하는 점은 그 드러난 부분의 건축이 얼마나 위용 있는 장관이냐에 있는 것이 아니라, 그것의 밑바닥에는 단지 지극히 섬세하고, 민감하고, 연약한 인문적 규율〔人文律令〕만 몇 가닥 있을 뿐이어서 조그만 충격도 감당하지 못할 것 같은데, 오히려 견고하고 강인하게 버텨낸다는 데 있습니다. 문명의 전체 구조는 역삼각형이지 정삼각형은 아닙니다.

'독립선언' 첫머리에서 밝힌 요지는 "우리는 아래에 서술하는 진리가 자명한 사실로 증명되지 않는다는 것을 인정합니다. ……"라는 것입니다. 그런 후에야 비로소 그 혁명의 전체적 합법성을 유도해냈던 것입니다. '인권선언'의 첫머리 또한 같은 방식입니다. 어떤 진리가 자명하다고 증명되지 않는 데 대해서는 많은 종류의 해석이 있을 수 있습니다.

저는 여기에 아주 중요한 점이 있다고 생각하는데, 그것은 인문정신의 보편적 원칙에 대한 이해는 형식주의여야지 실체주의적이어서는 안 된다는 것입니다. 실체주의적이라고 한다면 역사주의는 바로 힐문할 근거가 생깁니다. (그 실체를 인정할) 고고학적 증거를 가져오라! (최근 우리 사회에 만연된) 건달사조는 인문정신이 대륙에서 한 차례 얼어붙어 이데올로기가 되었다는 한 가지 이유를 들이대며, 한편으로는 이데올로기를 해소하고 다른 한편으로는 인문정신을 해소시키고 있는데, (지배적) 이데올로기가 점차 약화됨에 따라 건달사조의 인문정신에 대한 해소작용은 앞으로 더욱 엄중해질 것입니다.

이른바 형식주의는 각 민족이 구체적으로 표현해낸 '타고난 양심〔天良〕' 내용이 다 같지는 않게 나타나지만 그 '용기(容器)' 혹은 '묶음표〔括弧〕'라고 할 수 있는 것은 오히려 영원히 존재할 뿐만 아니라 상통할 수 있다고 지적합니다. 예컨대, 칸트의 도덕법칙 제1조, 공자가 말한 "자기가 하고 싶지 않은 바를 남에게 행하지 말라" 같은 것은 방법은 다르지만 같은 효과를 내는〔異曲同工〕 것입니다.

그런 의미에서 형식이 내용보다 높다는 것을 세상〔四海〕의 기준으로 삼아도 될 것입니다.

저는 시인 고성(顧城, 꾸청. 1980~1990년대에 활동한 중국의 시인, 소설가 : 역주)이 아내를 죽인 사건을 들어 이 문제를 설명해보고자 합니다.

시인이 아내를 죽인 것, 그것도 도끼로 찍어 죽인 것에 대해 국내외 지식인들은 온통 탄식하였고, 살해 동기 중 사람들을 더욱 놀라게 한 것은 문인이 갖는 정조(情調)의 정신적 정보였으며, 그 점이 두드러진 사건이었습니다.

그런데 오히려 몇몇 사람은 외람되게 이 사건의 형이하학적 본질을 설명해냈습니다. 어쨌든 그는 살인범이고, 게다가 수단이 잔인하므로 양심이 용납할 수 없다는 것입니다! 불량배가 살인을 하면 형이하학적인데, 시인이 사람을 죽였다고 해서 형이상학적입니까? 이 악성 음모적 살인의 성질을 바꿀 수 있을까요? 물론 모살은 어디에서 발생하든, 광장에서든 서재에서든 반드시 막아야 합니다. 이는 인류의 죽음이므로, 그에 대한 다양한〔多重的〕기준을 용납할 수 없습니다. 인문정신이 스스로에 대해 빠져나갈 길을 열어놓고 특수주의를 행한다면, 어찌 인문주의자 노릇을 할 수 있겠습니까? 이 방면에 대한 지식계의 침묵은 고성이 아내를 죽인 사건 자체보다 더 우리를 혐오스럽게 합니다.

다음으로 왕효명이 강조한 것은 하나의 보편주의적 인문원칙은 실천 속에서는 오히려 반드시 개체주의적이라는 것입니다. 이는 매우 중요한 한계규정〔限定〕입니다. 이런 한계규정이 없다면 인문정신의 보편주의는 반대 방향으로 치달을 수 있고, 도덕 선세로 향할 수도 있습니다. 루소식의 공식이 나오는 것입니다. "당신이 자유롭지 않다면, 내가 당신을 자유롭도록 강요하겠다!"는 식 말입니다.

이사야 벌린(Isaiah Berlin, 1909~   . 영국 철학자, 정치학자, 역사학자)은 프랑스혁명이 도덕적 이상에서 도덕적 재앙이 되어버린 교훈을 총괄하면서, 일찍이 적극적인 자유와 소극적인 자유를 구별(freedom to something and freedom from something)할 것을 제기한 바 있습니다. 소극적인 자유란 '나는 무엇을 피할 수 있다'는 자유이고, 적극적인 자유는 '나는 무엇을 할 수 있다'는 자유입니다. 프랑스혁명의 교훈은 바로 적극적인 자유로써 소극적인 자유를 교살했다는 데 있습니다. 우리가 지금 쓰는 용어로 말하면, 바로 보편주의 방식으로 보편주의 원칙을 추진한 것입니다.

우리가 이야기하는 인문정신도 이것으로써 경계를 삼아야 하지 않을까요? 제가 말씀드리고 싶은 것은, 한 사람의 인문주의자가 이러한 이상의 방기를 원치 않는다면, 원칙의 보편주의와 실천의 개체주의에 대하여 신중한 경계의식을 가져야 한다는 것입니다. 그렇지 않다면 우리의 인문 이상이 치열해질수록 우리의 존재방식도 점차 위험해지고, 보다 침략적인 성격을 갖게 될 것입니다. 고성이 바로 그 한 예로서, 그의 불타는 인문적 열정에는 파시즘적 성분이 있었던 것입니다. 역사상의 파시스트운동은 그 가장 깊은 층면(層面)에 인문적 열정의 추동력이 작용하고 있었던 것입니다. 안타깝게도 파시즘에 대한 우리의 비판은 이제까지 이 층면에까지 진입하지 못했습니다.

오늘날 인문주의자는 많지 않습니다. 그런데 많지 않은 인문주의자 가운데, 이것에 대해 경계심을 갖는 사람은 더욱 없습니다. 이에 대한 경각심을 갖지 않고 위에서 내려다보고 제압하는 방식으로 다른 사람을 대하고 대중을 대한다면, 이런 인문주의자나 도덕 이상주의자는 잠재적인 자코뱅 당원, 잠재적인 로베스피에르, 고상한 침략자, 고상한 정신적 살인자가 될 수 있을 것입니다.

앞에서 언급한 두 가지 외에도 우리는 인문정신의 실천성을 강조해야 하지 않을까요? 그것은 바로 실천적 요구가 있었기 때문에 보편성과 개별성의 연계와 경계가 나타났던 것입니다.

기술형 지식인은 과학적 책임을 완성할 수 있을 뿐 당면 현실사회에 대한 관심은 감당할 수 없습니다. 그러나 인문학자가 인문학자라고 일컬어지는 까닭은 바로 사회에 대한 관심에 있습니다. 인문 연구 과제를 처리할 때, 기술주의적 태도로 가치 중립을 취할 수는 있습니다. 그러나 이 점을 확대하여 사회에 대한 관심을 닫아버릴 수는 없습니다. 사회에 대한 관심을 차단한다면 인문학자가 기술형 지식인과 무슨 차이가 있습니까? 인문 대상을 연구하는 일을 직업으로 삼는 기술형 지식인에 불과할 것입니다.

맹자는 "사람이 금수와 다른 점이 얼마나 적은가?"라고 말했습니다. 이 '얼마나 적으냐'가 바로 인문주의자들이 가장 견지하기 어려운 것이지만, 또한 반드시 견지해야 하는 최후의 것입니다. 인문학자는 인문학과 자체의 과제를 잘 해결하고 견실하게 해야 할 뿐만 아니라, 현실에 관심을 쏟고 오늘날의 인문 환경에 관심을 쏟아야 합니다. 단지 과거에 답하기만을 원한다면, 학자이긴 하지만 인문학자는 아닙니다. 오로지 시종일관 오늘에 답하는 학자라야만 비로소 인문학자라고 불릴 수 있는 것입니다.

▎인문정신은 지식인의 일상생활 규범

왕효명 그렇습니다! 궁극적 관심을 궁극적 가치에 대한 내심(內心)의 요구로 이해하고, 이로부터 궁극적 가치를 파악하려는 끊임없는 노력을 기울인다면, 우리들이 말한 인문정신은 이 관심으로부터 체현될 것이며, 실천과 불가분의 것이 될 것입니다. 그리고 심지어는 이렇게 말할 수도 있습니다. 그것이 바로 실천적 자각성을 가리키는 것이라고요.

진사화 확실히 그렇습니다. 인문정신은 마땅히 지식인의 일상생활의 어떤 규범이 되어야 합니다. 독서계에는 이런 풍조가 있습니다. 엄숙한 이론적 사고를 유행적 구호로 저속화시키기를 좋아하고, 당연한 듯 저속성을 약속한 화제로 간단하게 만들어버리기를 좋아하는 풍조 말입니다.

인문정신도 시세 타는 화제가 된다면 그 의미는 곧 없어지고 맙니다. 그러나 이것은 한 가지 문제를 제출해냅니다. 우리는 역사와 현실을 인식할 때 많은 인위적인 사상적 울타리를 가지고 있습니다. 이런 울타리는 도덕교육에서 나온 것과 사회의 전체적인 의견에서 나온 것이 있습니다. 때로는 이런 것들이 인문정신과 쉽게 뒤섞입니다.

가령, 왕국유의 만년의 정치적 방향이 그렇지요. 이는 일종의 인문정신의 위축 아닙니까? 다시 비유하자면, 주작인〔周作人, 저우주어런 1885~1967. 노신의 동생, 중국 현대 산문가. '5·4' 신문학운동 추종자 중의 한 사람이었던 그는 1930년대 후 사상적 보수화를 거쳐 일본의 매국노 노릇을 자행하였다. 매국적 간행물인 〈예술잡지(藝術雜誌)〉를 주관하고, 일본이 주관한 갱생중국문화(更生中國文化) 좌담회에 참석했으며, '대동아문화협력' 사업에 가담하였다 : 역주〕이 그렇고…….

왕효명 주작인의 '부역(附逆)'은 물론 갖가지 원인이 있지요. 그러나 한 가지, 그는 자아 설복의 이유를 끌어댔습니다. 이것은 그가 자기 생명의 의미를 독특하게 이해한 데서 나온 것인데, 이것도 인문정신을 체현한 것이라고 할 수 있겠습니까?

더 극단적인 예를 들자면, 어떤 사람이 오랜 생각을 거쳐 사람의 가치는 먹고 마시고 즐기는 데 있다고 여기고 전심전력으로 이를 실천한다면, 어떻게 평가해야 하겠습니까?

장여륜 실천의 개인성이란 실천행위의 실행과 방식의 개별성을 말하는 것입니다. 즉, 어떠한 실천행위도 반드시 누군가 그 자신이

행하는 것이라는 사실입니다. 그러나 실천행위 자체의 의미라는 측면에서는 결코 개인이 결정할 수 있는 것이 아닙니다. 물론 자신의 행위에 대한 해석과 변호는 있을 수 있습니다. 그리고 이런 해석 혹은 변호 또한 자신의 생명의의에 대한 독특한 이해에서 나온 것입니다.

그러나 이러한 해석 혹은 변호는 결코 행위의 의의를 결정하지는 못합니다. 사람들마다 확실하게 자신의 생명의의에 대한 독특한 이해를 가질 수 있으며, 이런 이해에 바탕한 실천이 단지 개인의 일일 수도 있지만, 이런 실천 행위의 의의는 결코 순수하게 사사로운 개인성에 있지 않습니다. 개인의 언어가 있을 수 없는 것과 마찬가지로, 순수하게 개인적인 의의도 있을 수 없습니다. 의의는 결국 간주관적(主體間性, inter-subjectivity)인 것입니다. 특히 사람의 실천행위가 갖는 의의는 더욱 그렇습니다. 따라서 개인의 행위는 오직 사회적이며, 그가 속해 있는 사회공동체가 갖는 보편적 실천이성의 평판을 면할 방법이 없습니다.

이는 곧 개인의 실천행위가 갖는 의의를 결정하는 것은 결코 그 자신이 아니라, 그가 생활하고 있는 사회공동체의 역사, 문화, 전통이 오랫동안 형성한 실천이성과 가치 판단의 기준이라는 것을 말해줍니다. 이 표준은 그 사회공동체의 어떤 성원에 대해서도 모두 보편적으로 유효한 것입니다. 개인은 그것의 승인을 거절할 수는 있지만, 사회공동체가 그것을 폐기하게 할 방법은 없습니다. 즉, 그는 이런 보편적 유효성은 바꿀 방법이 없다는 것입니다. 이른바 "시비(是非)는 스스로 공론(公論)이 있다" "공도(公道)가 인심에 스스로 존재한다"고 할 때의 '공(公)' 자가 가리키는 것은 바로 이런 보편성입니다.

실천은 반드시 개인적이지만, 한편으로는 선택의 자유가 있음을 의미하는 것이고, 바로 그러한 선택이 그가 장차 어떤 인물이 될지를 선택하고 결정합니다. 다른 한편으로는 자신의 행위에 책임지는 것, 즉 초개인적인 사회공리의 비판에 직면하지 않을 수 없다는 것을 의미합니다. 물론, 사회공리도 실천이성도 그 자체는 결코 초역사적이지 않지만, 그것을 낳고 받아들이는 사회공동체는 보편적 의의를 가지고 있는 것입니다. 그것(사회공리와 실천이성)은 개인의 실천행위가 갖는 의의의 전제와 기초를 결정하며, 보편적 의의를 가진 실천이성원칙이 없다면 공리 및 정의, 시비를 가릴 수 없을 것이고, 진정한 의미의 인류사회도 없을 것입니다.

한 개인의 행위에 대한 해석과 변호가 그 행위의 최종적인 정론이 될 수 있다면, 주작인뿐 아니라 왕정위[汪精衛, 왕징웨이 1833~1914. 중국 군벌, 무한국민정부(武漢國民政府) 주석. 1931년 9·18 사변 후 장개석(蔣介石, 장제스)과 손잡고 국민당중앙정치회의 주석을 역임하며 일본과의 타협을 주장하다 1928년 12월 일본에 투항, 1940년 3월 남경에 가짜 국민정부를 수립하고 주석을 맡았다 : 역주]가 적에 투항한 것도 당당한 이유를 가질 것입니다. 그들의 해석을 받아들인다면, 어떻게 항전 중에 나라를 위해 몸을 바친 열사들을 이해하겠습니까? 어떻게 장동손[張東蓀, 장동순 1886~1973. 중국의 현대 철학자. 5·4 시기 중국에 마르크스주의를 전파하는 것을 반대했고, 장군려(張君勱, 장쥔리) 등과 국가사회당을 조직했으며, 〈자유평론〉을 편집하였다. 1944년에는 중국민동맹(中國民同盟) 중앙집행위원회 상임위원을 역임하고, 장개석의 독재정치에 반대했으며, '중간도로(中間道路)'를 선양하였다. 중화인민공화국 성립 후 중앙인민정부위원과 북경대학 교수를 역임했다 : 역주]처럼 일본 도적들의 위협과 유혹에 치열하게 대항한 지식인을 이해하겠습니까? 어떻게 우리의 역사를 이해하며, 어떻게 정의와 악, 고상함과 비천함, 위대함과 사소함을 구분하겠습니까?

분명, 실천의 개별성은 실천원칙과 의의의 임의성으로는 이해될 수 없습니다. 사람이 사람인 까닭은 자각적이고 구체적으로 어떤 초개인적인 보편원칙을 실천할 수 있고, 그것을 자신의 인성을 완성하고 승화시키는 길로 삼을 수 있다는 데 있습니다. 우리가 말하는 인문정신은 인류의 이런 끈질긴 실천과 노력 속에 있지 않겠습니까?

주학근 우리들은 각자가 종사하는 학과에 내재한 인문의 상실부터 이야기를 시작하여 인문정신의 보편원칙을 언급했고, 실천의 개체성으로 그것을 한정지었습니다. 이 개체성은 상대주의에 대한 질의를 이끌어냈고, 다시 기본적인 가치규범의 상대적 보편성으로 그것을 한정했습니다. 이렇게 되풀이하다 보니, '깊이 생각함〔尋思〕'으로 돌아왔습니다.

이는 인문정신의 재건을 탐색하는 과정이며, '깊이 생각함'은 좌우로 배회하니 어디에서나 장애물이 걸리고, 그 가운데 한 가닥 생각의 길이 또렷한 것 같으면서도 또 또렷하지 않다는 것입니다. 우리는 단지 이런 사유의 길을 깨끗이 쓸어내어 더욱 많은 문제가 표면에 떠오를 수 있도록 하고자 할 뿐입니다…….

장여륜 근대에 대해서 말하면, 마땅히 인문정신이 언제 상실되고 어떻게 상실되었는지를 추궁해야 합니다. 오늘날〔當代〕에 이르면, 갖가지 '해체주의' 사조와 인문정신의 추구가 어떤 관계를 이룰 것인가가 문제지요.

왕효명 '국학(國學)'이 지금 하나의 붐을 이루는 문자가 된 것 같은데, 참으로 '국학'이 부흥하는 일이 있다면, 그것은 우리가 말한 인문정신에 어떤 영향을 줄까요?

주희근 이데올로기가 약화된 뒤에 인문 지식인은 어떠한 대중문화의 대세에 직면하게 될까요?

진사화 대중문화뿐만 아니라, 현실적인 여러 문제도 모두 인문 지식인이 회피할 방법은 없습니다. 역사에 응하는 것은 참으로 쉽지 않은 일이니, 오늘날 직면한 것은 더욱 절박한 책임입니다…….

주학근 문제를 많이 생각하면 할수록 같은 문제에 응답하는 길[思路]도 부단히 풍부해질 수 있고, 인문 지식인에 대해 말하면 인문정신의 재건은 실로 '생사의 관건'이 달려 있는 큰일이므로, 우리는 더욱 많은 동료들이 이 '심사'의 과정에 참여하여 그것을 끊임없이 추구해 나가고 심화시키기를 희망합니다.

〈독서(讀書)〉, 1994년 제5기

문학의 위기와 인문정신

왕효명(王曉明)·장굉(張宏)·서린(徐麟)·장녕(張檸)·최의명(崔宜明)

왕효명
상해를 중심으로 활발하게 활동하고 있는 중국 제5세대 비평가. 현재 상해 화동사범대학 교수로 재직 중이며, 중국 비평계의 양대 산맥(북경, 상해)의 하나를 주도적으로 이끌어가고 있다.

장굉·서린·장녕·최의명
상해에서 활동하고 있는 왕효명이 후배 그룹으로 제6세대 비평가로 불리고 있다. 주로 문학평론 활동에 종사하고 있으며 상해 복단대학교와 화동사범대학에서 강의를 하고, 〈상해문학〉을 중심으로 문필활동을 하고 있다.

상해의 문학평론가와 문학연구자들의 좌담. 이 좌담으로 인해 인문정신 논의와 이에 대한 논쟁이 시작된다. 인문정신 논자들은 1990년대 중국문학 및 문화현상에 팽배한 허무주의와 배금주의 경향을 비판하면서, 이를 인문정신의 상실과 몰락이라는 위기 상황으로 표현한다. 그러나 이들은 오히려 문화의 폐허 상태를 새로운 출발의 조건으로 삼아 인문정신을 새롭게 창조하고, 현대인의 정신적 몰락을 파헤치면서 거기에 새로운 생존의지를 불어넣을 것을 촉구한다. 논자들은 인문 지식인들의 순도(殉道)적 자세야말로 이러한 문제의 전환을 가져오는 계기가 될 것이라고 역설하고 있다.

왕효명 오늘날 우리 사회에서 문학의 위기는 매우 분명하게 드러나고 있습니다. 문학잡지들은 잇달아 상업주의 쪽으로 방향을 틀고 있고, 새로운 작품의 질적 수준이나 양도 보편적으로 떨어지고 있으며, 감상력을 가진 독자 또한 나날이 줄고 있고, 작가와 비평가들은 때맞추어 직업을 잘못 선택했다는 사실을 발견하고는 '하해〔下海, 돈의 바다에 뛰어든다는 뜻으로, 상업주의 대세에 편승함을 일컬음 : 역주〕' 하는 사람이 속출하고 있습니다.

저는 이전에는 문학이 우리 생활 속에서 매우 중요한 지위를 차지하고 있다고 생각했지요. 그런데 지금은 이러한 생각이 착각이었다는 것을 분명히 알았습니다. 문학이 가장 '요란한 효능〔轟動效應〕'을 지녔던 시절에도 대중들이 정말 관심을 가졌던 것은 문학이 결코 아니었지요. 문학이라는 껍질 속에 들어 있는 비문학적인 것들이었습니다. 안타깝게도 우리는 그러한 '요란함'에만 눈이 멀어 있다가, 그 야말로 중국 특색의 '상품화' 흐름이 문학계를 거의 뿌리째 뽑아버리는 실정에 이르러서야 비로소 다급하게 깨달았지요. 우리 사회 대다수의 사람들은 이미 일찌감치 문학에 흥미를 잃어버렸다는 사실을 말입니다.

　제가 이해하기로 문학, 음악 혹은 미술을 애호하는 것은 현대 문명인의 기본 품성입니다. 사람은 배불리 먹고 마시는 것과 집안을 일으키고 업을 세우는 일 외에, 심미적 욕망이라는 것을 가지고 있지요. 사람은 자신의 생존 상황에 대해, 논리적으로는 설명되지 않는 어떤 것에 대해 그 맛[品味]을 느끼고 싶어하고, 표현하기 어려운 의혹이 있다면 탐구하고 싶어하지 않습니까? 어떤 특별한 자극 속에서 정신적 잠재력이 갑자기 드러나는 것인지, 영혼이 육신에 붙어다닌다고 했듯이, 눈빛이 유난히 반짝이고 생각의 나래가 멀리멀리 펼쳐지며, 심지어 인생에 대한 전혀 새로운 느낌에 취해 오래도록 '정신의 청신함'을 원한 적은 없습니까?

　우리는 확실히 그래요. 가슴 저 밑바닥에서부터 문학을 필요로 하고, 예술을 필요로 하지요. 그것은 바로 우리가 직관으로 생존의 기본 방식을 파악하고 있다는 의미이고, 한 사람 한 사람이 정신적 자유상태라는 기본 여정에 이르렀다는 것을 말해줍니다. 바로 이런 의미에서 문학은 그 자체가 모독할 수 없는 신성함을 가지고 있다고 할 것입니다. 더욱이 20세기 중국에서 대다수의 사람들이 철학, 사학, 음악, 미술 등등에 가졌던 흥미는 문학에 비해서 확실히 약했고, 문학은 우리의 정신생활을 발전시키는 주요 방식이 되었던 것입니다.

　따라서 오늘의 문학 위기는 눈에 잡히는 표지이며, 대중문화의 소양이 보편적으로 하락했음을 밝혀주는 것일 뿐만 아니라, 더욱이 몇 대에 걸쳐서 사람들의 정신적 소양이 지속적으로 악화되어 왔음을 실감하게 합니다. 문학의 위기는 실제로 우리 시대 중국인의 인문정신이 위기를 맞고 있음을 폭로하고 있으며, 전체 사회의 문학에 대한 냉담이 바로 측면적으로 실증해주고 있습니다. 우리는 이미 자신의 정신생활을 발전시키는 일에는 흥미를 잃었다는 사실을 말입니다.

장 핑(장훙) 저는 문학의 위기에 대한 저의 관점을 작금의 창작현상에서 이야기하고자 합니다. 제가 이해하기로 이러한 위기는 작가의 창작면에서 다음 두 가지로 표현되고 있습니다.

하나는 세태에 따르는 것이고, 다른 하나는 스스로 즐기는 것이지요. 사실 이러한 두 가지 방식은 중국 전통문학 관념의 연속이라고 하겠습니다. 예로부터 문장은 '나라를 다스리는 위대한 일이요, 영원히 없어지지 않는 성대한 일〔經國之大業, 不朽之盛事〕'이라고 하여 문학을 더없이 높은 지위에 올려놓는 듯했지만, 이른바 '대업'이니 '성사'니 하는 것은 단지 황제의 업과 일일뿐이었지요.

현대에 이르러 황제의 사업을 다시 일으킬 수 없게 되자 문학의 '도를 싣는〔載道〕' 기능은 인민들을 대신해서 뜻을 세우는 일로 바뀌었습니다. 이 또한 대단히 숭고한 사업이지요. 인민들이 뜻을 세우거나 그것을 그만두려 할 때 문학사업은 특히 발달했으니까요. 그러나 지금에 이르러 문학의 이러한 기능은 점점 다른 전파매체가 대체하고 있고, 인민들의 발언능력이 발달하다 보니 문학의 '도를 싣는' 일 또한 개점 휴업상태가 되었습니다. 이러한 상황 속에서 문학의 기능은 하는 수 없이 '사랑 타령〔戀情〕'이 되어버렸는데, 이것이야말로 스스로 즐기는 행위를 예쁘게 꾸민 말에 지나지 않는 것이지요.

요컨대, 문학이 자신의 신념이 없으니까, 외재적인 권위에 의존하지 않을 수 없다는 것입니다. 그런데 일단 외재적인 권위는 무너졌고, 따라서 대중의 구미를 좇아 입에 풀칠이라도 하는 수밖에 도리가 없는 것이지요. 이것이 바로 세태에 따르는 방식입니다. 그렇게 하지 않으려면 자기 혼자 즐기는 수밖에 없는데, 그런 경우를 두고 '더 이상 칼을 휘두를 필요가 없는 땅의 무사'와 같은 신세라고나 할까요? 혹은 강호에 가서 엉터리 약장수처럼 간지러운 말재주로 사람들을 등쳐먹는 신세가 되든지, 그것도 싫으면 집에 가서 무예나 닦으며 몸이나 추스리는 수밖에요.

예컨대, 작가 왕삭〔王朔, 왕수어. 1980년대 후반 중국 최고의 대중 작가로서, '건달문학'의 대가. '王朔熱'을 일으킬 만큼 영향력이 크다 : 역주〕이 취한 것은 첫번째 방법이라고 할 수 있겠지요. 어떤 사람들은 그를 풍자작가라고 하지만, 저는 그의 작품 성향은 '조롱〔諷侃〕'이지 풍자가 아니라고 생각합니다. 표현상으로야 비슷해 보일지라도 결코 같지 않습니다.

풍자는 겉으로 보기에는 희극적이지만 그 안에는 엄숙함이 있습니다. 풍자는 엄숙한 자태로써 인생을 비판적으로 대하는 것이므로, 인생의 오물을 없애주는 생명의 청소부라고 할 것입니다. 풍자가 갖는 비판성은 심지어 개체로서의 풍자 주체 및 풍자의 대상 위에 고결하게 터하여 보편적 생명 가치를 긍정하게 합니다.

하지만 조롱은 그렇지 않아요. 조롱은 꼭 생존의 엄숙함을 소멸시키고 인생을 가벼운 웃음거리로 만들어버리니, 그 배후는 다름아닌 도리 없음과 무의미함이지요. 왕삭의 붓끝은 바로 조롱으로 충만해 있는 것으로, 그는 대중의 허위를 조롱하고, 또한 인생의 가치와 엄숙함을 조롱하고, 결국에는 아예 모든 것을 조롱해버립니다. 이러한 모든 것을 조롱하는 태도를 조롱당하는 입장에서 보면, 그것은 어떤 의지나 정감도 없는 비생명상태이고, 대상은 단지 무의미한 웃음거리의 담지체에 불과할 뿐이지요.

또한 조롱하는 사람 자체로 보아도 마찬가지로 비생명상태입니다. 조롱하는 사람은 관객처럼 인생 바깥〔局外〕에 두고 긍정도 부정도 하지 않은 채, 다만 한때의 가벼움과 쾌감만을 추구할 뿐이지요. 조롱이라는 태도는 생존의 엄숙함과 엄혹함을 벗어나버립니다. 그것은 생명의 비판의식을 없애버리고, 어떠한 짐도 지지 않지요. 환락은 물론 고

통조차도 담보하지 않으며, 아예 담보 자체를 웃음거리로 만들어 조롱을 가합니다. 이것은 일종의 비하적인 쇠약한 생명의 표징으로 여겨질 뿐입니다. 왕삭은 바로 이러한 조롱 태도로 대중의 방관자 심리에 영합한 것이니, 이는 강호로 가는 자의 웃음을 팔고 익살을 떠는 작태에 지나지 않는 것이지요.

왕효명 이는 또한 대중들의 불평불만을 쏟아내고, 마누라에게 욕을 퍼붓고 싶은 심리와 영합한 것이기도 하지요. 대중들은 그렇게 해서 쌓인 분노를 배설해버리는 쾌감을 얻거든요.

장 굉 왕삭은 이런 방식으로 대중의 눈길을 끌었습니다. 사람들은 조롱 속에서 자신의 생명을 망각하고 없애는 방식을 통해 생존의 무게로부터 도피하는 것입니다. 그러나 현실의 생존은 이러한 도피로는 결코 어떠한 변화도 기대할 수 없지요. 이로부터 우리 중국인들이 당면한 생존 상황을 감당할 수 없는 현실과 그 생명력의 쇠약함을 엿볼 수 있습니다. 그런데 사람들은 어째서 지푸라기라도 잡는 심정으로 이런 한심하고 무료하기 짝이 없는 '가벼움'을 부여잡는 걸까요?

조롱과 조소라는 대중의 허위적 신앙에서 조소로 대중에게 추파를 던지기까지, 왕삭은 하나의 커다란 동그라미를 그리고 있습니다. 설령 그가 더욱 철저하게 대중 심리에 영합한다 하더라도, 그것은 대중이 필연적으로 가질 수밖에 없는 도덕적 허영심을 충족시키는 것일 뿐입니다. 왕삭은 히피족 같은 반도덕적 면모를 새롭게 하여 '좋은 사람은 일생 동안 평안하다'는 허구로써 선을 권장합니다. 히피족이 도덕가로 변해버리다니, 이거야말로 진정한 희극이라고 해야겠지요.

서 린(쉬린) 사실 문학사에서 '왕삭현상'은 드물게 나타난 것이 아닙니다. 그것은 《유림외사(儒林外史)》[청대 오경재(吳敬梓, 우징쯔)의 견책소설(譴責小說)로서 조설근(曹雪芹, 차오쉐친)의 《홍루몽(紅樓夢)》과 함께 청대 봉건통치 하에 있던 사회의 부패상을 폭로한 장편소설. 견책소설은 노신이 명명한 것임 : 역주)와 이후의 견책소설, 그리고 1940년대 《위성(圍城)》[중국 현대 작가 전종서(錢鐘書, 치엔종수)의 풍자소설 : 역주) 등 이른바 국내 '풍자문학'의 악성 중복이라고 할 것입니다. 작가들의 사회적 역할이 시대마다 같다고 할 수는 없습니다. 그러나 그들의 언어에 대한 태도와 조작에서는 비슷한 점을 많이 찾을 수 있습니다. 그것들은 모두 정통 가치관념이 붕괴한 뒤에 얻게 되는 것이며, 아울러 문화의 폐허상태를 조소하는 것입니다.

문제는 조소와 조롱 자체에 있는 것이 아니라 폐허에 있는데, 그것이 사람에 대해서만 폐허라는 점에 있습니다. 조소 또한 그 주체가 있어야 합니다. 조소의 주체는 결코 작가라는 육체적 존재가 아니라 우리들이 일컫는 인문정신의 가치 지향입니다. 《유림외사》에 왕면(王冕, 왕미엔)과 같은 인물이 나오는데, 그가 우리와 얼마나 거리감이 있느냐를 떠나 이것은 작가가 어떤 인격과 신념적 의도(意指)를 가지고 있다는 사실을 분명하게 나타내줍니다. 이러한 의도는 《위성》에서 보다 겉돌고 있는지도 모르겠습니다. 그러나 방홍점(方鴻漸)은 황당함, 무기력, 거절의 심사(尋思)를 가지고 있는데, 그것은 결국 어떤 가능성을 지향하는 것입니다.

왕삭이 이러한 텍스트들의 악성 중복이라고 한 것은 그의 텍스트는 어떠한 구조상의 의도를 갖고 있지 않다는 점에서 그렇습니다. 〈절반은 바닷물, 절반은 불꽃(一半是海水, 一半是火焰)〉이나 〈건달(頑主)〉에는 오히려 왕삭 나름의 고통과 방황이 표현되어 있습니다.

그러나 그 후에 나온 작품에서는 이러한 느낌마저 완전히 사라져버렸습니다. 고통의 해소는 폐허를 인정했기 때문이며, 방황의 끝은 더 이상 선택이 필요하지 않기 때문입니다. 따라서 어떠한 인문 지향도 필요로 하지 않지요. 그래서 조소하는 주체 자신도 하루아침에 폐허가 되고 맙니다.

이처럼 그는 어떠한 외부세계를 지향할 수 없으며, 단지 언어의 말장난식 조롱과 조소 속에서 일종의 자위적 방식의 쾌감을 얻을 뿐입니다.

장예모의 욕망 3부곡

장 굉 이러한 쾌락에 대한 추구는, 이른바 '놀자판 문학〔玩文學〕'에서 더욱 두드러지게 표현됩니다. 그들은 다른 방식으로 문학 창작의 위기를 폭로해냅니다. 왕삭은 인민과 더불어 '즐긴다'면, '놀자판 문학'을 하는 사람들은 혼자 그것을 '즐깁니다'. 그들은 문학을 오락의 도구로 삼고, 혼자 손에 쥐고 즐기니, 그 음미하는 맛이야 무궁무진하지요.

서 린 가령 '제5세대' 감독 장예모(張藝謀, 장이모우)의 예술 창작은 이 문제를 집중적으로 표현하고 돌출해냅니다.

홍색 파문을 불러일으킨 〈홍등〉〔원제는 '큰 붉은 등은 높이 걸리고 (大紅燈籠高掛)'〕의 주인공 송련은, 장예모가 애써 현대 인문의식을 지니게 한 서양 학문을 배운 학생입니다. 그녀는 가마를 타지 않고 스스로 진씨 집 마당에 걸어 들어가서는, "이 집안에는 개, 돼지, 일손은 있어도 정작 사람은 없다"고 하며 '사람'을 들먹입니다. 그러나 그녀는 아주 빠르게 진씨 집안 전체를 꿰뚫어볼 뿐만 아니라, 곧바로 온 마음과 온 힘을 다하여 진씨의 여러 아내들과 싸우는 시기와 질투 속에 자신을 던져버립니다. 이러한 변화는 인물의 복잡함과 예술적 처리의 삐걱거림으로 해석할 수 있겠지요.

그러나 영화 전체 구조 속에서는 도리어 예교〔禮敎, 중국 전통 봉건 통치 이념인 유가의 교리. 상하 신분 질서에 따른 예의격식이나 봉건 윤

리도덕을 이름 : 역주]에 대한 반격이 이루어지고, 예교에 대한 반란이라는 주제를 조롱하고 있습니다. 더욱 중요한 것은, 영화언어에서 장예모가 '포스트모더니즘'에 대한 모방을 그럴듯하게 해낸다는 사실입니다. 색채면에서는 홍색을 자유자재로 물들였고, 음향면에서는 발을 두드리는 소리 같은 음향 주제를 반복적으로 나타냈습니다. 구도의 대비성, 시각의 변환, 카메라 운용 및 초롱에 불을 붙이고 초롱을 걸고 초롱을 부는 여인의 마음을 화면에 잡는 등, 감각기관을 강렬하게 자극하는 화면들을 만들어냈습니다.

그러나 가장 강렬한 대비(反差)는, 이 필름이 중국인이 보기에 가장 현대적인 기교를 사용했지만 그것이 표출해낸 것은 도리어 중국문화의 가장 부패한 점이라는 사실입니다. 따라서 주인공 송련이 '사람' 운운하는 것은 주제의 장식에 지나지 않습니다. 장예모의 진정한 쾌감은 기교에 대한 장난에서 비롯될 뿐입니다.

장 녕 본래 영화가 무엇을 표현해냈는가는 전혀 중요하지 않습니다. 표현된 사물이 진부한 것일 수도 있고, 아름다운 것일 수도 있지요. 중요한 것은 이러한 사물이 작품 속에서 생산해낸 기능이지요. 이러한 기능은 작품의 문맥이 지향하는 바(語義指向)에 따라 결정되는데, 근본적으로 말하면 그 또한 작가의 주관적인 가치 취향에서 결정되는 것입니다. 〈홍등〉에서는 장예모가 영화라는 매체를 통해 표현했던 진부하고 너절한 것에 대한 작가적 비판의식이 과연 조금이라도 있었는지를 발견할 수 없습니다. 오히려 그는 처음부터 끝까지 이러한 것을 자기 멋대로 분석하고 가지고 놀았습니다.

서 린 〈홍등〉에 대한 국내외의 반응은 매우 관심을 기울일 만한 것입니다. 그 영화적 기술은 서방세계에서는 일찍이 익히 알고 있는 것이고, 이미 예전에 시작된 것이라고도 할 수 있지요. 그러나 그것이 표현해낸 것은 이른바 '중국문화'라는 것이었으므로, 서구인들의 시야를 열었던 것입니다. 중국측의 과도한 반응은 '포스트모더니즘'류의 '신조(新潮)' 예술에 대한 탐닉에서 나온 것으로, 그러다 보니 정작 작품이 갖는 가치 취향의 진부함은 예사롭게 보아넘기고 있습니다. 〈홍등〉만큼 동서양 사람들에게 상대방의 진부함을 상호 감상토록 한 작품은 거의 드물 것입니다. 여기에서 장예모가 추구한 예찬정신이 있다면, 그것은 바로 인문정신의 전면 상실이라고 할 것입니다.

장예모식 영화 탐색의 문화적 동인(動因)은 당대 문학의 '뿌리찾기〔尋根〕' 의식입니다. 예컨대, 〈붉은 수수밭(紅高粱)〉〔막언(莫言, 모옌)의 대표적인 소설로, 1980년대 중반 중국 소설의 주된 흐름인 '뿌리찾기' 소설의 대표작이자 1990년대 신역사소설의 대표작이며, 1990년대 신역사소설의 전조 : 역주〕을 봅시다. 그것은 물론 현대문명이 갖는 생명의 위축 및 피계급의식 혹은 정치혁명 등 '역사적 동기'가 가려버린 욕망이나 생명 충동이라는 점에서 본다면 확실히 일종의 반란과 반역사적 의미를 가지고 있습니다. 그것은 주인공 여점오(余占鰲, 위디엔아오)식의 폭력을 보다 원시적인 개인의 점유욕 위에 다시 축조해놓았으며, 폭력혁명의 신성함을 전복시켰을 뿐만 아니라, 확실하게 어떤 역사적 가능성을 지향하고 있습니다.

그러나 문제는 그것이 새로운 생존 가능성이나 정신 공간을 지향하는 것이 아니라, 문화 회귀적인 길을 지향하고 있다는 데 있습니다. 이 점은 장예모 자신이 익히 알고 있는 사실일 뿐만 아니라 충분히 인성하는 것입니다. 이러한 문화 회귀는 어느새 〈국두(菊豆)〉 속에 철저히 투영되어 있습니다. 양천청(楊天靑, 양티엔칭)은 아버지의 아내인 국두를 공공연하게 차지할 수 없을 뿐만 아니라 불륜관계에서 태어난 자기 아들의 형으로서, 종법(宗法) 도덕과 정치질서의 신성한 자리에 머리 조아린 채 국두와 몰래 정을 통합니다. 그는 금지한 것을 범할 수는 있었지만 그러한 욕망의 충동은 근본적으로 도덕질서와 맞설 수 없는 것이고, 그 결과는 단지 자아 거세를 이끌 수 있을 뿐입니다.

〈홍등〉에서 송련은 자기 발로 낡은 도덕규범 속으로 걸어 들어갔고, 따라서 욕망 만족의 방식은 이미 규정된 것이었습니다. 그녀는 봉건 예교가 허락한 범위 안에서만 경쟁에 구애받지 않고 비로소 그녀의 남편을 잠시 얻을 수 있었습니다.

그러므로 욕망을 상징하는 붉은색 가운데 〈붉은 수수밭〉의 '우리 할머니'는 폭력을 인정하고 받아들임으로써 만족한 것이고, 국두는 도덕질서 속에서 불륜을 통해 만족을 구했으며, 송련은 예교규범에 아예 몸을 던져 만족을 얻었으니, 이것이야말로 장예모의 '욕망 3부곡'이 아니고 무엇이겠습니까?

장 굉 이상의 두 가지 방식은 각기 다르지만, 오히려 하나의 근본적인 원칙을 공유하고 있습니다. 바로 '유희'입니다. 일찍이 누군가가 이론적으로 '문학 유희'의 원칙을 제출했는데, 그것은 비트겐슈타인의 언어철학과 포스트모더니즘 문예 이론을 근거로 해서 나온 것입니다.

최의명(췌이이밍) 그러나 사실 여기에 일종의 문화적 오독(誤讀)이 있습니다. 서구문화에서의 유희 개념과 중국인이 일반적으로 말하는 '노는 것'의 의미는 전혀 다릅니다. 서구 문화관념 속에서 객관세계와 심령세계 사이에는 넘을 수 없는 경계가 있습니다. 유희는 두 가지를 연결하여 자유를 추구해 나가는 유일한 통로입니다. 그것은 생명의 기초이며, 고통과 전율 등을 포괄한 모든 생명의 체험을 포함하고 있습니다. 우리들은 '유희'를 '노는 것'으로 잘못 읽고, 그것을 다른 모든 진실한 생명체험과 배치되게 하고, 고통과 초조를 해소하는 이론이 되게 하였습니다.

장 굉 '유희'는 그 규칙 범위 안에서 엄숙한 일입니다. 어린아

이들이 뛰놀 때 우리는 때때로 그들이 정신없이 거기에 몰두하는 것을 보게 됩니다. 그 순간 아이들의 체력과 지력(모든 생명력)은 바로 이 과정에서 충분히 드러나고 인정됩니다. 비트겐슈타인은 '유희'로 언어현상을 해석하여 언어란 다름아닌 언어에 대한 사용이라는 것을 인식하였으니, 이것은 곧 규칙에 따라 진행한 한바탕 유희와 같은 것입니다. 언설활동 외에 결코 다른 어떠한 언어적 본질은 없으며, 언어를 충분히 사용하는 것은 바로 언어의 본질과 의의를 충분히 실현해내는 것입니다.

인생도 이와 마찬가지입니다. 인생은 결코 의미 없는 것이 아닙니다. 인생의 의미는 인간의 생존활동에 있으며, 인간의 최고 본질은 자신의 생존활동 속에서 자신을 위해 법을 만들고 의미를 창조하는 데 있습니다. 이러한 원칙은 문학을 해석하는 데에도 적용됩니다. 두드러지는 것이 있다면, 그것은 바로 문학 창조의 엄숙함과 신성함일 것입니다.

서 린 서구 모더니즘문학은 가치관념의 위기와 문화적 전환이라는 심원한 배경을 바탕으로 대두했습니다. 언어형식이 역사의 고도 위로 떠오르게 된 까닭은, 바로 서구인의 언어와 존재관계에 대한 이해에 근거한 것입니다. 따라서 그 유희 규칙이 엄숙할 뿐만 아니라 유희 태도 또한 진지하고 성실합니다. 그들은 바로 이 엄숙한 유희에서 개체적 존재의 독특한 체험을 파악하고 그것을 초월합니다.

그러나 중국 당대의 '놀자판 문학'가들이 만들어낸 '유희' 작품은 이미 어떤 생존방식도 해체해내지 못합니다. 너욱이 존재 가능성에 대한 탐색과 구조가 없으니, 일단 이러한 형이상학적인 의도성을 잃으면 그러한 형식 모방이 갖는 의미는 '노는 것' 자체만 남을 뿐입니다. 그것이 제공할 수 있는 것은 형이하학적인 자기 즐김의 쾌락일 뿐입니다. 인문정신은 바로 이러한 쾌감 속에서 상실되었습니다.

최의명 이러한 인문정신의 상실이 문예 창작에서 가장 엄중하게 드러난 것은 바로 상상력의 상실입니다.

서 린 예술적 상상력이란 물론 이야기의 허구 등과 같은 예술 처리능력을 포괄하지만, 대개는 존재상태와 존재방식 및 그 가능성에 대한 상상력을 가리킵니다. 나는 이것이 문학 혹은 예술가의 생명이 엄존하고 있는 곳이라고 생각하며, 그것은 오늘날 더욱 중요하다고 생각합니다. 그것은 가치관념이 전면적으로 붕괴하고 있는 시대의 가치 재건능력이며, 폴 틸리히(Paul Johannes Tillich, 1886~1965. 미국 종교학자이자 철학자)가 '존재적 용기'라고 말한 그것이기도 한데, 이것은 근본적으로 한 예술가의 격정, 재주, 힘 등 기본적인 소질을 결정합니다.

이에 비해 이야기의 허구는 단지 기술 문제에 불과합니다. 그러나 이 시대 중국의 많은 예술가들은 오히려 이러한 능력을 점점 상실해 가고 있습니다. 왕삭은 한 예입니다. 그의 소설이 묘사해낸 세계는 바로 폐허이고, 기표와 기의는 완전히 등치되어 하나의 구조가 되어버렸습니다. 폐허가 폐허를 조소하는 것이지요.

장예모는 조금 다릅니다. 그는 일찍이 원시적 생명력(욕망)으로 역사를 해체하고자 했습니다. 그러나 이러한 원시적 생명력은 형체가 없으므로, 그가 그것에 가치 지향을 제공할 방법은 없습니다. 어떤 개체적인 인격 형식의 힘을 얻을 수 없다면, 그는 근본적으로 더욱 깊고 고루한 도덕질서와 그 심리 축적물을 돌파할 방법이 없습니다. 그러므로 장예모는 '뿌리찾기'에서 반란의 역사를 시작했지만, 결국에는 또 마음속에 품은 역사 속으로 다시 새롭게 되돌아간 것입니다. 이런 의미에서 그는 욕망을 가지고 논 것이고, '포스트모더니즘'은 그의 이러한 유희에서 쾌감을 얻는 도구였습니다.

왕효명 장굉이 방금 말한 '모든 것을 조롱하는 것'이나 서린이 말한 '폐허로서 폐허를 조소한다'는 것은, 모두 이 시대 인문정신이 나날이 위축되는 돌출 증상이라고 하겠습니다. 이것은 결코 우연한 현상이 아니라, 어떤 의미에서는 아마 우리 정신 역정의 한 논리적 귀결일 것입니다. 당신이 일련의 사건의 진동 속에서 정신을 차렸을 때, 스스로 어떤 무지한 신앙에 의해 갈림길로 이끌려 들어가는 자신을 발견하는데, 그러면 퍼뜩 일어나 이제와는 정반대되는 신앙으로 달려갑니다. 그러나 당신은 곧바로 깨닫게 됩니다. 이 새로운 신앙 또한 소용이 없다는 것을.

당신은 번번이 실패하고 출로를 찾지 못합니다. 이때 당신의 머릿속에서는 본능적인 반응이 일어나지요. 대개는 차라리 속시원하게 신앙을 버리고, 출로를 찾아나가고자 하는 바람마저 버려버릴까 하지요. 그래서 당신은 심지어는 이러한 소망을 조소할 것이며, 대신에 이전의 무겁게 가라앉은 실패감을 벗어던지지요. 엄혹한 환경 속에서 자조는 확실히 효과적인 자위기제가 됩니다. 이상주의에 비해 허무주의가 훨씬 힘을 드러냅니다. 왜냐하면 그 자체를 증명할 필요가 없기 때문입니다.

최의명 이상주의는 총체적 인간형으로 축조될 것을 요구합니다. 사람의 정감, 의지, 이성은 반드시 일정 정도의 정합에 이르러야 하고, 충만한 생명의 지향성을 필요로 합니다. 이러한 부류의 사람은 이성으로 자신의 이상을 세우고, 그것에 대해 심혈을 기울이고 애써 그것을 자신의 실천의지와 생명의의의 기초가 되도록 합니다.

그러나 허무주의는 심령이 이미 폐허가 되어버린 사람이 유일하게 가질 수 있는 철학 태도입니다. 그는 자신의 이지(理智)로써 자신의 정감을 조소할 뿐이며, 정감으로 의지 등을 조소할 수 있을 뿐입니다. 따라서 이상주의가 스스로의 모순 때문에 연약해진다면, 허무주의는 자기 모순 때문에 강대해진다고 할 것입니다.

왕효명 사람이 어느 정도 총명하기만 하다면 허무주의로 모든 신앙을 조소(혹은 조롱)할 수 있습니다. 조소의 성공 또한 그러한 신앙의 실패자에게 확실히 안위와 심리적인 평형을 가져다줄 수 있습니다. 또 바로 이러한 고급 아Q식 정신승리법〔중국의 문호 노신이 소설 《아Q정전(阿Q正傳)》에서 중국 민중의 우매함을 개괄한 표현 : 역주〕의 유효함 때문에 금세기초 이후 허무주의 정서가 중국에서 계속 대두되고 끊임없이 만연했던 것입니다. 주작인의 허무주의는 비교적 심각하지만, 오늘날의 '모든 것을 조롱'하는 태도는 그보다 훨씬 천박하며, 퇴폐와 무기력감을 보다 분명하게 띠고 있습니다. 허무주의도 과거만 못한 것입니다.

▎서구 관념을 좇는 열정

장 굉 이것은 중국식 허무주의라고 해야 할 것입니다. 서구에서 허무주의는 그 자체로 독특한 의미가 있습니다. 근대의 이상주의적인 신앙과 가치 준거점(하느님이든 이성 또는 과학이든)은 대체로 인간의 생명 밖에 외재하고 있습니다. 그러나 허무주의는 이러한 인간에 외재하는 가치 기준을 무너뜨리고자 하는 것이지, 결코 인간 자체의 의의 상실을 의미하는 것은 아닙니다. 오히려 그것은 생명의 가치를 생명 자체로 떨어뜨리는 것입니다. 신은 죽었고, 인간은 더욱 충분한 자유를 가지고 있습니다. 비유하자면, 아버지가 죽어 자식에 대한 구속을 해제한 상태라고 할 것입니다.

그러나 성숙한 소년은 의식할 것입니다. 이제부터 자신의 운명은 반드시 스스로 감당해야 하며, 자신의 생활을 독자적으로 창조해야 한다는 것을 말입니다. 인간의 충분한 자유는 동시에 더욱 많은 책임을 의미하며, 더욱 강한 생명력을 필요로 합니다. 또한 스스로 더 많은 의의를 창조할 수 있다는 것을 의미합니다. 하지만 애석하게도 허무주의는 늘상 우리를 도피와 방종으로 이끌고 있어, 아버지가 돌아가시자 모두들 이전처럼 허락받는 것을 저버린 채 정신없이 놀기만 하는 형국이고, 이것은 정말 말할 수 없는 비애를 자아내게 합니다.

왕효명 1987년 이후 소설 창작에는 줄곧 한 가지 경향이 있습니다. 바로 글쓰기의 중심을 '내용'에서 '형식'으로 옮겨가고, '줄거리·주제·의의'를 서술·구조·기교로 옮겨가는, 이른바 '선봉' 혹은 '전위'라고 일컬어지는 작품을 생산해내는 것입니다. 이러한 현상은 소설관념의 혁신, 창작자의 주관적인 감수성 변화 외에, 지식계가 생존의 가치를 추구하는 이상주의적 목표에서 놓여난 사상적 흐름과 우연히도 일치하지 않습니까?

다시 말하면, 이른바 '신사실주의' 작가의 평정되고 냉정한 서술 태도는, 정말 모든 논자들이 말한 것처럼 고의적인 태도가 아닐까요? 그 또한 작가정신이라는 신앙의 파괴를 반영하는 것이 아니겠습니까? 그것은 이미 인생에 대한 가치 판단을 내릴 준거점을 상실한 것이라고 보아야겠지요.

최근 이태 동안 유행한 조소와 조롱을 특색으로 하는 소설과 시가에 이르면, 우리가 앞서 말한 문학의 신성함에 대한 배반이 더욱 적나라하게 드러납니다. 물론 근 몇 년 동안 중국문학이 처한 상황은 매우 복잡하며, 이러한 상황이 조성된 원인은 너무 다양하여 한 가지로 개괄할 수가 없습니다.

그러나 이러한 결코 상관없는 현상에서 우리는 오히려 강렬하게 공통적인 후퇴 경향, 정신적 입각점의 자진 후퇴, '문학은 반드시 인간의 생활에 대한 감응능력을 강화하고 발전시키는 데 도움을 주어야 한다'는 그런 입장의 후퇴, 심지어는 '이 세계에 확실히 정신적 가치가 존재하고 있다'는 그런 입장의 후퇴를 감지할 수 있습니다.

　　서 린　사실 서구의 포스트모더니즘은 어느 정도의 건설을 거친 후에 이루어진 초월적 부정입니다. 그러나 중국에서는 근본적으로 이러한 과정이 없었고, 다종다양한 역사 단계의 인문사조가 공시적 구조 속에 혼재되어 있는 상황에 처해 있으며, 이러한 상황 속에서 '포스트모던'의 맛을 보게 됨으로써, 결과적으로 너무나 쉽게 부패한 문화 요소를 보호할 수 있게 된 것입니다.

　　왕효명　후퇴는 사람을 불쾌하게 만드는 일입니다. 당신은 눈을 감을 수는 있지만 오히려 자신의 후퇴를 느끼지 않을 수 없고, 이미 후퇴의 발걸음을 멈출 수도 없습니다. 어떤 이는 이미 멈춤을 생각하기도 하지요. 그러나 충분한 체력이 부족하여, 그것은 결국 이러한 물러섬에 아주 좋은 해석을 붙여줄 생각을 해냅니다. 생각건대, 이것은 1985년 이후 우리 자신의 열정을 서구 사상의 관념에 억지로 꿰맞춰보려 했던 데서 기원하는 것이 아니겠습니까?

　장꿩이 말한 '유희' 개념으로 '놀자판 문학' 현상을 억지로 합리화시킨 경우는 아주 많습니다. 가령, 롤랑바르트〔Roland Barthes, 1915~1980. 프랑스의 문학평론가, 기호학자. 구조주의 언어의 영향을 받아 사회학, 기호학 등의 이론을 문학비평에 적용, 작품의 내재적 구조 분석을 함. 〈작품의 영도(零度)〉〈SIZ〉 등 저술 : 역주〕의 '영도(零度)의 글쓰기〔가치판단을 배제한 글쓰기 : 역주〕' 이론으로 '신사실주의' 작가들의 글쓰기 태도를 억지로 비교한다든지, 러시아 형식주의에서 보르헤스〔Jorge Luis Borges, 1899~1986. 아르헨티나의 시인, 소설가. 라틴아메리카의 미술적 사실주의의 대표 작가 : 역주〕 등등에 이르기까지 작가들의 글쓰기 경향을 '선봉문학'에 끌어다붙인다든지, 최근에는 또 '반문화' 이론이나 '포스트모더니즘'으로 '모든 것을 조롱하는' 태도를 비견시킨다든지, 조롱을 특색으로 하는 '건달문학'을 억지로 비교한다든지 등등…….

　이렇게 비교가 될 수 없는 것을 억지로 대비시키는 작업은 대개 매우 정채(精彩)롭게 이루어지므로 사람들이 착각을 일으키기에 충분합니다. 이러한 착각에 깊이 빠져 당신은 심지어 자신의 뇌리 속에서 각종 '모더니즘' 내지 '포스트모더니즘'과 유사한 정서를 발현해낼 수 있습니다. 그리고 있는 힘을 다하여 그것을 방대하게 만들고 강화시키고 다시 확산시키고……. 이러한 순환을 거쳐 당신은 더 이상 후퇴라는 수치감을 느끼지 않고 오히려 어떤 '전위'로서의 자부심을 느끼게 될 것입니다.

　후퇴는 좋은 일은 아니지만, 그렇다고 부끄러운 일도 아닙니다. 너무 강한 적을 만났을 때는 후퇴할 수도 있습니다. 그러나 후퇴일로에 있는 것이 명명백백한데, 도리어 외국 간판을 붙여 꾸미고 스스로 기만하고자 한다면, 그것이야말로 가련한 일이 아닐 수 없습니다. 나는 이러한 후퇴 또는 자기 기만 현상만큼 이 시대 인문정신의 위기를 더욱 두드러지게 표현해주는 것도 없다고 생각합니다.

▎심미적 상상력을 상실한 문학

　장　녕　앞의 대가들께서 요즈음의 문학계 내지는 문화계의 각종 정황을 분석하셨는데, 이로부터 다음과 같은 결론을 내릴 수 있습니다. 지금은 심미적 상상력을 모두 상실한 시대라고 말입니다.

　그러나 제가 줄곧 생각해온 것은, 이러한 결론은 반박받을 것이 틀림없다는 사실입니다. 반박은 왕삭과 같은 유행성 작가한테 가해지지는 않을 것입니다. 그들의 심미 경험은 처음부터 일상 경험과 짝을 이루기 때문이지요. 또한 '뿌리찾기파〔尋根〕流의 소설을 이른다. 1980

년대 중반으로 접어들면서 중국 소설계에는 중국문화 전통에 대한 재인식 문제가 대두되어 문화적 정체성 찾기 노력이 이루어지는데, 그 근저에는 중국 본연의 힘을 규명하고자 하는 지식 청년 세대의 역사인식과 현실 돌파 욕구가 깔려 있다 : 역주)' 혹은 신사실파(新事實主義 소설 흐름을 말한다. 1980년대 말기로 접어들면서 중국문단에는 소박한 사실주의 흐름이 대두되고, 일상의 작은 소재를 촘촘하게 읽어내되 어떤 가치 판단도 게재하지 않고 있는 현상에 충실한 글쓰기가 유행하면서, 기존의 도식적 현실주의 풍조를 벗어나고자 한다. 그러나 작은 것을 추구하다 세계의 총체적 연관을 파악하는 총체성의 미학은 구출해내지 못한 한계로, 이후 소설계는 침체의 늪에 빠지게 된다 : 역주) 작가들한테도 반박을 받지 않을 것입니다. 그들의 상상력은 애초에 각종 감각적 향수와 욕망을 만족시키는, 곧 돈이라든가 권력, 폭력 등을 지향하고 있는 탓이지요.

그렇다면 유일하게 반박할 부류는 '선봉소설파(전위를 표방하는 중국 신세대 작가들이 조성한 소설 흐름으로, 서구 포스트모더니즘과 라틴 미술적 사실주의의 영향이 지배적이다. 1980년대 말엽, 이들 소설은 역사의 한 단면에 파고들어가 주관적으로 역사적 사태를 해체·전도하여 개인적 삶의 문제로 재판하거나 역사에서 이탈된 소외된 상황으로 재현해낸다. 1990년대에 이들 소설은 현실주의로 회귀하고 있다 : 역주)' 일 것입니다. 선봉소설 창작 속에는 오히려 어떤 즐거운 상상력이 잠재하고 있기 때문입니다.

마원(馬原, 마웬)을 대표로 하는 초기 소설 창작은 상상력을 말(語詞)과 말 사이에다 전개하는 데 힘을 기울였습니다. 그들은 환상을 빌려 각종 새로운 (미적) 체험(感受)을 만들어냈고, 새로운 서술방식과 말의 구조로 이러한 체험을 전달하고자 했지요. 이것은 줄거리 진행을 설명하는 방법을 다시 새롭게 해보려는 욕망과 새로운 담론방식을 습득하는 과정입니다.

그러나 공통의 언어 부호체계와 경험 주체 사이의 거리는 개체적 자아의식을 충분히 실현하는 데 장애가 되었으며, 서사 과정에서 의식 주체와 언어 주체의 분열이 하나로 통일될 수 없다면 서술 행위 또한 언어적 유희가 될 뿐이고, 창작에서의 형식을 전횡하는 경향(형식미의 추구) 또한 바로 이러한 문제에서 비롯되는 것입니다(마원의 후기 창작에서 이 점은 명확하게 체현되고 있습니다). 이 시대 중국문화 배경에서 결국 문학이 어떤 역할을 담당하고 어떤 임무를 띠는가 하는 문제는, 마원 등 선봉소설가들의 경우에도 여전히 미결상태로 남아 있습니다.

장 꿩 간단하게 말해서 초기 선봉소설의 가장 두드러진 공헌은 다음과 같은 데서 찾을 수 있습니다. 즉, 그것은 언어가 어떻게 생존 체험을 전달하는가 하는 문제를 두드러지게 했는데, (미적) 체험을 위해 가능한 방식을 어느 정도는 제공했다고 보아야겠습니다. 체험의 충분성, 크게는 진리성이 적절한가 하는 문제에 이르러서는 때때로 그것을 방치시켜 놓았지만요.

장 녕 바로 그렇기 때문에 최근 2, 3년 동안 격비〔格非, 꺼페이 1980년대 말에 등장한 선봉소설 작가, 《변두리(邊緣)》등의 작품이 있다 : 역주〕, 여화〔余華, 위화. 1980년대 말 선봉소설류의 작품을 썼고, 1990년대에 접어들어 《살아간다는 것(活着)》 《허삼관 매혈기(許三觀賣血記)》 등 신역사주의 소설로 새로운 현실주의의 경제를 열고 있는 작가 : 역주〕를 대표로 하는 선봉소설가들은 마원의 영향력에서 점차 벗어나고 있습니다. 그들은 창작 속에서 예술적 형상을 발휘하려고 애쓰고 있으며, 또한 더욱 자각적으로 존재의 본질에 대한 질의와 생명의지에 대한 끈질긴 질문〔追問〕의 책임을 감당하고 있습니다.

서 린 질의 태도는 원래 비난할 수 없는 것이지요. 가치가 붕괴하는 시대에 이미 정해진 사물에 대해 회의를 품는 것은 지극히 정상적인 일입니다. 그러나 반드시 지적하지 않으면 안 되는 것은, 회의에는 두 가지 유형이 있다는 사실입니다.

하나는 세계와 자기 생명에 대해 새롭게 파악하고자 하는 것으로 확정적인 지향성을 가지고 있다고 할 것입니다. 그것이 회의 과정에서 결코 확정적인 형태를 드러내지 못하고 말로 형언되어 나올 수 없을지라도, 회의의 근거는 되게 합니다. 회의는 사람이 하는 것이고, 바로 '사람이 존재함'으로 인한 것입니다. 다른 하나는 생명의 목적성을 취소하는 것이며, 또한 '사람이 존재한다'는 것도 취소시켜 버리는 것입니다. 따라서 그것은 가치 취소주의이고, 허무를 향해 치달을 뿐입니다. 중국에서 지금 유행하는 회의주의는 이런 회의에 속합니다.

장 녕 저는 이런 각도에서 최근의 선봉소설을 살펴보겠습니다. 《변두리》《외침과 가랑비(呼喊與細雨)》는 그 중의 대표작입니다. 텍스트의 서사방식에서 보자면 이들 작품은 때때로 어린 시절의 기억에서부터 파고들어〔切入〕가며, 서사 구성은 지향이 있는 선적〔線性〕인 시간을 가지고 있지만, 늘 회억 속의 아픈〔創傷性〕기억에 의해 차단됩니다. 서사 과정에서 잃어버린 시절을 재현하고자 애를 쓰는데, 그것은 어린 시절의 시적 기억을 불러옵니다.

동시에 기억 속의 상처를 만들어내는〔創傷性〕요소는 오히려 그 시절의 시적 기억을 끊임없이 무너뜨리고, 현실에 대한 질의와 존재 의미에 대한 질문을 암시해냅니다. 상처〔創傷性〕가 가져온 '진저리치게 놀라운 체험〔震凉體驗〕'은 환상적 시간구조 속에 가득 채워져 있고, 시간은 와해되어 조각나버리고, 역사는 하나의 퇴폐적 우언(寓言)으로 전환되고, 소설가는 이런 황폐한 배경에서 어린 시절의 '시적 기억'이 산산조각남으로써 생겨난 근심과 슬픔, 초조감을 드러냅니다.

사람들의 눈길이 줄곧 나선적 시간구조의 역사에만 쏠린다면 많은 복잡한 생존 체험은 잊혀질 것입니다. 소설가는 그 진실한 체험과 회억으로 선적 시간의 사슬을 깨뜨렸고, 사람들을 일깨웠습니다. 그리고 존재는 잊혀졌지요.

저는 격비, 여화 등 소설가들의 최근 작품에서 여전히 욕망, 폭력, 성애, 모험, 도피, 사망 등등의 주제를 발견했지만, 이러한 주제가 전체 구조 속에서 오히려 무너져버렸다는 것을 느끼게 됩니다. 이들 작품에서는 총체성의 관념, 유토피아의식 같은 것이 모두 와해되었다고 말하는 사람도 있을 것입니다.

그러나 이러한 와해가 반드시 소극적인 것만은 아닙니다. 일단 사람들이 유토피아의 환상에서 깨어나면, 존재 자체에 대한 주의력은 보다 충분히 환기될 수 있습니다. 이러한 주의력 자체는 어떤 새로운 문제를 예시하고 있으며, 그것은 희망과 창조의 격정을 강하게 불러일으킬 수 있습니다.

물론 문제의 다른 측면도 드러납니다. 말과 말 사이 및 텍스트구조 사이의 장력〔張力場〕은 물론 상상력에 공간을 제공했습니다. 그러나 오히려 그 규정으로서 당연히 있어야 할 방향성이 없고, 예술이 상상에 의해 심미 승화에 이르는 규정성은 오히려 보증되지 않습니다. 작가가 처한 최대의 어려움은 바로 정신적 존폐의 문제입니다. 어떤 사람은 '영혼 찾기'의 문제라고도 합니다.

작가가 이 문제에 직면할 수 없고 해결할 수 없다면, 겨우 반란과 와해 작업을 하는 것에 만족할 뿐이며, 그렇게 된다면 그것은 그 작품의 성공을 제한할 뿐만 아니라 정신적 활력과 창조력을 쇠퇴시킬 수도 있습니다. 아울러 작품이 정신적인 가치를 지향하는 데서 망설이며 결정을 내리지 못한다면, 끝내 희망에 대한 격정을 소진해버릴 수도 있습니다.

그렇다면 독자는 작품에서 정신에너지를 얻을 수 없으며, 작가 자신도 정신적 퇴폐가 가져온 '무거운 짐에서 벗어난 듯한' 느낌의 유혹 때문에 정신의 활력과 자신감을 잃고 끝내는 외부세계의 각종 압력과 유혹을 감당할 수 없게 됩니다. (듣자하니, 꽤 장래가 밝았던 선봉작가들도 '하해'하고 있다더군요.) 알다시피 선봉소설가는 작품의 가치 지향에서뿐만 아니라 생명의 가치 목적에서 모두 곤경에 처해 있습니다.

왕효명 장녕이 말한 선봉소설의 곤경은 전체 사회가 처한 인문정신의 곤경을 비교적 집중적이고 구체적으로 드러냈다고 할 수 있습니다. 이러한 곤경에서 벗어날 수 있는가 없는가 하는 것이 중국문학은 물론 중국문화가 안고 있는 생사 존폐의 관건입니다.

▎새로운 인문정신에 대한 갈망

최의명 과장해서 말하면 오늘의 문화는 거의 폐허의 형국입니다. 혹여 여전히 고개를 빳빳이 들고 있는 잔해가 있어 천지사방의 파편 속에서 고고한 적막을 드러내고는 있지만(왕효명 : 예컨대, 사철생(史鐵生, 스티에성)과 장승지(張承志, 장칭즈) 등이 그렇지요.), 이미 우리들의 눈물을 흘리게 할 수는 없습니다.

저는 여러 대가들께서 앞에서 말씀하신 그러한 문학현상에 대해 가슴 아파할 생각은 없습니다. 다만 이런 생각을 말하려 합니다.

상품경제의 경로를 가고 있는 사회는 소비를 강구하고 있고, 그것을 필요로 하며, 또한 필연적으로 소비적인 상품문학을 생산할 수밖에 없는데, 문학은 반드시 인민을 위해 복무해야 한다니…….

그러나 우리 중국의 문제는 결코 그처럼 간단하지가 않습니다. 서구의 성숙한 상품문학과 비교해볼 때 우리의 미성숙한 상품문학은 도리어 사회의 정신적 방향을 사칭하고 있고, 스스로 즐기며 득의양양하여 그 왕성한 '정신' 창조력을 현란하게 드러내니, 그것은 마치 폐병환자가 건강미를 자랑하는 무대에서 그의 육체를 자랑하는 것과 같은 형국이지요. 사실 강렬한 불빛과 올리브유로 사람의 감각기관을 자극하는 것에 지나지 않는데, 실제로 사람들도 그 정도려니 하지요. 하지만 서구 사람들은 명쾌합니다. 상품문학을 승인하는 데는 단지 하나의 목적이 있을 뿐입니다. 돈이지요. 이에 비하면 중국에서 성장 일로에 있는 상품문학은 참으로 짜증나게 합니다. 노신이 말한 속임과 기만이 어떻게 이처럼 오랫동안 더욱 새롭게 나타나는지 정말 모를 일입니다.

제가 느낀 인문정신의 위기는 두 가지입니다. 우선, 우리들은 바야흐로 선진(先秦)시대에 견줄 만한 가치관념의 일대 전환기에 처해 있다는 것입니다. 5천 년 동안의 신앙, 신념, 신조가 회의와 조롱을 받지 않은 것이 없는데, 오히려 진정으로 건설적인 비판은 결여되어 있습니다. 그리고 문학뿐만 아니라 전체 인문정신의 영역이 모두 쇠락한 형세를 드러내고 있습니다.

상품경제의 거대한 흐름이 가져다준 충격 속에서 궁박한 중국인들은 뿔뿔이 돌진하고 있고, 많은 문화인들은 마음이 더할 수 없이 산란하여 하루에도 몇 번씩이나 놀랍니다. 자신의 업을 귀하게 여기는 마음이나 자존적 인격도 없습니다. 보다 내재적인 위기는 바로 여기에 있습니다. 돈만 있으면 만사형통이고 스스로 만족하여 편안하며 정신생활은 별료도 하지 않으니, 인문정신의 위기라는 것도 알고 보면 문화인들의 생존 위기에 지나지 않을 뿐입니다.

그러나 5천 년의 유구한 역사를 가진 민족이 신앙과 신념, 세계적 의의, 인생의 가치와 같은 정신을 추구하지 않는다면 과연 생존해 나갈 수 있고 부강해질 수 있을까요?

우리는 위기를 똑바로 보아야 하고, 힘써 위기를 떠안아야 합니다. 그것의 무게가 얼마나 나가든지 말입니다. 그렇게 한다면 위기의 다른 측면을 볼 수 있을 것입니다. 장녕이 말한 것처럼 오늘의 문학 속에서 유토피아정신이 소멸된 것은 새로운 문학정신이 탄생할 가능성을 열어 보여주고 있습니다. 실제로 전체 인문정신의 영역에서 이 점을 이해할 수 있습니다. 전통적 가치관념의 토대가 무너지는 동시에 모든 유형, 무형의 정치적 족쇄의 토대도 붕괴될 가능성을 열어보이고 있는 것입니다.

한편, 새로운 생활의 실천 또한 필연적으로 새로운 인문정신의 탄생을 요구합니다. 이 급격한 변동의 시대에 사람들의 가슴(心靈)은 너무나 많은 갈망과 요구로 충만해 있으며, 너무나 많은 신음과 초조감이 쌓여 있습니다. 우리의 정감(情感)은 순식간에 변하여 선택하기 어렵습니다. 세계, 생활, 자아 모두가 주마등처럼 어지럽게 바뀌어 더 이상 그것들을 효과적으로 파악할 수가 없습니다.

그러나 사람이라면 자신을 파악해야 할 필요가 있고, 이 세계가 도대체 어떠한 모습인가를 알아야 하며, 생활은 결국 무엇을 위한 것인가를 확신할 필요가 있습니다. 이 모든 것은 사람의 가슴속에서 어느 정도의 정합에 이를 필요가 있습니다. 그래야만 비로소 자신의 세계와 자신의 생활이 있을 수 있고, '나'가 있을 수 있는 것입니다. 기존의 가치관념이 이러한 임무를 담당할 수 없다면, 새로운 인문정신을 창조해낼 수밖에 없습니다.

폐허를 거절할 수는 없지만, 그것이 결코 폐허와 동일시되는 것을 의미하지는 않습니다. 생활을 바라보는 시각을 조정한다면 심령의 시계(眼界) 속에서 요연히 타오르는 광야가 나타날 것이고, 그 속에서 새로운 생기를 잉태할 것입니다.

문학으로 말하면, 사람들은 문학이 약동하는 현실생활과 시끌벅적한 심령세계에서 자기 생존을 드러내[呈現] 줄 것을 요구합니다. 아울러 오늘을 살아가는 사람들의 생활을 바라보는 독특한 시각과 시야를 드러낼 것을 요구하고 있으며, 나아가 그들이 가지고 있는 생존 목적을 표현해주기를 바랍니다.

진정한 그 시대의 문학이라면 고통과 초조감에 감히 맞서야 하며, 시시한 조롱 따위로 그것을 해소해버릴 것이 아니라 보편적인 정신 몰락을 들추어내고 추궁해야 하며, 서구 이론으로 그것을 은폐하거나 분식해서는 안 될 것입니다. 마음이 피로 물들고 있다면 무정하게 그것을 후벼파서 곧바로 가장 깊은 상처를 찾아내는, 그러한 문학이야 말로 사람들의 감정을 사로잡을 수 있는 것입니다.

이 지점에서 문화인이 마음을 고쳐먹고 노점판을 벌여서는 안 되겠지만, 그렇다고 그런 행위가 '불필요'하다고 할 수는 없습니다. 사람들 모두가 대도를 구현하기 위해 죽는[殉道] 굳센 기백을 갖기를 바랄 수는 없기 때문이지요.

그러나 문제에 돌아가서 이야기하면, 우리는 또 엄혹한 시대를 만났고, 이 사회에는 누군가 마음을 굳게 먹고 도를 위해 죽을 수도 있는, 순도자(殉道者)를 자처할 수 있어야 합니다. 수학을 연구하는 친구의 말을 들으니까, 미국에서 수학을 연구하는 사람들은 자칭 '감히 죽음을 무릅쓰는 대오[敢死隊]'라고 한다더군요. 수학 교수의 연봉이 가장 낮기 때문이지요.

그러나 그들은 수학에 대한 열정 때문에 후회하지 않으며, 숫자는 많지 않지만 바로 그러한 사람들이 있어서 미국 수학계가 여진히 세계 수학 발전의 주도권을 잡고 있는 것입니다.

실용주의 철학을 국학으로 하는 미국이 이러할진대, 도에 뜻을 두는 것을 국학으로 삼는 중국에 이러한 '감사대(敢死隊)'의 정신이 없어서야 되겠습니까?

사회는 이러한 '감사대'에 의해 인문정신의 활력을 유지해야 합니다. 사회가 이런 지경에까지 이른 것은 물론 지극히 슬픈 일입니다. 그러나 이러한 감사대를 만날 수 있다면 그것은 분명 불행 중 큰 다행이며, 절망 뒤에 한 줄기 희망을 만들어내는 심정을 솟구치게 할 것입니다.

〈상해문학(上海文學)〉, 1993년 제6기

〈상해문학(上海文學)〉
상해(上海, 상하이)에서 발간되는 문예지. 문학적 쟁점들을 집중 토론 방식으로 하나하나 짚어가면서, 논의들을 이끌어갈 뿐만 아니라, 작가에 대한 집중적인 연구를 통해 시대의 담론을 이끌어갈 지식인, 문인들을 발굴해내고 있다. 〈상해문학〉은 중국 남부는 물론 중국 전역에 영향력을 행사하고 있는 중국의 주요 문예지 가운데 하나이다. 채상(蔡翔, 차이시앙)이 편집위원을 맡고 있다.

인문정신 논쟁에 대한 성찰

근대성(斬大成) · 도동풍(陶東風)

근대성
문학평론가이자 중문학자로 자유주의적 성향을 가지고 있지만, 균형감 있게 현실 사회와 문학의 문제를 제기하고 있다. 특히 1980년대 말 중국문화 해체 문제에 대해 관심을 가지고 지속적인 논의를 전개해왔다. 도동풍이 사회과학적 방법론과 분석 시각을 함께 가지고 있다면, 근대성은 인문학 내부에서의 문제로 사고를 집중한다.

도동풍
중국 수도사범대학교 중문과 교수. 비교적 균형감 있는 시각을 가지고 중국의 현실 문제, 문학 문제에 대한 입장을 개진하고 있다. 후현대 논쟁, 인문정신 논쟁, 신좌파 논쟁 등 모든 논쟁국면에 개입해 들어가 각 입장들의 성과와 한계를 정리해내고 문제를 부각시키는 것으로 유명하다.

인문정신론과 후현대주의론이 접전을 벌이던 시점에서 비교적 균형감 있는 시각으로 접근하여 양론의 공과를 냉정하게 헤아리고, 논쟁의 과정에서 제기된 문제를 탐색하는 인문정신 논쟁의 종착점에 해당하는 대담. 인문정신론의 계몽담론적 맥락과 도덕주의적 경향을 비판하면서, 그것이 시장화에 대한 입장을 지식인의 진위여부를 분별하는 표지로 삼아 사회주의 시장경제라는 체제적 전환이 안고 있는 문제의 본질을 은폐하고 있다는 점을 지적한다. 후현대론에 대해서는 그 민족주의적(국수주의적이라는 의미가 강함)이고 문화상대주의적인 이원논리를 비판한다.

결국 문제의 초점은 '냉전 종식과 자본주의의 세계화 과정이라는 변화의 국면과 자본주의적 경로를 가고 있는 중국 사회주의 시장경제 진행상황에서, 어떠한 사상적 입장을 취하고 가치의 근원을 새롭게 하여 이러한 국면에 대응해가야 하는가' 하는 데 있으며, 그런 차원에서 인문정신론자와 후현대론자들에게 근본적인 사유 방식의 전환을 촉구하고 있다.

도동풍(타오동평) 1994년 초부터 상해의 학자들이 중심이 되어 〈독서〉 잡지에서 인문정신에 관한 토론이 제기되었으며, 지금까지도 계속 관심의 대상으로 논의되고 있다. 지금 문단에서 일고 있는 이른바 '이왕지쟁(二王之爭, 왕몽과 왕빈빈의 논쟁)', 현대 인격정신, 신이상주의, 도덕 이상주의, 신계몽 등등의 중심적인 화제들은 모두 인문정신 논의와 '가족적인 유사성'이 있는 것들이다. 말하자면 인문정신이라는 모(母) 화제(중심 주제) 속에서 나온 자(子) 화제라고 할 수 있을 것이다.

우리가 오늘의 대화에서 논의하고자 하는 것도 바로 그것이다. 그러나 이 일련의 토론을 통해 구체적인 관점들에 대한 평가, 소개 혹은 선택적으로 맥락을 잡거나 옳고 그름을 이야기하려는 것은 아니며, 인문정신의 구체적인 함의를 분석하거나 해석하려는 것도 아니다.

우리가 흥미롭게 생각하는 것은, 이 화제가 어떤 배경에서 나타난 것인가, 그리고 그것이 구체적으로 가리키는 것은 무엇인가, 특히 그것이 은폐〔遮蔽, 인문정신 논자들이 즐겨 사용하는 용어를 빌리면〕하는 것은 무엇인가 하는 것들이다. 다시 말하면, 어떤 보다 중요한 문제들이 인문정신 논의 속에서 사람들의 시야를 벗어나거나 혹은 문제화되지 못하고 있는가 하는 점이다.

이렇게 볼 때 '인문정신이 은폐하는 것이 무엇인가?' 하는 문제는, 논의 과정에서 '인문정신이라는 주제 자체가 은폐하는 것은 무엇인가?'로 바뀌게 된다.

어떤 의미에서 보면 인문정신에 관한 토론은 1980년대의 문화대토론〔文化熱, 1980년대 문화연구 붐을 말한다 : 역주〕에 대한 부정이다. 1980년대의 토론에서는 인문정신과 같은 사유 경향이나 담론방식이 나타난 적이 없으며, 인문정신의 '상실〔失落〕'이라는 말은 더더욱 없었다. 인문정신의 상실이라는 말이 뚜렷하게 가시화된 것, 혹은 사람들이 그 '상실'을 의식하게 된 것은 1990년대(혹은 1980년대 말)부터이다. 이러한 문맥이 우리에게 말해주는 것은, '인문정신'이 하나의 화제로 나타나게 된 것은 순수하게 지적인 발전 과정에서 자율적으로 생겨난 결과로서, 그것은 사상사 속에서 정리되고 해석되어야 할 문제가 아니라 사회적 변화에 대한 지식인들의 반응방식으로서 주목될 만한 것이라고 보아야 한다는 것이다.

사회적 변화의 각도에서 볼 때 1980년대의 변화가 기본적으로 관념상의 전환〔觀念轉型〕이거나 사상관념 차원에 머물러 있는 변화였다면, 1990년대에 와서 그 변화는 실천 차원으로 진입했다. 그 뚜렷한 특징으로서 계획경제와 관련되는 관방(官方, 정부)의 이데올로기에 대한 1980년대의 비판과 부정은, 1990년대에 이르면 시장화된 경제와 문화의 발전 방향, 세속화된 대중생활의 가치 취향으로 현실화된다.

그러나 이런 새로운 사회·문화적 상황은 결국 인문 지식인의 사회적 역할의 변화〔轉變〕를 가져온다. 즉, (1990년대에 접어들면서 중국 인문 지식인들은) 본래의 계몽적 지도자〔啓蒙領袖〕 또는 현실 생활의 지도자〔生活導師〕로서의 지위를 상실하게 되고, 중심에서 주변으로 밀려나게 된다. 채상(蔡翔, 차이시앙)이 정확하게 지적한 것처럼, 1980년대에 지식인들이 제창했던 사상해방운동이 객관적으로는 1990년대에 지식인들의 주변화를 불러왔고, 그들이 본래 가지고 있던 유토피아적 상상과 현실적 결과 사이의 괴리를 초래한 것이다(《독서》, 1994년 제5기).

따라서 인문정신에 대한 탐색은 한편으로는 표면적으로 시장화로 인해 야기된 도덕적 몰락〔道德淪喪〕과 믿음의 위기, 가치 상실〔價値失落〕—이러한 비판은 특히 문화의 상업화와 일부 작가들의 시장화에 집중되어 있다—에 대한 것으로(적어도 주로 그것에 대한 것으로) 나타난다. 그러나 다른 한편에서 보면, 사실 그것은 지식인들이 자신들의 주변화 상황〔邊緣化處境〕에 대해 갖는 우려와 불만과 항의를 반영하고 있다. 우리는 문화와 문예의 시장화(혹은 상업문화)에 대한 태도가 오늘날 지식인들 진영 내부에서 그 분화의 분수령이 되어 있다는 사실을 알 수 있다.

1980년대에 우리는 어떤 사람이 진정한 지식인인가를 알려면 주로 구체제와 주류 문화에 대한 그의 태도를 보았다. 그러나 오늘날 이 기준은 많은 사람에 의해 폐기되었으며, 그 자리를 지식인의 상업문화에 대한 태도가 대신하게 된 것 같다. 상업문화에 공감하는 사람들은 진정한 지식인이 아니라는 식으로 말이다. 이 점은 주목할 만하다. 왕몽을 대표로 하는 문단의 이장지쟁〔二張之爭, 장이무(張頤武)·장승지의 지식인 논쟁을 이름 : 역주〕 및 왕빈빈의 분화는 이러한 각도에서 해석할 수 있다.

근대성(진따청) 나는 줄곧 이 토론에 주목해왔고, 이왕지쟁에 대한 분석을 포함하여 당신이 쓴 몇 편의 글도 관심 있게 보았다. 이 토론은 단지 1994년 초에 시작된 것이 아니라, 사실은 몇 년 전부터 줄곧 이 문제에 관한 글을 쓰고 있는 사람들이 있었다.

나는 한편으로는 최근에 점점 더 많은 사람들이 인문정신 토론에 참여하여 수많은 이야기들을 제시하는 것이 무척 의심스럽기도 하고, 다른 한편으로는 이러한 토론방식이나 문제 제기방식에 상당한 흥미를 느끼기도 한다. 내가 관심을 가지고 있는 것은 사람들이 왜 문제를 이런 식으로 이해하고 표명하는가 하는 점이다. 당신의 소개와 평가〔評述〕를 듣고 나니까 이런 느낌이 더욱 강해진다.

인문정신이라는 말을 수많은 사람들이 사용하는데, 루소나 화이트헤드가 말한 것처럼 그 위에 무엇이나 걸 수 있는 (실재론의) 못으로 만들어버린다. 그러나 사실 이 말을 사용할 때 그것이 가진 함의는 사람에 따라 다르다.

우리의 개인적인 실생활에서 출발해보면, 나는 정말로 어떤 변화와 위기(1989년 초에 나는 일찍이 '문명해체론'이라는 너무나 시적인 명제를 가지고 변형기의 가치 위기에 대한 문제를 제기한 바 있다. 물론 지금 나는 야스퍼스나 토인비의 이론을 빌려서 간단하게 중국의 문제를 진단할 수는 없다고 생각한다.) 때문에 사람들이 지금의 문제를 당면한 시장화 과정이나 지식인의 주변화 문제와 연결시키는 것은 충분히 이해할 수 있다. 그러나 이 문제의 도덕적인 면을 지나치게 강조하면서 도덕적인 분노를 표현하는 식의 행위에 대해서는 의문을 갖는다. 이상주의자들은 이런 식의 문제 제기가 문제를 정확하게 드러내줄 수 있다고 생각하는가?

나는 당신이 방금 1980년대와 1990년대를 구분한 것에 동의한다. 확실히 몇몇 학자들〔왕휘, 채상〕이 지적한 것처럼, 현재 사람들이 적극 비판하는 현상은 바로 그들의 10여 년 동안의 노력을 통해 야기해낸 것들이다.

이것은 계몽적 담론의 맥락에서는 반성이 쉽지 않은 문제이다. 과거에 사람들은 구체제에 반대하고 대통일〔大一統〕에 반대하며 문화전제주의에 반대하기 위해 다원론을 제창하고, 구체제와 한 조를 이루고 있는 대통일과 가천하〔家天下. 중국 고대 제왕들이 국가를 자기 집안의 사유재산으로 생각하고, 대를 이어 전한 것을 말함. 혹은 전국시대(戰國時代) 제자백가들이 천하를 자기 집으로 여기고 유세를 하며 정치적 숙원을 이루고자 함을 이름 : 역주〕의 사고를 비판하며 일원론적 사고방식을 비판했다. 하지만 지금은 자신의 '일원(一元)'이 배척되는 것을 느끼고 중심어의 지위를 상실했으며 세속사회와의 관계가 불분명하게 되었고, 사회는 더 이상 과거처럼 지식인들이 복음을 선포하고 삶의 목표를 해설하고 논증하는 일에 귀를 기울이지 않게 되었다. 지금 사람들은 심지어는 자신이 지킬 수 있는 신념을 발견할 수 없어서 무원(無元)'의 고통을 느끼기도 한다. 그렇기 때문에 인문정신이니 이상주의니 궁극적 가치니 하는 것들을 찾고자 하는 것은, 물론 이해될 수 있는 일이다.

그러나 사람들이 인문정신을 부르는 그 호소에는 구체제로 돌아가기를 희망하는 의심스러운 발상도 있는 것 같다. 그들이 말하는 인문정신이 구체제의 울타리로 되돌아가려는 것인지(왕몽이 걱정하는 것처럼), 아니면 새로운 이데올로기의 신화를 창조하려는 것인지는 알 수 없다. 만약 우리가 어떤 것을 상실하고 놓쳐버렸다고 말한다면, 반드시 구체적인 내용을 지적해야만 한다. 그렇지 않으면 분명히 당신들이 말하는 것이 과거에 '있었던 적이 있는가?'라고 하는 왕몽의 강력한 문제 제기에 맞닥뜨리게 될 것이다. 따라서 '누구의' '어떠한' 인문정신이 지금 사라지고 있고, 그러므로 우리가 다시 세워야만 하는지를 구체적으로 제시해야 한다.

이렇게 서로 다른 언어를 통해서 우리는 지금 여러 가지 서로 다른 문제 제기가, 여러 가지로 문제를 드러내려는 노력과는 서로 다른 입장을 나타내고 있다는 사실을 분명하게 알 수 있다.

준종교적이고 원교지주의(原敎旨主義, 본래의 교지로서 격상시키는)적인 인문정신도 있다. 어떤 사람은 종교적인 도덕의 문제로 세속적인 도덕의 문제를 대체하려 하기도 하고, 어떤 사람은 여러 가지 '새로운' 이데올로기, 즉 신이상주의 같은 것을 한데 뭉뚱그려서 사회 문제를 해결하는 방안으로 삼기도 한다. 다양한 주장을 하는 문화보수주의도 있고, 모든 전통적인 가치와 모든 담론/권력이 가지고 있는 중심어의 패권을 해체하고 갖가지 유토피아 신화를 완전히 소멸시키고자 하는 '중국식' 후현대주의도 있다.

이런 식의 화법들을 1980년대의 사유방식과 비교하면, 지금은 정말 다원화되고 또한 그것들이 충분히 '번영'한 상황에 다다른 것 같다. 내 생각에는 이런 사유방식을 분석하는 것이 인문정신에 대한 공허한 이야기를 늘어놓는 것보다 훨씬 더 중요하고 구체적인 역사적 내용을 담을 수 있을 것 같다.

▌인문정신이 은폐하는 것

도동풍 바로 당신이 말한 것처럼 어떤 의미에서는 1990년대의 지식인들이 배척하는 것이 바로 1980년대의 지식인들이 야기해낸 것들이다. 물론 문제는 그렇게 간단하지 않다. 사실, 1980년대에 지식인들이 제창했던 것들 중 많은 것은 여전히 현실화되지 못했다. 정치의 민주화나 언론의 자유 등이 그렇다.

그러나 지금 인문정신을 제창하는 사람들은 이 방면에서는 1980년대의 사명을 지속할 생각이 없는 것 같다. 그들은 창끝을 이른바 대중화, 상업문화, 문예의 시장화로 돌리고, 대중의 세속적인 현실 취향에 대한 비판으로 향하고 있다. 마치 1980년대의 적은 소멸되고, '좌'파적인 것들은 사라져버렸으며, 문화전제주의는 더 이상 중국의 현실이 아니게 되고, 지식인들은 시장이라는 큰 물결 속에서 너무나 자유로워 타락해 버린 것 같다. 그래서 진지하게 대응해야 할 대상이라고는 상업문화뿐이고, 왕삭과 왕몽뿐이다.

시장화에 대한 동의 여부가 지식인의 진위를 분별하는 새로운 표지가 되었다. 이것이 바로 인문정신이라는 화제가 은폐하는 가장 근본적인 문제이다. 확실히 담론의 표층에서는 문화전제주의적 담론이 그렇게 많은 시장을 가지고 있지 못하다. 세상을 온통 뒤덮고 있는 문화 소비품 중에서 '좌'의 소리는 너무나 무력하고 창백하며, 심지어는 우스꽝스럽게 들리기까지 한다. 그러나 눈을 돌려 체제의 각도에서 분석해보면, 결론은 완전히 다를 수도 있다.

물론 오늘날 지식인들의 비판 대상이 바뀐 원인 중에는, 지금까지는 진지하게 분석되어 본 적이 없던 원인이 있다. 그것은 1980년대의 지식인들은 그들이 갈망했던 것들(정치·경제·문화적 선택)을 결코 실제로 느끼지도 못하고 몸에 와닿는 체험을 하지도 못했다는 것이다. 그때는 이런 것들이 미처 현실화되지 못했기 때문에 그들은 종종 주관적인 상상에 의존해서 자신들의 아름다운 미래를 구상하곤 했었다. 지식인들이 상상한 미래의 유토피아 속에 지금과 같은 모습은 분명 없었을 것이다. 당시 그들에게는 다만 정치문화와 관방 이데올로기(지배 이데올로기)의 압박만이 느껴졌다.

그러니 지금 정치문화와 관방 이데올로기가 담론의 영역에서 심층—잠류하는 층면—으로 내려가거나 혹은 대상 없는 독백이 되어버려 더 이상의 대대적인 비판이나 논쟁이 나타나지 못하게 됨에 따라 그들의 정치투쟁 에네르기는 문화 비판 에네르기로 대체되었다. 후자는 대중문화와 상업문화를 겨냥한 것이며, 또한 사회 현실의 세속화 경향을 겨냥한 것이다. 이런 경향이 곧바로 지식인의 스승이나 지도자로서의 지위를 잃게 만들었다. 채상의 말을 빌리면, 바로 사상해방운동이 '비속화된 사회 실천'으로 전화되었기 때문이다.

사회적 변화와 개혁개방의 수혜자들이 애초의 사상적 선구자들을 잊어버리고 방기했기 때문에 인문정신 논쟁이 일어난 것이다. 이것이 아마도 인문정신 탐색자들이 인문정신이란 너무나 순수하고 비실용적이며 초월적인 것이고, 정치적인 실용주의에서뿐만 아니라 경제적인 실용주의에서도 벗어나 있는 가치 이성이며 궁극적인 가치에 대한 관심이라고, 한결같이 거듭 강조하는 원인일 것이다.

그러나 이런 궁극적인 가치에 대한 호소가 은폐하는 문제 또한 있다. 그들이 사상해방으로 인해 초래된 마음에 맞지 않는 결과라고 생각하는 것들은 도대체 무엇인가? 사회문화의 세속화 자체를 말하는 것인가, 아니면 세속화 과정이 중국에서 겪게 된 왜곡을 가리키는 것인가?

현재의 글들을 볼 때 인문정신 제창자들이 배척하는 것은 세속화 자체지, 중국에서 세속화가 전개된 상황에 대한 깊이 있는, 특히 체제에 대한 분석은 아니다. 이것은 바로 문제의 본질을 회피하는 것이다. 세속화는 이른바 현대화가 마땅히 지녀야 하는 한 가지 의미이다. 어떤 나라의 현대화도 모두 세속화 과정을 거쳤으며, 세속화란 바로 신권사회나 정치사회로부터 시민사회, 세속사회로 나아가는 것이고, 대중의 세속적인 가치 취향을 긍정하는 것이다. 상업문화란 이러한 취향이 문화 영역에서 나타난 것일 뿐이다.

바로 이런 의미에서 나는 오늘날 중국의 시장화 · 세속화 · 상업화 추세는 충분한 긍정적 기능을 가지고 있으며, 인문정신을 논하는 것은 그것이 현대화 자체를 배척하는 것이 아니라면 반드시 세속화를 긍정하는 전제를 가지고 진행되어야 한다고 생각한다.

시장화·세속화 과정이 중국적인 특성을 띠는 부정적인 면들을 드러내는 것은 중국사회가 아직도 전현대적이고 정치·사회적인 특성을 많이 간직하고 있기 때문이며, 특히 구체제의 권력구조가 여전히 신체제 수립을 너무 방해해서 시장활동과 세속생활의 정상적인 규범 수립을 어렵게 하기 때문이라고 생각한다.

이 점을 떠나 무슨 도덕적 차원에서의 인문정신 상실을 논하는 것은 핵심을 파악하지 못하는 것이니, 따라서 논의 자체는 반드시 공허한 이야기로 흐르게 되고, 심지어는 사람들에게 도덕적인 신념이나 인문정신의 쇠락이 시장경제에 의한 것이라고 오해하게 만들 것이다. 그뿐 아니라 세속화니 시장화니 시장경제니 하는 것들은 아예 배척해 버리고 말도 꺼내지 않으면서, 인문정신을 재건하기 위해서는 '천국'으로 돌아가야 한다고 주장하며 '천국에서 온 것'으로 '속세의 것을 부정하고 비판'하려 드는 사람들도 있다. 정말로 이해가 안 된다.

서구의 역사를 통해 보면 인문정신이란 본래 천국에서 빠져나온 것이며, 속세의 생활로써 신권과 신성을 제압한 것이다. 그것은 사회가 세속화되는 과정의 산물이며, 정교 분리의 사회적 재건과 서로 호응되는 것이다.

그러나 우리 나라에서 인문을 찾는 일은 기이하게도 천국으로 돌아가려 하고 신성으로 인성을 제압하며, 종교로 세속을 말살하려 하고 궁극적인 관심으로 일상의 현실을 부정하려 한다. 중국에는 역사상 진정한 종교가 없었기 때문에 오직 윤리 본위의 정치사회 및 그 위에 만들어져 있던 윤리정치 철학만 있었는데, 그렇다면 우리는 이런 결코 낯설지 않은 정치사회의 중심으로 되돌아가려는 것인가?

근대성 이것은 확실히 흥미 있는 현상이며, 많은 친구가 여기에 공감한다. 내가 흥미로우면서도 곤혹을 느끼는 문제는, 인문정신에 대한 갖가지 이야기들이 어떠한 사상적 자원에 바탕을 두고 있는

지, 어떤 학술적인 영역에서 문제를 논하고 있는지를 말해줄 수 있겠는가 하는 점이다. 사회의 변화가 문제의 진단을 어렵게 하기 때문에 사상적인 모순이나 변위(變位, 위상 변화), 단절 등이 생겨나고, 그 혼란의 소재를 밝혀낼 수가 없는 것이다.

1980년대에는 반전통과 적극적인 변혁을 추진한다는 명분을 내세우던 지식인들이, 1990년대에 와서 자신들이 당시에 추구하던 역사적 상황이 나타나자 오히려 종교적인 도덕과 반역사주의를 방어의 무기로 삼아 그것을 배척한다. 이것은 형식적으로 보면 황당하지만 사회심리학이나 지식계보학의 측면에서 보면 오히려 이해할 수 있는 일이다.

현재의 이러한 이른바 전지구화, 세계와 궤가 연결된 역사 진행 과정에서 '사(社, 사회주의)'와 '자(資, 자본주의)'의 충돌과 대립은 소멸되고 냉전은 종식된 것 같다. 경제생활의 진행 과정은 우리를 서방국가와 유사한 많은 문제들에 직면하게 한다. 극좌의 담론이 시장을 잃었을 뿐만 아니라, 고전적인 인도주의의 계몽적 담론도 급진론자들의 비판을 받고 설자리를 잃어버린 것 같다. 냉전의 종식과 (자본의) 전지구화 과정으로 인해 우리는 사상적으로 새로운 입장을 선택하고 가치의 근원을 새롭게 인식하며, 새롭게 계시하고 계시받으며 새롭게 귀의해야 하는 위기에 직면하게 되었다.

우리가 과거의 너무나 익숙한 자(資)·사(社)의 이원 대립 모델[模式]로 문제를 이야기할 수 없다면, 중체서용의 이원 모델로 그것을 대신할 수 있을 것인가? 이른바 제3세계 이론과 대중화성론(大衆化性論)들이란 새로운 형세에서 나타난 중서 이원 대립 모델의 번역판처럼 보이는데도, 그것은 오히려 서구 포스트모더니즘 이론의 중국 이문(中國異文. 중국적 변형, 중국식 담론으로 다시 씌어진 포스트모더니즘)이라는 형식으로 출현했다. 이런 이론이 중국에서 나타난 것은 중서 이원 대립의 사고가 지속되어온 결과이다. 설령 그것이 유행의 옷을 입었다 하더라도.

문제는 이러한 이야기들의 배후에 감추어져 있는 민족주의(그 실질은 한족(漢族) 중심주의)의 입장과 현재의 체제, 경제 모델이 어떤 관계에 있는가이다. (사회주의라는) 구체제의 일원(一元)에 인식을 같이 하거나, 아니면 '새로운' 일원에 공감하는 것은 아닌가? 자유주의의 전통 자원을 배척하는 것은 아닌가? 어쩌면 중국적 특색을 갖춘, 현대성 문제에 대한 답안을 제출해서 '서구'에 대응한 것인가?

내 생각에 현재의 사회적 변화 과정에서 중국 문제의 특수성과 복잡성, 그리고 우리 인문 지식인들의 모순된 입장 때문에 오늘날의 사회적 상황에 대한 정확한 현상 분석과 역사적인 평가는 거의 내려지지 못하고 있다. 이러한 것들이 바로 우리(인문 지식인)들을 과학기술 분야의 지식인이나 사회과학 전문가들처럼 입장을 분명히 하고 과감하게 행동하지 못한 채 지나치게 '질질 끌고' 망설이게 하는 요인이다.

우리 사회를 어떻게 진단하고, 어떤 이익집단과 인식을 같이 하며, 무엇을 비판 대상과 계몽 대상으로 삼을 것인가 하는 문제 등에 직면하여 우리는 망연자실 맥락을 가늠할 수가 없다. 이러한 사실은 적어도 우리가 문제를 관찰하고 진술하는 방식에 대한 반성이 필요하다는 것을, 시각을 바꾸고 자신의 한계를 벗어나 새롭게 문제의 복잡성에 대해 사고해야만 한다는 시점에 서 있음을 말해준다.

새로운 사유방식

도동풍 당신의 분석에 동의한다. 후현대와 후식민의 관계는 확실히 특별한 주목을 요하는 현상이며, 동시에 너무나 중국적인 현상이다. 서방에서 후식민 이론은 물론 후현대화의 중심 해체라는 가치 취향의 일면을 흡수하고, 특히 이론적으로 푸코의 담론/권력의 분석 무기에 힘입은 바 있지만, 그 자체는 주변적인 것이었고 혁명적인 성격이 강했다.

그러나 중국의 후현대 이론은 제3세계 이론, 후식민 이론과 결합된 뒤에 오히려 반서구적인 민족주의 담론으로 바뀌었고, 중국화되면서는 혁명성을 상실하게 되었다. 중국에서는 여전히 중화성과 현체제의 결합이 중심이기 때문이다. 1980년대와 비교해보면 후현대와 후식민 담론의 관계 및 유행은 어느 틈엔가 지식인의 가설과 비판 대상을 바꾸어놓았다.

근대부터 1980년대까지 지식인들 사이에 있었던 주류 담론이 서구를 빌려 전통과 현체제를 비판한 것이라고 한다면, 1990년대에는 이런 차용과 반사와 비판을 그대로 보아넘길 수 없는, 또 다른 반사와 비판이 나타났다. 하지만 이러한 전환은 단지 결론과 비판 대상만 바뀌었을 뿐 사유방식은 전혀 바뀌지 않은 것이다. 즉, 원래는 중서 이원 대립의 기초 위에서 전통을 부정했지만, 지금은 같은 이원 대립의 기초 위에서 전통을 옹호하고 서구를 배척하는 것이다. 이원 대립의 사유방식에는 달라진 게 없다. 원래는 서구라면 무조건 좋고 전통을 옹호하면 곧 보수파요 타도되어야 할 사람이었는데, 지금은 서구라면 무조건 반대하고 서구에 공감하는 자는 매국노요 후식민적 심리상태라는 것이다.

나는 오히려 이 두 가지 모두가 후식민적 심리상태인 것 같다. 왜냐하면, 그들 모두 민족주의를 가치 결정의 최고 기준으로 삼기 때문이다(서구의 것이면 뭐든지 좋다에서 중국의 것이면 뭐든지 좋다로). 이런 심리적인 상태를 극복하기 위해서는 민족주의와 문화상대주의를 초월하는 가치 기준을 세워야 한다. 그렇지 않으면 자승자박, 스스로는 반서구의 민족문화 투사를 자임하지만, 실은 얼굴 바꾼 반식민의 심리상태를 드러내고 있는 것이며, 가치 재건과 비판 대상이라는 선택적 국면에서 인위적인 이중의 어려움에 빠지게 된다.

나는 결코 중국의 현대화가 반드시 서구의 것을 그대로 옮겨와야만 하는 것이라고 말하는 것은 아니다. 그러나 어떤 사회의 현대화든 정치적인 선택과 경제적인 선택, 문화 가치 선택의 겸용성 문제를 고려해야만 한다고 믿는다. 이 세 가지 선택은 고립적인 것이지만, 수박을 자르듯이 그렇게 마음대로 자를 수 있는 것이 아니다.

예를 들어, 계획경제의 모델은 반드시 전제적인 정치제도와 일원적인 정치문화를 동반한다. 그렇지 않으면 운행될 수가 없다. 시장화된 경제의 선택 또한 반드시 민주적인 정치제도와 자유롭고 다원적인 문화 가치의 뒷받침이 있어야 한다. 그렇지 않으면 시장은 진정한 시장이 되지 못한다. 지금 인문정신을 말하고 도덕 이상을 외치는 많은 지식인들로부터 받는 느낌은, 그들은 적어도 주관적으로는 경제의 시장화와 정치의 민주화에 공감한다는 것이다.

그러나 문화에서의 다원화와 자유화는 받아들이려 하지 않는다. 그들은 소비문화, 대중문화, 상업문화를 격렬하게 배척하는 태도를 취하고서, 그것들은 '원(元, 중심적 가치)'의 자격이 부족하며, 인문정신에 대한 적이라고 생각한다. 문화의 영역에서 그들은 아직도 일원주의나 조건 있는 다원주의를 고수하든가, 아니면 문화의 심판관이 되려고 한다. 물론 누구도 공개적으로 일원주의를 제기하진 않는다. 그들의 생각은 너무나 아름답다. 하나하나의 자격 있는 '원'들이 구성하는 조건 있는 다원(多元)이 그것이다.

문제는 첫째, 이것이 실현될 수 없는 공상이라는 것이다. 조건이 붙는다면, 그것은 진정한 의미의 다원이 아니다.

둘째, 누구라도 스스로 어떤 원은 자격이 있고 어떤 원은 자격이 없는지를 1백 퍼센트 정확하게 판단할 자격이 없다는 것이다. 왜냐하면 사람은 누구나 오판할 수 있기 때문이다. 오판을 피하기 위해서 가장 좋은 것은, 마음대로 어떤 관념이나 언론, 예술 풍격이나 심미적 취향, 문화적 가치나 취향 등이 가지고 있는 '원'적(元籍)을 없애버리지 않는 것이다. 물론 이것은 정당한 비판의 권리를 부정하는 것과는 다르며, 단지 문화심판권의 남용을 제한하는 것이다.

셋째, 문화심판권은 확실히 특정한 시간과 장소에서 자격 없는 원을 제거할 수도 있다. 그러나 그것은 항상 착오를 범할 수 있는 구체적인 인간의 손에 달려 있을 수밖에 없기 때문에, 그 원이 다른 시간과 장소에서는 자격이 있을 뿐만 아니라, 위대한 진리일 수도 있다(이런 예는 너무나 많다.). 이 두 가지 경우를 함께 고려해서 그래도 상대적으로 낫다고 할 수 있는 차선의 방법은 문화심판권 자체를 취소하는 것이다.

넷째, 가장 중요한 것은 문화적인 일원주의나 문화심판권을 유보하는 것이 시장경제에서 정치·문화 정신에 완전히 위배된다는 것이다. 그것들은 서로 용납되지 않는다. 이론적으로도 모순되고 실천에서도 통용될 수 없다.

이러한 점에서 나는 오히려 극단적인 도덕 이상주의자들(문화적인 다원주의를 부정할 뿐만 아니라, 나아가서는 정치적인 민주화와 경제적인 시장화를 부정하고, 현대화 자체와 그것과 관련된 모든 것, 예를 들어 세속화·도시화·물질적인 부의 증가 등에 반대하는)은 정치의 민주화, 경제의 시장화, 문화의 다원화에 대해 전반적으로 부정적인 입장을 고수하고 있기 때문에 논리적으로는 비교적 일관될 뿐만 아니라, 그것이 완전히 시장화와 현대화에 반대하는 입장을 취하기 때문에 거기에 동의하는 이가 극히 적고 그 위험성도 적다고 생각한다. 정치의 민주화와 경제의 시장화를 요구하면서 문화에서는 일원화를 선택하는 (이런 일원화는 문화 쓰레기를 정리한다는 명목으로 나타나는데) 것은 외관상 그럴듯하기 때문에 사람들이 쉽게 공감할 수 있지만, 그것은 방금 말한 것처럼 이론적으로 모순되고 실제로도 실천할 수 없는 것이다. 그런데도 그것이 도덕 이상주의자들의 태도처럼 극단적이지 않고, 또 사회적 전환기에 도덕을 다시 세우고자 하는 대중들, 특히 지식인들의 심리에 잘 맞기 때문에 그 호소력이 매우 크고 위험성 또한 더욱 크다.

근대성 당신의 분석은 매우 '사회과학적'이다. 일찍이 당신과 몇 차례 이야기를 나누었던 것을 기억한다. 확실히 이런 특별한 시기에, 특히 이런 절박한 문제에서는 전통적인 인문학자의 지식체계들이 사회과학에 비해 무력한 것처럼 보인다. 뿐만 아니라 많은 구체적인 과제들은 우리에게 사회과학 전문가들이 내놓은 답안들을 참고할 것을 요구한다. 우리는 시장경제와 관련된 사회적인 문제들을 분석하는 전문가도 아니며, 경제에서의 통계 숫자를 읽어본 기술적 경험도 부족하다. 우리가 지금의 형세를 깊이 있게 살펴보려면 반드시 우리의 문제 제기가 갖고 있는 한계에 대해서도 충분히 의식해야만 한다.

5·4 이래로 1970년대까지 대만의 학자들이 토론해왔던 '제6륜(第六倫, 여섯 번째 윤리)' 문제나 1990년대 해외 학자들이 토론한 '시민사회' '현대성 문제' 등이 모두 우리가 이미 일련의 역사적인 서사 모델과 가치 평가 모델을 인정하고 있음을 말해준다. 톨스토이식이나 독일 낭만주의식이나 간디식의 '반현대'적 사조 같은 것은 우리 쪽에서는 공감을 얻기 어렵거나 진지하게 고려되지 않는다. 현대화 과정에서 생겨나는 갖가지 문제들을 연구하는 것, 즉 시장경제와 서로 호응되는 행위규범과 게임 규칙을 어떻게 수립할 것인가를 연구하는 일이 매우 중요한 위치를 차지한다.

그러나 그 외에도 '순수하게' 인문학자들의 과제와 '개인적〔私的〕인 인간의' 문제들이 있는데, 그것에 대해서도 다시 검토하고, 거기에 '초역사적인' 의미를 부여할(지금의 역사적 과정과는 일정한 거리를 유지하면서 전통적인 자원의 현대적인 의미를 주의 깊게 해석할) 필요는 없겠는가?

선인들보다 훨씬 더 많은 지식과 더욱 복잡한 체계의 지식을 가지고 살고 있는 오늘, 우리는 선인들의 역사적인 한계나 인식적 차원의 오류 또는 지식의 착오를 쉽게 발견할 수 있지만, 그것 때문에 고인(古人)이나 선인들의 지혜를 거부하지 않는다. 현학적이거나 종교적인 호소의 성격을 띠고 있는 진리라고 해서 거들떠보지도 않는 것은 아니다.

신유가(新儒家)나 신도가(新道家), 현대 불학(佛學)을 포함하여 갖가지 담론방식들에 대해, 계몽주의 이후 현대 사회과학의 지식으로 그것들을 간단하게 거부하고, 모두 무의미한 억지들이라고 단정해버릴 수 있는 것인가?

우리에게 자신은 합리적이고 합법적으로 당당하고 기세 좋게 어떤 담론방식이 '잘못된 것'이라거나 '무의미한 것'이라고 판정하고, 다른 사람의 생활방식은 불합리하다고 비판할 어떤 권리가 있는가? 우리가 무슨 근거로 스스로 현실 사회를 비판할 능력을 가지고 있다고 생각할 수 있으며, 다른 사람에게 '정확한' 삶의 기준과 방향을 가르쳐줄 수 있는가? 현대인들이 서로 다른 문화 전통을 비판하는 것 속에는 우리가 자각하지 못하고 있는 어떤 가설이 숨어 있다. 이런 문제들에 대해 사회과학은 반성능력을 가지고 있는가? 나는 여기에 대해 회의적이다.

이런 문제가 정리되기 전에는 우리는 과학기술 전문가들이나 사회과학자들처럼 그렇게 명료하게 단언하고 결론을 내리기가 어렵다. 우리는 아마도 한 무더기의 질문만을 가지고 좌우로 배회하고 앞뒤를 돌아보면서 앞으로 나아가고 싶어하지만, 그러지 못하고 자기 모순에 빠질 수밖에 없을 것이다. 나는 이것이 무슨 '나쁜 점'이라고는 생각하지 않으며, 나 역시 당장 '명료'해지려고 서두르지도 않는다.

▎다양한 관점들과의 깊이 있는 대화

도동풍 분명히 나는 최근의 사회 이론에 비교적 흥미를 느끼면서 그것으로 문화 문제를 분석해보려는 시도를 하고 있다. 물론 사회과학의 분석틀이 만능이라고 생각하는 것은 결코 아니다. 대체로 사회과학의 분석틀은 도구이성과 사회제도 건설의 문제를 해결하는 데는 비교적 적합하지만, 가치이성이나 개인의 신앙 문제에 대한 답은 인문과학에서 구해야 할 것이다. 전환기의 중국사회와 문화가 안고 있는 문제들에 대해 전방위적으로 대답하려고 한다면 사회과학이나 인문과학 어느 하나의 틀에 얽매여서는 안 된다.

그러나 지금 우리가 사회 이론에 대해 '매력을 느끼는' 까닭은 중국의 도구이성과 가치이성이 줄곧 서로 한데 얽혀 있어왔고, 인문학에 종사하는 이들(특히 문인들)의 경우 인문과학적 사고방식으로 사회과학의 문제들을 사고하는 데 익숙해 있기 때문이다. 이런 경향은 최근 도덕 이상주의자들의 사회 세속화에 대한 비판에서 극단적으로 나타났다. 본래는 사회분석의 시각으로 분명하게 드러낼 수 있는 문제들이 가열된 도덕적 열정과 인문적 열정 속에서 은폐되어 버린 것이다. 그러므로 나의 목적은 본래 사회과학에 의해 해결되어야 할 문제들을 사회분석의 방법으로 드러나게 하려는 것이지, 인문과학의 의미를 폄하하려는 생각은 전혀 없다.

세속화와 현대화에 대한 비판과 관련하여, 나는 이런 비판에 동질적인 기준과 이질적인 기준이 있을 수 있다고 생각한다. 동질적인 기준이란 세속사회 자체의 것이며, 도구이성에 속하는 기준이다. 이 문제에 관해서는 써야 할 글들이 많을 수 있다. 예를 들면, 중국이 정말로 세속화, 상업화되었는가? 만약 아니라면, 중국의 시민사회와 세속사회의 규범이 어째서 수립되지 못하는가? 이런 문제들을 따져 묻는 것이 추상적으로 '도덕 이상'과 '궁극적 관심'을 소리 높여 외치는 것보다 문제의 근본에 훨씬 더 정확하게 다가갈 수 있다. 후자의 비판이 의존하고 있는 과제는 중국사회가 이미 충분히 상업화·세속화되었다는 것이고, 따라서 문제는 (도덕적인 타락처럼) 완전히 상업화와 세속화에 의해 초래된 것으로 집중된다.

그러나 사고의 방향을 한번 바꿔보면, 이러한 전제 자체가 의심해 볼 만한 것이라는 사실을 쉽게 발견할 수 있다. 이것이 바로 인문적인 격정이 과학적인 이성을 삼켜버린 결과이다.

근대성 당신의 이야기에 동의한다. 그렇기 때문에 나는 지금까지 우리 인문과학 종사자들이 이른바 인문정신이라는, 모호하고 문제를 쉽게 은폐할 수 있는 문제 제기 방법을 어떤 것으로 대체해야 할 것인가를 줄곧 생각해왔다. 만약 학계와 사상계의 많은 사람들이 현재의 (자본의) 전지구화 과정에 대한 기본적인 진술들을 받아들이고 있다면, 여러 가지 사회과학의 분석방법 외에 관련되는 여러 사조의 구체적인 평가 진술들을 많이 들었으면 한다.

각종 자유주의나 계몽주의의 관점, 각종 사회주의의 관점, 각종 민족주의의 관점, 각종 문화보수주의의 관점, 각종 후현대주의의 관점들과 솔직하고 깊이 있는 대화를 나누고 싶다. 여기에는 분명 자신의 입장이나 관점, 방법 등을 새롭게 인식해야 하는 문제가 있을 것이다. 순수하게 학문적인 문제를 이런 다원화된 대화의 역사적 배경에서 생각해보는 것은 혼란되어 있는 많은 화법들을 명료하게 정리하는 데 도움이 될 것이다.

1980년대에 우리는 주체성의 문제에 대해 토론했는데, 지금 생각해야 할 것은 다음과 같은 것이다.

주체성 문제는 어떤 배경에서 제기되었는가, 서구의 학술사로서 토론된 것인가, 아니면 무엇보다도 그것을 중국 고대의 다양한 심성(心性)에 관한 화법(사상적 논의에서의 담론방식)들로 바꾸어야 할 것인가? 어떻게 그것과 중국의 현대성 문제를 서로 연관시키고, 또한 지식사회학의 측면에서 그것의 독특한 역사적 함의를 분석해낼 것인가? 우리는 우리 본위(本位, 근본적 위상)의 담론을 수정해야만 하는가? 그렇다면 이런 대단히 의심스러운 이야기들은 그것에 자리를 내주어야만 하는가? 중국의 현실에 대해 당신의 본위는 어떤 이성에 의해 뒷받침되고 있으며, 그것은 현재 어떤 사상적 배경과 관련이 있는가, 본위는 무엇을 본(本)으로 하며, 누구의 체(體) 위에 붙는 것인가? 그는 어떻게 그 사상의 틀 속에서 후현대주의자의 질문에 대처하는가? 등등.

현실사회의 문제들을 인문과학의 각도에서 분석하고, 그것을 앞에서 이야기한 여러 사회과학적인 문제들과 서로 관련짓는 것은 어려운 문제이다. 지난 몇 년 동안에 있었던 이른바 '학술사'의 토론을 되돌아보면, 그것은 여러 가지 문제들을 우선 학술 사상사의 배경에 두고 고찰하려는 일종의 무의식적인 의도였다. 그러나 지금은 다양한 관점 사이의 충돌이 비교적 깊이 있고 성과 있는 토론을 낳을 수 있을 뿐만 아니라, 지금의 사회 현실을 진단하는 데 도움이 되며, 우리의 행동에 대한 이론적 관점을 이끌어내는 데도 도움이 된다. 이렇게 말하는 것은 결코 인문정신의 합법성을 부정하는 것이 아니다. 우리 모두의 붓끝에서 이 명사가 구체적이고 이해할 수 있으며, 우리 사이에서 일어났던 논쟁들의 사상사적 배경과 지식 영역을 더 잘 드러낼 수 있는 것으로 바뀌어서, 우리 사이의 논쟁이 단지 '세 갈래의 입'을 한번 연출하는 것에 그치지 않고 그 갈래들을 명료하게 하고 학술적인 것의 배후에 놓여 있는 역사적인 문제들의 소재를 잘 드러내야 한다는 것이다. 이것이 바로 오늘 우리 대화의 의도와 목적이다.

〈문예쟁명〉, 1996년 제1기

> 〈문예쟁명(文藝爭鳴)〉
> 1985년 10월에 창간된 문예지로 격월간으로 발행된다. 문제의식을 갖고 있는 필진들을 중심으로 '쟁명풍(爭鳴風)' '문예광각(文藝廣角)' '작가, 작품과 비평(作家, 作品與批評)' 등 문예계의 쟁점을 특집으로 꾸미고 있다. 1998년 '문예쟁명상'에 중국 신좌파의 대표격인 왕휘(汪暉, 왕후이)가 선정된 것에서 알 수 있듯이, 중국 문예계의 진보 성향을 대표하고 있다. 곽철성(郭鐵成, 꾸어터에청)이 책임편집을 맡고 있으며, 장춘(長春, 창춘)에서 발행된다. 〈상해문학〉과 함께 대표적인 문예잡지로 꼽힌다.

제2부

논쟁을 둘러싼 지식인들의 비판과 반비판

인문정신은 처음부터 존재하지 않았다

왕몽(王蒙)

왕몽
1950년대 말 〈조직부에 새로 온 청년〉을 발표하며 문단에 활기를 불어넣었으나 우파로 몰려 곤혹을 치른 바 있는 중국의 대표적인 작가이다. 근대적 지식인의 곤혹을 그린 〈변신하는 인형〉이 유명하고, 《왕몽 전집》 110권이 발행될 정도로 저명한 소설가이자 문필가이다. 1980년대에는 중국 문화부장을 역임했으나 1989년 천안문사건의 책임을 물어 축출되었다. 1990년대에 접어들면서 중국 상업화 경향에 비판적 거리를 취하기보다는 중국 현대화 과정으로 이해함으로써 많은 논란을 일으켰다. 시류를 타는 지식인이라는 오명을 받기도 하는데, 신좌파 경향의 왕빈빈과 벌인 '이왕지쟁(二王之爭)'은 인문정신 논쟁을 지식인 논쟁으로 전화시키는 계기가 되었다. 최근에도 왕성한 작품활동과 시평 등 문필활동을 계속하고 있다.

1980년대 중국 문화부장까지 지낸 저명 작가 왕몽의 글. 왕몽은 시장경제의 당위성을 역설하면서 인문정신 논자들의 관념적 도덕주의를 논박하고 있다. '문혁'에 대한 극심한 피해의식으로 인해 문혁과 문혁 이전의 사회주의적 경험을 전면 부정하면서 시장경제의 효용성에 기대를 걸고 있다. 하지만 이와 동시에 자본주의적 근대화가 갖는 문제에 대한 비판의식이 부족하다는 지적을 받고 있기도 하다. 왕몽의 글은 이후 이왕지쟁(二王之爭, 왕몽과 왕빈빈의 논쟁)에 불씨를 던지는 계기가 되었다.

최근에 상당히 유수한 청년 평론가들이 글을 통해 인문정신 상실에 관한 문제를 크게 떠들어대는 것을 듣고 일련의 느낌을 적게 되었다.

시장경제가 비감한 상실감을 불러일으킨 것인가? '금전 중심〔向錢看〕'의 실리주의가 도덕의 상실을 초래하고 사회 기풍을 타락시킨 원인이 된 것인가?

만약 지금 상실되었다면 묻겠는데, '상실되기' 이전에 우리의 인문정신이라는 것은 어떤 상태에 있었는가? 정오의 태양처럼 빛났는가? 한바탕의 소동을 일으킬 만한 것이었는가? 전통이나 '주된 흐름'을 이루고 있었는가? 성함이 극에 달해 쇠하게 된 것인가?

상실감 중 어떤 것들은 통속적 대중문예를 겨냥해서 일어난 것이다. 그렇다면 통속적 대중문예가 제대로 발달하지도 못했던 과거 1950년대, 1960년대, 1970년대 같은 시기에 우리는 휴머니즘(Humanism, 인문정신)을 충만하게 가지고 있었는가?

어떤 상실감은 '조소문학〔調侃文學, 왕삭 등의 현실 사회의 병폐를 비웃는 듯한 글쓰기를 말함 : 역주〕'과 '룸펜문학〔痞子文學〕' 때문에 생겨난 것이다. 조소(빈정거림)와 룸펜의 통속적 대중문학 이전에 우리는 스스로 자랑하는 영웅과 전투의 문학을 가지고 있었다. 그렇다면 인문정신은 영웅과 전투의 정신인가? 아니면 조소는 반인문정신적인 것인가? 그렇다면 유머는 어떤가? 유머감각은 인문정신 상실의 징조인가, 아니면 오히려 그 반대인가? 룸펜문학에 담겨 있는 것은 바로 문학 속의 '룸펜'인가? 자못 곤혹감을 느끼게 된다.

정신 지상주의

'인문정신'은 외래어이다. 그 자체로는 엄격한 정의를 가지고 있지 않지만, 휴머니즘은 말 그대로 '사람'의 '주의(主義)'나 학설이다. 그렇다면 우리는 그것을 인간을 주체로 하고 인간을 대상으로 하는 사상이라고 말해도 괜찮을 것이다. 혹은 더 간단하게 말하면, 우리는 인문정신을 인간에 대한 관심〔關注〕이라고 잠정적으로 정의해볼 수 있다.

인간에 대한 관심에는 본래 인간의 물질적인 생활조건을 개선하는 데 대한 관심도 포함된다. 즉, 우리는 사람들이 오랫동안 허리띠 졸라매고 바람만 마시도록 하면서, 그런 상황을 억지로 미화시키는 이론으로 인문정신을 선전해서는 안 된다. 그러나 우리가 인문정신이라는 것이 일종의 '정신'임을 강조할 때는 옛날부터, 그리고 지금은 더더욱 열렬하게 선전되는 의를 중히 여기고 이익을 하찮게 여기며〔重義輕利〕, 안빈낙도하고, 하늘의 도리〔天理〕를 보존하고 인간의 욕망을 억누르며〔尊天理, 滅人欲〕멸사봉공하고, 정신을 물질이나 심지어는 육체적인 생명과도 대립시키는 전통사상이 그 속에서 영향력을 행사하기 시작한다.

모택동(毛澤東, 마오쩌둥) 주석이 "인간에게는 정신이 있어야만 한다"고 말했을 때, 그것은 해방군 전사들이 (극한 상황에서도) '사과'

를 먹지 않았던 정신을 가리킨 것이다. 그렇다면, 사과가 많아져서 먹어도 좋은 여건이 되었을 때 '인간에게는 정신이 있어야 한다'는 원칙은 어떤 곳에서 드러날 수 있을 것인가? 모택동 주석이 말한 것은 해방군이 규율을 준수하던 정신으로, 그것은 정확한 것이면서도 감동적인 것이었다.

그러나 여기에서 말하는 '정신'이란 눈앞에 있는 물질적인 유혹의 거절을 의미하는 것이다. 사과가 생겨나면 정신을 상실하게 되는 것이니, 그 심리적인 암시가 가히 깊다고 할 수 있다. '인공위성은 하늘로 오르고, 홍기(紅旗, 사회주의의 기치, 깃발)는 땅에 떨어졌다'는 수정주의의 핵심적인 이치도 그 심리적인 자세[定勢]가 무척 흥미롭다. 말하자면, "차라리 사회주의의 잡초가 되기를 원할지언정 자본주의의 좋은 싹을 원하지 않으며, 사회주의의 낮은 지표를 유지할지언정 자본주의의 높은 지표를 원하지 않는다"는 등등의 이야기를 장춘교[張春橋, 장춘차오. 문혁 4인방의 한 사람 : 역주]만의 이야기로 치부할 수는 없는 것이다.

의미심장한 것은, 물질적인 기초에서 분리된 정신의 관점에서만 보면 계획경제가 시장경제보다 훨씬 더 '인문적'이라는 사실이다. 계획경제의 기본적인 사고방식은 인류라는 집단, 특히 공의(公意, 공익)를 구현하고 있는 사회주의국가의 집권당과 정부가 경제발전법칙을 인식·장악하고 의도적으로 운용하며, 경제활동 속에서 가치법칙의 작용에 의해 생겨나게 되는 자발성이나 맹목성, 무정부상태(마르크스주의에 의하면 자본주의의 기본적인 모순 중 하나는, 개별기업 단위생산의 계획성과 사회 전체 생산의 무정부상태 사이의 모순이다.)를 제거하여 인류의 주관적인 의지와 객관적인 경제적 수요를 결합시키고, 사람들을 진정한 경제활동의 주체, 사회생활의 주체, 역사 발전의 주체가 되게 하는 것이다.

스탈린은 사회주의 경제의 기본 법칙은 인민의 물질적·정신적 수요를 최대한 만족시키는 것이지만, 자본주의 경제의 기본 법칙은 최대의 이윤 추구라고 말했다.

이렇게 보면 당연히 계획경제가 더 고상하며, 인간의 이성과 도덕을 추구하는 데 더 잘 맞는다. 구차하고 더러운 돈 냄새에서 더 많이 벗어나 있고, 인간의 지위와 역할을 고양시키는 인문정신을 더 잘 갖추고 있는 것이다. 이것이 바로 계획경제의 매력 아닌가?

스탈린 시대에, 중요한 좌익 사상가와 문학가, 활동가들은 이미 인문정신을 자본주의를 비판하는 무기로 삼을 줄 알았다. 스탈린은 연방공화국 19대 강화(講和)에서 총명하게도 국제공산주의운동은 평화와 민주의 기치, 더 나아가 인문정신의 기치를 수중에 장악해야 한다고 말했다. 프랑스 공산당 중앙의 기관지 이름은 〈인도(人道)신문〉이며, 1960년대의 루마니아는 인도주의를 사회주의, 애국주의와 함께 주류 이데올로기의 지위에 놓았다. 이것은 의미심장한 일이며, (문혁을 맞은 당시) 중국의 상황과도 크게 다르다. 바로 계획경제의 정체와 좌절 때문에 좌익 문인들은 자본주의의 취약점인 정신적인 공허와 도덕적인 타락, 약물 복용, 매음, 환경오염, 사회 치안상태의 악화 등을 집중적으로 비판했던 것이다.

그러므로 강대한 집권당과 인민정권, 그리고 강력해서 미치지 않는 곳도 하지 못할 일도 없는 이데올로기가 인류가 당면한 도저한 정신적 위기를 완전히 혹은 기본적으로 제거하거나, 아니면 어느 정도 제거할 수 있을 것 같았다.

시장경제가 낭만주의나 영웅주의 경제가 아님은 말할 나위가 없다. 시장의 운행은 비교적 공개적이어서 자신의 갖가지 약점이나 자유무역 상황에서 드러나는 인간의 결함과 죄악을 감출 수가 없다. 그러나 그것은 경제활동 자체의 법칙에 비교적 잘 맞는 편이며, 인간의 실제적인 행위 동기와 행위 제한에 부합되는 것이라고 말할 수 있다. 그러므로 계획경제가 아니라 시장경제가 더욱 더 인간의 역할과 인간의 주체성을 인정한다.

시장경제는 인간의 평범함과 이익을 추구하고 손해를 회피하는 본성을 인정한다는 가정을 전제로 한다. 이러한 인정이 이상주의적인 문인들을 낙심시키게 된다고 할지라도. 간과해서는 안 될 것은 시장경제의 조건 속에서도 (표방하는) 정신이 있으며, 진실되고 심지어는 열광적인 종교와 신앙도 있고, 전쟁이나 재난 속에서 영웅적인 희생이나 후세에 귀감이 되는 행위들을 선전하기도 한다. 그러나 그것들은 칸트가 말한 '절대 명령'의 범주에 더 가까운 것들이지, 사회생활의 전부이거나 보편법칙은 아니다.

그러나 계획경제의 비극은 바로 그것의 거짓 인문정신에 있다. 그것의 실질은 의지 지상주의[唯意志論]와 정신 지상주의[唯精神論]의 무효성이다. 그것은 사실 가상적인 '대문자 인간(인간을 강조한)'의 유토피아로 인간의 욕망과 수요를 무시하고 말살한다. 그것은 살아 있는 진실한 인간을 무시하고 오히려 새로운 유형의 대공무사(大公無私)한 인간에 집착한다.

그것의 가설—인류의 경제활동의 자각성과 계획성, 고상성—은 사람을 고무시킬 뿐만 아니라 심지어 시적 의미[詩意]가 충만하기까지 하다. 안타까운 것은 그것이 결국에는 또 자기를 속이고 남을 속이며, 경제활동의 객관적인 실제를 벗어나게 된다는 것이다. 이익을 좇고 피해는 회피하는 맹목성이 자각적이고 계획적이고 고상한 선언 뒤에 위장하고 있고, 활동하고 있다. 개인적 사심이 공의(公意)의 깃발 뒤에서 활약하고, 이론과 실제가 괴리되며, 위선적인 교조와 행위의 눈가림, 개인의 주체성 말살, 권력의 남용과 권력과의 영합, 권력으로 사사로운 이익을 도모하고 눈가림할 대책을 세우는 현상[以權謀私,

下有對策], 게다가 가장 좋은 계획이라 하더라도 (그것이 결코) 벗어날 수 없는 주관주의, 명령주의, 억지, 관료들의 독단과 부화뇌동하는 맹목성…….

이 모든 것들이 경제의 좌절뿐만 아니라 정신의 좌절과 도덕의 왜곡을 초래했다. 여기에 대해서는 더 이상 말할 필요가 없을 것이다. 시장경제가 개인적인 욕망을 팽창시킨다기보다는, 시장경제의 조건에서 사람들의 사욕이 보다 잘 공개되고 보다 잘 보이고 만져진다고 말해야 할 것이다. 우리의 목표는 사람들이 모두 공적인 것만을 중시하고 사적인 욕망은 무시하는 '군자국'을 만드는 것이 아니라, 사람마다 정직한 노동과 노력에 따라 발전의 기회를 얻는 보다 공평하고 규율 있는 사회를 만드는 것이다. 이 목표는 시장경제의 조건에서만 달성될 수 있으며, 이 목표에 도달해야만 인문정신을 찾는 일이 더 쉬워질 수 있다.

정신적 가치를 배타적으로 규정하지 말아야

근현대 중국사회가 안고 있는 모순의 첨예화와 계급투쟁, 당파투쟁, 정치투쟁, 특히 군사투쟁의 잔혹성으로 인해서, 광대한 농민의 혁명 참여와 혁명 주력군으로의 역할로 인해서, 그리고 어쩌면 중국 특유의 '인륜(人倫)'의 '륜(倫)'을 사람보다 더 중요하게 여기는 문화 전통으로 인해서, 사람과 관련된 여러 가지 이야기들, 예를 들어 인도주의니 인간의 본성이니 인간미니 하는 것들은 종종 거짓 인과 거짓 의와 한데 섞여 취급되곤 했으며, 심지어는 적을 위해 아군의 투쟁 의지를 꺾어버리는 정신적인 무기로 여겨지기도 했다. 이것은 아마도 이해할 수 있는 이야기일 것이다.

남경대학살이나 16세의 여자 공산당원이 호미 날로 목을 베인 사건들이 일어났던 이 땅에서 사람을 사랑하는 것, 사람을 존중하는 것 등에 관한 이야기라면 그것이 어떤 이야기든 의심스러운 것으로 취급될 수 있을 것이다. 이 땅에는 복수해야 할 것, 즉 양판희〔樣板戲, 문혁 시기의 4인방이 정형화시킨 8개의 모범극 : 역주〕에서 목청 높여 외치는 '피눈물로 갚아야 할 빚'이 너무나 많다. 여기에는 너무나 많은 혁명과 반혁명, 맹우(盟友)와 적, 열사와 반동이 있지만, 오히려 추상적인 인간의 자리는 없다. 파인(巴人) 왕임숙(王任叔, 왕런수)이 '삼인주의(三人主義)'라는 죄명으로 그토록 참혹한 박해를 받았던 것을 우리는 분명 새롭게 기억해야 할 것이다.

우리는 일찍이 이렇게 생각했다. 우리에게 필요한 것은 투쟁정신이고 희생정신이며, 집단을 위해 조건 없이 개인을 희생하는 이타정신이지 인문정신이 아니라고. 일반적으로 유럽식 내지는 서구 마르크스주의자들이나 러시아와 동구 여러 나라에서 인문정신을 인정한 일은 중국 인민들에게는 너무나 사치스럽고 너무나 낯선 것이었다. 이 점을 잊는다면 공허한 이야기가 되어버리고 말 것이다.

개혁개방 이후로 상황은 조금 호전되었지만, 인문정신이 우리의 젊은 평론가들이 꿈꾸는 그런 공감과 추종을 얻기에는 한참 못 미친다. 그것은 때로는 의도적으로 고취되고〔宣揚〕 때로는 조직적으로 비판받는 미묘한 위치에 놓여 있다.

우리가 인문정신을 찾을 수 있거나 또는 찾아야 한다면, 그것에 대해 탐구해야 하고, 유럽에서 기원한 인문정신과 중국의 문화 전통 및 실제 생활을 결합시켜 중국식 인문정신이 열매를 맺을 수 있도록 노력해야 한다. 인문정신의 '상실'을 애통해서는 안 된다.

인문정신은 어떤 단일하고 배타적인 가치 기준을 가지고 있지 않다. 인간의 본성이라는 것이 어떤 특정한 혹은 독존적인 방향에 부합되어야만 하는 것이 아닌 것처럼. 인문정신을 신성화하고 절대화하면 그것은 어떤 추상적인 개념이나 교조들을 절대화하는 것과 마찬가지로 자승자박이 될 뿐이다. '온 집안 식구가 죽을 먹는 지경에서도 술만은 외상으로라도 퍼마시는' 경지에서도 인간, 특히 여인의 운명에 대한 관심을 써서 세세토록 전한 걸작 속에 담긴 것도 인문정신이고, '인생은 때를 얻었을 때 그 즐거움을 다해야 하리니, 금 술잔이 빈 채로 달을 마주하게 하지 말게나'라는 시구도 역시 인문정신을 담고 있는 것이다. 이성을 그리워하는 것도 인간의 본성이므로 동성애조차 일부 사람들의 '성'이라는 사실이 서양에서는 이미 논쟁거리가 되지 않는다.

그렇다면, 여러 가지 원인으로 차라리 독신을 택했던 칸트나 호지명(胡志明, 호치민), 임교치(林巧稚, 린치아오즈) 등은 어떤 점에서 인문정신에 위배되거나 그것을 상실한 것인가? 그들이 선택한 것은 차라리 뭇 사람들을 이롭게 한, 더 고상한 인문정신이라고 말해야 할 것이다. 그러나 만약 그러한 기준으로 대중의 감정과 욕망을 제한한다면, 예컨대 옛날 중국의 '정조' 관념 같은 것으로 그렇게 한다면, 그것이 바로 비인간적인 것이 되고 만다.

인문정신의 다원성과 다층성, 다면성을 인정해야만 할 것이다. 도덕적인 제약이나 법률적인 제약, 종교적인 제약이 어떤 인문정신을 구현하고 있다고 할 수도 있지만, 그것이 오히려 비인간적인 정신을 구현하고 있는 것일 수도 있다. 제약을 깨뜨리는 자유를 요구하는 것은 진보적인 인문정신일 수도 있지만, 오히려 소극적이고 파괴적인 규범 상실일 수도 있다.

인간의 정욕을 만족시키는 것은 인간의 기본적인 욕구를 존중하고 배려하는 것일 수도 있지만, 방종으로 흐르면 오히려 인간의 존엄과 인생의 의미를 무제한적인 탐욕의 바닷속에 매몰시켜버리게 되며, 이로 인하여 인간과 인간성, 인간의 정신이 길을 잃게 되고 병들고 타락하게 된다. 마찬가지로 고상한 이타적 정신을 추구하는 것이 인문정신을 고양시키고 승화시키는 것일 수도 있지만, 호랑이굴에 제발로 찾아들어〔走火入魔〕사서 고생을 하고 자신과 다른 사람을 괴롭히고 파멸시키는, 인문정신에 적대적인 괴물이 될 수도 있다.

그러므로 첫째는 인위적으로 인문정신에 대한 유일한 평가 기준을 설정하려고 하지 말아야 하며, 둘째는 인문정신과 비인문정신 사이에 명확한 경계를 그어 이것이 아니면 저것이라는 흑백논리에 빠지지 말아야 하고, 셋째는 (임의로) 가정한 가정적인 혹은 끌어들인 인문정신을 취사(取捨)의 유일한 근거로 삼지 말아야 한다. 요컨대, 정신적 가치를 배타적으로 규정하지 말아야 하는 것이다.

간혹 몇몇 친구들이 관심을 갖는 인문정신이 어떤 문화정신을 특정하는 것은 아닌가 하는 의심을 하게 된다. 그들이 상실을 크게 떠들어대는 이유는 경제생활이 더없이 활력을 띠고 있는 반면, 문화는 상대적으로 홀시당하는 현상 때문이다. '인문'이라는 두 글자 속에 하나의 '문' 자가 들어 있다는 것은, 글자만 보고 이치에 맞는 것처럼 억지 해석하기를 좋아하는 한자 사용자들에게는 매우 암시적인 의미를 갖는다. 또한 전문가가 지적한 대로 '휴머니즘'을 (인문정신이 아니라) '인문과학'으로 번역할 수도 있다.

문화와 인문과학을 중시하는 태도는 지식인들이 마땅히 지니고 있어야 하는 것이다. 그러나 이러한 중시는 어떤 이들이 쉼없이 외워대는 염불에 의해 결정되는 것은 결코 아니다. 그것은 전체 사회의 발전 정도와 문화적 소양, 민족의 문화 전통, 정부 관료와 지식인 자신이 담지한 문화적 소양과 거시적 안목, 지혜 등에 의해 결정되는 것이며,

국가의 실제 상황과 처지에 따라 결정되는 것이다. 최소한의 생존 문제가 해결되지 않은 곳에서 인간에 대한 가장 큰 관심과 배려는 기아에 시달리는 인민들이 필요한 음식물과 기타 생필품을 얻게 하는 것이며, 물질적인 생활이 크게 개선된 상황에서 인간의 문화적인 욕구가 화두로 떠오를 수 있게 하는 것이다.

우선 논제로 오를 만한 문제는 교육의 보급─문맹 퇴치와 대중들에 의해 광범하게 이용될 수 있는 문화적인 수단─과 방송, 텔레비전, 영화나 기타 전파매체의 건설과 발전이다. 문화생활에서 비교적 많은 사람들이 즐겨하는 것은 통속적 대중문예이다. 문화 구성이 피라미드 모양을 이루게 되는 것은 (사회발전)법칙에 부합되는 현실이다. 이러한 현실에 대한 존중과 배려가 있어야만 최소한의 인문정신을 말할 수 있을 것이다.

좀더 이야기하면, 최근 몇 년 동안 '궁극적인 관심〔終極關懷〕'이라는 말이 너무 남용되어 이미 신물을 내고 있다. 상상력이나 문화적 두께, 사상의 깊이 등에서 '궁극적인 것'과는 인연이 없는 친구들이라면, 우선 조금 현실적이 되고 몇 년 더 지나서 다시 궁극적이 되는 것이 낫겠다!

문화와 인문과학을 기형적으로 떠받들고 높이 평가한 적도 있다. 어떤 나라나 지역에서 나타나는 종교적 광기나 이데올로기적 광기는 확실히 욕설이나 큰소리로 빈 배를 채우는 지경에 이를 수도 있다. 병적인 민족주의나 몽매주의의 문화적 광기도 있었다. 문 걸어 잠그고 저 혼자만 잘난 체하다가〔自高自大〕 눈을 감고 세상에 기적이 일어나기를 기다리기도 한다. 예컨대, 우리 스스로 지난 10여 년 동안 문예 신기원에 관해 크게 떠들고 다닌 것이나, 팔개희〔八個戲, 문화대혁명 시기에 공연이 허용되었던 여덟 가지의 경극 : 역주〕의 거룩하고 존엄한 지위 등이 구현하고 있는 것은 인문정신이라기보다는 인류의 문화를 말살하는 몽매주의 정신이라고 하는 것이 나을 것이다.

개혁 개방 이후 문화생활의 현황은 한 가지로 이야기할 수 없게 되었다. 직언을 용서한다면, 나는 다른 나라는 수백 년 동안 시장경제를 유지해도 여전히 큰 작가, 큰 예술가, 큰 사상가, 큰 문화인이 풍류를 이끄는데, 왜 우리 지식인들은 시장경제가 고개만 내밀면 그렇게 나약하게 비명을 지르기 시작하는지 모르겠다. 자신이 존중받지 못한다고 느껴서인가? 누구의 존중을 원하는 것인가? 경비가 적어졌다고 느껴서인가? 누구에게 경비를 요구하는가? 작가를 '기르느냐' '마느냐'(작가를 행정체계 속에 공무원으로 편입시키느냐 마느냐) 하는 논의만 나오면 너무 당황해서 그런 지경에 이르고, 심지어는 이런 문제를 이야기하는 사람에 대한 험담과 인신 공격까지도 서슴지 않으니, 정말로 기막힌 일이다. 이런 상황이 나로 하여금 민간에서 읊조리는 노래를 생각나게 한다.

당은 엄마요, 나는 아이
엄마 품에 고개를 파묻고
젖꼭지를 물고 입을 떼지 않은 채
꿀럭꿀럭 젖을 마시려고
이렇게 저렇게 아무리 해도 나오지 않는다네.

이런 걸 인문정신이라고 할 수 있겠는가?

시장이 살아야 인문정신이 산다

문화발전의 책임은 사회 전체에 있다. 정부, 기업, 사회단체, 문화인 자신이 모두 각자 스스로 책임과 능력을 가지고 있는 것이다. 하늘을 원망하고 남을 탓하기보다는 스스로를 돌이켜보아야 한다. 한편으로는 학술문화와 예술의 존엄, 독립적인 품격을 소리 높여 이야기하면서 다른 한편으로는 끝까지 남을 의지해서 남이 먹여 주고 키워 주기를 바란다면, 이것은 정말로 있을 수 없는 일 아닌가? 시장에서는 문화적인 정품(精品)이 나오기 어렵다. 시장에서는 평범하고 용속하며, 자극을 추구하는 대량 소비품들이 밀려나올 것이다. 이것은 사실이다. 소비품에도 고급과 저급이 있고, 경음악과 대중음악 연주에도 고급 음악의 잠재력이 있다. 우리 나라가 세계적인 경음악단 같은 연주단체를 가지고 있다면, 우리의 공연예술 수준이 높아지고 있음을 말해주는 것이다.

다른 한편, 시장이 고상하고 엄숙한 문화사업을 잠식하고 있다고 단언하기는 지극히 힘들다. 시장에는 오락성과 실용성 위주의 통속적인 출판물이 대량으로 밀려나오는 것과 동시에, 최근 1, 2년 동안에는 〈독서〉지의 정기구독자가 큰 폭으로 증가했고, 〈동방(東方)〉지가 창간호부터 줄곧 그 내용과 형식 모두에서 높은 수준을 보여주고 있으며, 〈중화독서보〉〈심근(尋根)〉〈글과 사람(書與人)〉〈서성(書城)〉〈산문과 사람(散文與人)〉〈대가(大家)〉〈금일선봉(今日先鋒)〉〈애악(愛樂)〉〈중화산문(中華散文)〉〈산문월간〉(해외판) 등등 새로 창간된 '인문' 방면의 신문이나 간행물 등이 출간되고 있음을 볼 수 있다.

또한 대형 총서들과 문고들이 대량으로 출판되는 것을 알 수 있다. 그리고 기업이 앞장서서 공연을 돕고 출판사업을 돕는 것을 보게 된다. 또 문물 보호에 대한 투자가 큰 폭으로 늘고 있으며, 중국이 여전히 전세계에서 하나뿐인 엄숙한 문학 간행물의 대국임을 목도한다. 〈수확(收穫)〉〈당대(當代)〉〈시월(十月)〉〈화성(花城)〉〈종산(鐘山)〉 등은 처음부터 끝까지 일정한 수준과 질을 유지하면서, 다른 한편으로는 새로운 노력을 경주하고 있는 잡지들이다. 피라미드의 꼭대기가 피라미드의 밑면처럼 넓지 않다고 해서 균형이 맞지 않는다고 느낄 필요는 없다. 탑 아래 있는 모든 것은 높은 탑 꼭대기를 단지 우러러보고 찬미할 수밖에 없는 것처럼.

나는 인문정신이 높아진 후에도 더 높아지기만을 추구하는, 끊임없이 위만을 추구하는 것이라고는 생각하지 않는다. 나는 인문정신이 가지고 있는 인간에 대한 관심과 배려가 인간의 위치를 높이고 더 높여서 '웅지가 하늘을 찌르는' 데까지 이르게 하는 것이라고는 생각하지 않는다. 우리는 이런 식의 구호에 너무나 익숙하다. '대문자 인간' '영웅' '새로운 인간' '역사의 주인' '산아, 길을 열어라. 내가 왔다!' '몸은 초가집에 있어도 가슴에는 세계를 품는다' 등등.

이런 수많은 호언장담들이 가져다주는 것은 결코 인문정신의 이상적인 천국이 아니다. 거꾸로 사람을 폄하하고 모욕하기만 하는 것도 식자들이 취할 태도가 아니다. 생각건대, 인문정신은 인간 사이의 차이를 인정하면서 또한 인간의 평등을 인정해야만 하며, 인간의 능력을 인정하면서 동시에 인간의 연약함 또한 인정해야 한다. 소수의 '거인'을 존중하면서 동시에 다수의 합리적이거나 혹은 평범한 욕구도 인정할 수 있어야 하는 것이다.

시장(경제)은 잘사는 길이다. 잘살아야만 경제도 발전할 수 있고, 교육과 문화도 발전할 수 있다. 모든 악과 타락이 (시장적) '삶'을 이용할 수 있을 것이며, 사람들이 이익을 추구하는 특성을 이용할 수 있을 것이다. 시장이 시장의 역할만을 할 수 있는 것은, 법이나 정책이 단지 법이나 정책으로서의 역할밖에 할 수 없는 것과 마찬가지이다. 잘사는 것은 엄청나게 많은 부작용과 시련을 가져올 수 있지만, 그래도 잘살아야만 최소한의 인문이 있을 수 있는 것이며, 그것 때문에 사람의 목소리가 사라져버리는 것은 결코 아니다.

문화시장까지도 포함해서 시장이 반영하는 것은 결국 인간의 필요이다. 사람의 욕구가 사람의 소질에 따라 다르다면, 시장은 문화의 주재자가 될 수도 없고 되어서도 안 된다. 문학을 예로 들면, 시장 외에도 사회의 지지와 평가, (작품상) 수상 등이 있고, 또 여론과 정부의 지도가 있다. 특히 지식인의 양심과 가치 지향이 있어야만 한다. '문혁' 같은 특수한 시대를 제외하고는, 정품이 나오느냐 나오지 못하느냐 하는 것은 우선 작가 자신에게서 그 원인을 찾아야 할 것이다.

▎50명의 노신이 존재한다면

룸펜문학을 비판하는 사람들 중에 왕삭의 작품을 읽고 이해하는 사람이 몇 명이나 될까? 문학작품을 판단하는 근거는 단지 작품일 뿐 작가의 선언은 아니다. 왕삭 등은 거짓 도덕과 거짓 숭고의 자세를 통탄했다. 그들은 중국 문인들의 미친 척하는 전통을 계승해서 일부러 자신을 짓밟고 문학을 짓밟는 방법으로—이런 방법이 비교적 안전하므로—황제가 입은 새옷의 참모습을 드러냈다. 그들의 작품 속에 룸펜 밖에 없다는 것인가? 설마 그들의 소설 속에 평범한 소시민들의 애환과 불평이 담겨 있지 않다는 것인가? 룸펜에게는 동정과 이해가 필요하지 않다는 것인가? 룸펜에 대해 한마디로 부정해 버린다면, 그것이야말로 인문정신이 너무나 결여되어 있고 너무나 전제적이며 교조적인 것은 아닌가?

허구적이며 사람을 위협하는 거짓 전제가 또 있다. 우리의 작가들이 모두 왕삭같이 그렇게 문학 행위를 한다면, 물론 안 될 말이다. 왕삭은 단지 한 사람의 작가일 뿐, 작가의 표본이나 최고봉은 결코 아니다. 작가 한 사람 한 사람이 모두 똑같아지기를 요구한다면, 그것은 대부분의 작가를 소멸시켜 버리는 결과를 가져올 수밖에 없을 것이다. 거꾸로 우리의 작가가 모두 노신 같아진다면 아주 잘된 일이겠는가? 결코 그럴 것 같지는 않다. 문단에 한 사람의 노신이 있는 것은 너무나 위대한 일이지만, 만약 50명의 노신이 존재한다면? 맙소사! 중국처럼 큰 나라에서, 이렇게 많은 작가와 출판물들 중에서, 긍정적이라고 생각되는 것이 있다고 바로 그것과 똑같기를 요구할 수 있을까? 중국인들이 모두 공자가 되거나 아Q가 되는 것은 무서운 일이며, 또한 불가능한 일이다. 모두가 왕삭이 된다면(물론 불가능하지만), 모두가 왕삭을 비판하는 어떤 교수 같아진다면, 그건 더더욱 아주 잘못되는 일이다. 그러나 최소한의 유머감각조차 없는데 무슨 인문정신이 있을 수 있겠는가? 이런 식의 문제 제기 자체가 바로 잠재적인 문화전제주의이다.

우리의 청년 평론가들이 반쯤은 유럽의 주류 문화에서 나오고 반쯤은 자신들의 각성과 사색에서 나온, 이른바 인문정신에 마음을 빼앗기고 있다고 할 때, 그들이 부딪치게 되는 어려움은 배금주의가 아니다. 배금주의는 비록 '주의'라는 두 글자를 달고 있긴 하지만 분명하게 너무나 형이하학적인 것이며, 그것과 인문정신은 같은 차원에 있지 않으므로 대립적인 관계를 이룰 수가 없다.

배금주의가 반영하는 것은 일종의 정신적인 결핍이다. 세계관, 인생관, 이상, 신념, 가치 기준의 결여로 그들은 많은 경우 지극히 원시적인 이익 추구의 본능에 의존해서 사는 것이다. 그들 중 일정한 문화적 수준을 갖춘 자들이 어느 정도 성공을 이루고 난 후에는, 때때로 정신적이고 문화적인 갈증을 나타낸다. 정신문화 차원에서도 하고 싶고 나타내고 싶은 욕망이 있는 것이다. 이런 예들은 일일이 다 들 수 없을 정도로 많다.

이런 의미에서 말한다면, 기업은 '천성적으로' 문화사업을 지지하는 경향이 있다. 주된 흐름에서만 본다면, 경제의 발달은 정신문화사업에 유리하며, 그 반대는 아니다. 우리가 정신문화를 현실에서 이탈한 외줄 연으로 만들고, 빈곤과 고행, 금욕을 추구하며 언제든지 늠름하게 죽을 준비가 되어 있는 정신문화만을 유일한 지표로 삼지 않는다면.

부유한 것이 자동적으로 문명과 동일시될 수 있는 것은 아니며, 빈곤해도 '사람은 가난하지만 뜻은 가난하지 않고', '가난하지만 예는 알 수 있을' 것이다. 그러나 부유가 단지 문명의 굴레는 아니며 오히려 문명의 열매, 적어도 열매 중의 하나이다. 한 걸음 더 나아가서 말하면, 부유한 것은 바로 지금 혹은 앞으로 사람에 대한 관심과 배려를 단지 구두선에만 머물지 않고 현실이 될 수 있게 한다.

중국식 인문정신의 전제를 찾거나 세우는 것은 인간에 대해 인정을 하는 것이다. 우리가 귀가 닳도록 익숙하게 들은 절대 불변의 진리는 '세상에는 추상적인 인간은 없다. 오직 구체적인 인간만 있다'는 것이다. 사실 이런 그럴듯한 말을 철학적으로 퇴고할 필요는 없을 것이다. 세상의 모든 사물들은 구체적이고, 모두가 순수하게 추상적이지는 않다.

그러나 또한 모두 다른 사물들과 공통적인, 보편적이고 추상적인 본질을 포함하고 있다. 우리는 똑같이 '세상에는 추상적인 사물이란 없고, 단지 구체적인 사물만 있을 뿐이다'라고 말할 수 있지만, 이것이 결코 유물주의자가 물질을 근원적인 것으로 보는 유물론을 지지하는 일을 방해하는 것은 아니다. 구체적인 사람도 사람이다. 이것은 흰 말도 말인 것과 같다. 흰 말은 말이 아니라는 고담준론을 고집하는 것과, 구체적인 사람은 (추상적인) 사람이 아니라고 주장하는 것은 같은 논리이다.

이런 의미에서 '룸펜'이나 룸펜으로 여겨지거나 스스로 룸펜 행세를 하는 사람도 역시 사람이다. 진짜 룸펜이 있고 가짜 룸펜이 있는 것은, 진짜 숭고함이 있고 거짓 숭고함이 있는 것과 마찬가지이다. 모택동은 '룸펜운동', 사실은 농민운동을 위해 열렬하게 변호한 적이 있다. 걸핏하면 어떤 류의 사람들을 '인간'의 범위 밖으로 배제하는 것은 인문정신이 절대적으로 결핍된 일이 아닐 수 없다. 우리는 이런 논리에 너무나 익숙해 있다.

만약 정말로 인문정신을 추구하고 건설하는 데 힘을 쓴다면, 아마도 인간의 존재를 인정하는 데서부터 시작해야 할 것이다.

사회의 진보와 문화의 창명(昌明)은 여러 분야의 요인들이 제 역할을 발휘하고 건강하게 운행되며 제대로 순환되는 것의 결과일 것이다. 우리는 이미 이해했거나 혹은 바로 지금 이해하고 있다. 여기에는 어떤 만능 열쇠나 영험한 묘약이 없다는 사실을.

이데올로기는 결코 만능이 아니며, 계급투쟁과 혁명전쟁 또한 결코 만능은 아니다. 정부와 정당은 결코 만능이 아니며, 과학기술이 결코 만능은 아니다. 새로운 사조가 결코 만능이 아니며, 시장이 결코 만능은 아니다. 민주와 독재 또한 만능은 아니다. 문학(그것의 어떤 점들이 룸펜문학과 같아졌다는 것을 더 말할 필요도 없이)도 결코 만능이 아니며, 마찬가지로 인문정신도 만능이 아니다.

모든 것에 능한 것이 아니라 백 가지, 열 가지, 한 가지 혹은 반 가지에만 능한 것이다. 말하자면, 모두가 존재 가치를 가지고 있는 것이다. 만능이 아니므로 누구에게 '만세'를 부를 것도 아니지만, 누구에게 '만죄'를 씌울 것도 아니다. 더 이상 마음대로 되지 않는다고 속죄양을 찾는 식의 어리석은 일은 하지 말아야 한다.

세상에 정말로 너무나 좋고 이로운 인문정신이 있다면, 그런 인문정신은 사회 현실과 문화구도 속의 여러 요소와 층차를 인정할 수 있어야만 할 것이며, 그것을 인정하는 것이 나름의 한계와 부정적인 면을 포함하고 있다는 사실 또한 인정해야 할 것이다. 어쩌면 이것은 나의 기우에 불과하겠지만.

시장경제가 발전하기 시작한 지금, 어떤 문학자들은 인문정신이란 본래 좋은 것이며 우리의 사회 현실과 정신생활을 개선시키는 '생태적인 평형'에 도움을 주고, 갈수록 현실화되고 실리화되는 정신상태에 필요한 제약을 가하며 보완해주는 것이라고 주장한다.

그러나 사회생활과 정신생활에서 인문정신이 수행하는 역할과 마찬가지로 인문정신에 필요한 것은 건설, 특히 도덕과 문화적 품위를 건설하는 것이다. 아예 일을 한 가지로 섞어서 이탈리아의 문예부흥 정신이나 미국의 링컨, 제퍼슨, 프랭클린, 애머슨의 정신을 불러들일 생각이라면, 그 가능성은 0일 뿐이다. 하지만 '문혁'이나 '문혁' 이전 계급투쟁 위주의 계획경제와 정신 만능을 가미한 그 시기로 돌아가는 것은 오히려 훨씬 쉬운 일일 것이다. 우리는 이미 거칠고 천박하며 최소한의 지식 논리에도 들어맞지 않지만, 확실히 존재하는 기상과 풍향을 목격했다. 이것은 분명 세상에 다시 없을 황당무계한 일이지만, 오히려 오랜 세월 동안 습관화된 반응이다.

경제의 중요성을 말하고 시장의 중요성을 말하는 바로 이런 상황에서, 비판을 일삼는 사람들은 오히려 전에 없는 상실감을 느끼고 있다. 그러나 일단 '정신'의 중요성을 강조하게 되면, 설령 그것이 '정신문명'이라는 다른 한 손도 '강하게 해야 한다'는 사실을 너무나 정상적이고 합리적으로 강조하는 것이라고 하더라도, 사람들은 너무 흥분해서 사라져버린 지 얼마 되지도 않는 몽둥이와 모자 씌우기, 머리채 잡기의 방법을 동원해서 축제를 벌이려고 할 것이다.

최근의 가장 재미있는 현상은, 일반 국민들이 돈을 벌어 부자가 되는 상황에서 몽둥이를 들었던 사람들과 몽둥이로 맞았던 대상들이 함께 상실감을 느끼게 되었다는 사실일 것이다.

그렇다, 그들은 모두 더 이상 첨예한 투쟁의 한복판에서 살지 않는다.

〈동방(東方)〉, 1994년 제5기

〈동방(東方)〉
1993년 창간된 중국문화부가 주관하는 종합잡지, 격월간으로 간행되며, 중국의 주요 이론가들의 이론적 진지 역할을 해왔다. 사상적 경향문제로 97년 폐간되었다가 99년에 복간되었다.

문혁에 대한 세 번째 반성과 왕몽의 잘못된 처방

왕빈빈(王彬彬)

왕빈빈
현재 남경(남경군구연치부(南京軍區聯治部) 문예창작실)에서 활동하고 있는 문학평론가이다. 문학계의 신좌파로 분류되기도 하며 왕몽과 논쟁을 벌인 것으로 유명하다. 최근에는 학술계에서 벌이지는 학술토론회의 풍경을 적나라하게 묘사하며 학술토론이 상호 건강한 비판과 토론의 문화를 만들 것을 제의하고 있다.

왕빈빈은 '인문정신은 허무맹랑하고 만질 수 없는 깊고 미묘한 것이 아니라, 구체적이고 아주 실재적인 것으로 인문 지식인이라면 누구나 당연히 갖고 있어야 할 심경〔情懷〕이고, 이들 지식 계층의 정신적 특징'이라고 정의하였다. 즉, '비판 정신'을 인문정신의 중요한 기능이라고 생각하고 있다. 그러므로 인문 지식인은 사회의 모든 현상, 특히 인간사에 대한 합당한 비판을 해야 한다고 촉구한다.

이 글에서 왕빈빈은 후현대주의자들과 왕몽을 비롯한 일부 문인들의 '인문정신'론에 대한 비판을 '목소리 낮추기'로 특징짓고, 이러한 실용주의적이고 현실 안주적인 경향으로는 중국의 사회 문제를 해결해나갈 수 없다고 힘주어 말한다.

1970년대 말부터 1980년대 중엽까지 '문혁'에 대한 반사(반성적 고찰)는 두 단계를 거쳐왔다고 말할 수 있다.

첫 단계는 사회·정치적 차원에서 이루어졌다. 1970년대 말과 1980년대 초기의 몇 년 동안 문혁에 대한 반사는 주로 임표(林彪, 린뱌오)와 '4인방(四人幇)'에 대한 폭로와 비판을 통해 나타났다. 그때, 사람들은 몇 명의 야심가들에게 죄를 뒤집어씌우는 데 익숙해 있었고, 이 한줌의 사람들이 '문혁'이라는 민족적인 재난을 만들어낸 것으로 생각했다.

이 단계의 반사가 얻은 성과는 물론 사회·정치적인 것이다. 가장 가치 있는 성과는 문혁과 같은 비극의 재연을 막기 위해서는 반드시 정치체제의 개혁을 이루어야 한다는 공동의 인식에 이르게 된 것이다. 임표나 4인방 같은 야심가들은 어느 시대에나 있을 수 있으며, 할 수만 있다면 그들은 다시 발호할 것이다. 그러므로 어떻게 하면 이런 야심가들이 등장할 가능성을 없앨 수 있을까 하는 것이 가장 관건이다.

두 번째 단계는 역사·문화적 차원에서 이루어진 것이다. 1980년대 중반에 '문화열'이 일어나면서 사람들은 역사·문화적 차원에서 문혁에 대한 반사를 시작했다. 반사의 주요 내용은, 전통문화 속에서 문혁을 초래한 원인을 찾고, 문혁이 발생하고 전개되는 과정 속에서 봉건적인 의식과 사상이 오늘날까지 얼마나 완고하게 사람들의 의식에 남아 있는가를 파악하는 것이었다.

이 단계의 성과는 사람들이 전통문화가 현재에 미치는 영향을 어느 정도 볼 수 있게 하고, 어떤 의미에서는 역사·문화적인 측면에서 정치적인 문제를 관찰할 수 있게 한 점이다. 물론 반사의 더 직접적인 성과는 사람들 대부분이 '5·4' 정신을 계승하고 발양해야 하며, 민족의 전통문화에 대한 심화된 비판과 명료한 이해(물론, 이런 전제에서 심각한 분기도 존재하고 있었다. 한 가지 관점은 전통문화를 개조하여 창조적으로 변화시킬 것을 주장하면서도 전통문화에 대한 전반적인 부정에는 찬성하지 않는 것이다. 다른 관점은 전통문화란 한 가지도 취할 것이 없으므로 그것에 대한 총체적인 부정이 필요하고, 그러한 작업을 통해 문화의 '완전한 서구화'를 실현하자고 주장한 것이다. 여전히 전통문화를 고수하는 사람들 중에는 전통문화는 다 좋은 것이므로 개조할 필요가 없다고 생각하는 사람도 있었겠지만, 문화반사의 흐름 속에서 이런 관점은 고개를 내밀 수 없었다.)를 가져야 한다는 점을 공감하게 되었다는 데 있다.

▌목소리 낮추기의 음험한 정체

1980년대 후기와 1990년대 초기 몇 년 동안 문혁에 대한 반사의 소리는 사실 그다지 많이 들을 수 없었는데, 최근 1, 2년 동안에 다시 사람들이 문혁에 대해 이야기하는 것을 듣게 되었다. 이 글에서는 이러한 이야기들을 우선 문학에 대한 또 하나의 반사로 여긴다.

그렇게 본다면 1980년대 중반의 역사·문화적 차원의 반사에 이어 1990년대 중반의 반사 역시 문혁에 대한 세 번째 반사라고 해도 좋을 것이다. 1990년대의 반사를 굳이 어떤 이름으로 개괄하려고 한다면, 아마도 이상·격정의 차원에서 이루어진 것이라고 할 수 있을 것이다. 반사자들은 적어도 부분적으로는 문혁이라는 비극이 발생한 것은 이상과 격정으로 인한 것이고, 신성함과 숭고함 탓이라고 생각했다.

그렇다면, 어떻게 해야 '문혁'과 같은 비극의 재연을 막을 수 있겠는가? 그것은 마땅히 이상에 대해 말하기를 삼가고, 격정을 소멸시키고, 신성을 모독하고, 숭고를 회피해야 하며, '저조주의(低調主義, 목소리 낮추기)'를 받들어야 한다.

'저조주의'는 이러한 반사가 얻어낸 성과이며, 반사자들이 중국사회에 내린 '좋은 처방'이다. 저조주의자들의 반사는, 지금의 정신적인 기후와 사회 상황에서 보면 충분히 긍정할 수 있다. 이상과 격정, 신성, 숭고가 문혁이라는 재난을 불러왔다면, 사람들이 보편적으로 이상과 격정을 상실하고 신성과 숭고를 모독하는 오늘날의 상황은 칭찬할 만한 것이다.

만약 문혁에 대한 앞선 두 차례의 반사를 통해 얻어낸 결론이, 그것이 정치체제의 개혁이든 전통문화의 개조든 지금으로서는 모두 하나의 관점이나 이상으로서 존재하는 것이며, 그것을 현실화하기 위해 아직도 오랜 기간이 필요하다고 한다면, 세 번째 반사의 결론은 이미 현실화되어 있다.

바꾸어 말하면, 이런 반사자들의 입장에서 본다면 다시는 문혁이 일어날 수 없는 사회적 상황이 이미 실현되어 있는 것이다. 그것이 바로 (우리의) 현재이고 오늘이다. 이미 충분히 세속화될 대로 세속화되었고, 사람들은 다들 너무나 실리적이다. 신성과 숭고의 가치는 해체시킬 만큼 해체시켜버린 채, 저마다 돈만을 바라보며 사는 지금의 사회가 바로 그 반증이다.

이렇게 말하는 것은 어쩌면 그다지 정확하지 않을지 모르겠다. 정확하게 말하면, 지금의 이러한 상황이 먼저 일어났고, 그러고 나서 지금과 같은 문혁에 대한 이상과 격정 차원의 반사가 있었다는 것이다. 지금과 같은 사회적 상황이 눈앞에 펼쳐지자, 지금의 반사자들은 갑자기 눈이 번쩍 뜨여 너무나 잘됐다고 생각하게 된 것이다. 사람마다 신성을 모독하고 숭고를 회피하는 이런 상황, 이상도 신념도 갈 곳이 없는 이런 사회가 바로 문혁과 같은 비극의 재연을 가장 효과적으로 방지할 수 있는 상황 아닌가? 눈앞의 이런 현실이 오히려 그들로 하여금 문혁이 발생한 원인을 깨닫게 한 것이다. 지금의 이런 정신적인 기후가 그들로 하여금 신성과 숭고의 각도에서, 이상과 격정의 차원에서 문혁을 반사할 수 있도록 한 것이다.

그렇다. 지금의 사회 현실에도 마음에 들지 않는 부분들이 있지만, 그래도 어쨌든 문혁에 비하면 낫지 않은가? 문혁에 비해 낫기만 하다면 그것으로 족하지 않겠는가? 지금의 반사자들이 갖는 문혁에 대한 반사는 의식적이든 무의식적이든 문혁이라는 것이 하나의 기준, 거꾸로 현실을 재는 척도가 되어 있다. 뿐만 아니라 그것이 거의 유일한 척도이다. 그들은 단지 지금과 문혁 시기를 비교해서 지금이 문혁 시기보다 낫기만 하면, 지금의 모든 것에 대해 긍정할 이유가 있다고 생각한다. 바로 그로 인해 그들이 보기에는 현실에 대한 어떤 불만이나 비판도 해서는 안 되는 것이다.

"당신이 지금이 나쁘다고 말한다면, 설마 지금이 문혁 때보다도 못하다는 것인가?"

오늘날의 불만과 비판에 대해 그들은 이런 힐난을 퍼붓는다. 그들이 생각하기에 이상과 격정에 대한 어떤 강조, 신성과 숭고에 대한 어떤 방어가 모두 놀랄 만한 '높은 목소리(고조)'이며 문혁의 재연을 유발할 수 있는 감추어진 걱정거리라고 한다면, 또 양지(良知)와 도의(道義), 인격, 인문정신, 궁극적인 가치에 대한 관심 등등, 이 모든 것들을 다 '큰소리'라고 몰아붙이고 모두가 '문화전제'를 나타내는 것이며 문혁을 유발할 수 있는 도화선이라고 말한다면, 문혁의 재연 가능성을 완전히 봉쇄하기 위해서는 반드시 목소리를 낮추어야 하는 것이라고! 낮은 목소리! 낮은 목소리! 낮은 목소리만이 가장 온당하고, 낮은 목소리만이 가장 안전한 것이다.

  그들이 말하는 '높은 목소리'에 직면해서 오늘날의 사회·문화적 현상에 대해 불만을 털어놓거나 비판을 하면, 저조주의자들은 심지어는 '시장경제를 반대한다'는 정치적인 누명을 뒤집어씌워 상대방을 졸지에 정치적 궁지로 몰아넣는 일도 마다하지 않는다. 문혁에 대한 반사를 한다는 사람들이 문혁을 반추할 때 이런 문혁식 방식을 채택하는 것이야말로, 정말 중국식 '유머'라고 할 수 있을 것이다.

  물론 신성과 숭고라는 측면, 이상·격정 차원에서 이루어진 문혁에 대한 반사가 전혀 이치에 맞지 않는 것은 아니다. 다시는 그런 거짓 신성이나 거짓 숭고의 노예가 되지 말 것과, 다시는 그런 비이성적인 광란에 빠져들지 말라고 일깨우는 것은 절대로 불필요한 일이 아니다.

  그러나 문제는 그것 때문에 저조주의를 추구한다거나, 그것 때문에 모든 신성을 모독하고 숭고를 회피해야 한다고 주장해서는 안 된다는 것이다. 그것 때문에 현실과 부정적인 관계에 있는 모든 이상을 축출하고, 그것 때문에 현실 초월을 갈망하는 모든 격정을 냉각시켜서는 안 된다는 것이다. 역사·문화적 차원에서 이루어진 문혁에 대한 반사가 전통문화에 대해 '전면적인 부정'이라는 입장을 취한다고 한다면, 오늘날의 저조주의 역시 어떤 의미에서는 일종의 '전면 부정론'

이라고 말할 수 있다. 그것이 신성과 숭고의 측면에서, 이상·격정의 차원에서 행한 반사의 결과는, 신성과 숭고에 대한 전면적인 부정이며, 이상과 격정에 대한 전면적인 폐기이다.

엄격하게 말하면, 문혁은 한편으로는 거짓 신성, 거짓 숭고로 잘못된 광기의 이상과 격정이 낳은 결과이고, 다른 한편으로는 진정한 신성과 숭고가 결여된 채 사상과 도덕을 갖추지 못한 영웅주의가 빚어낸 사태라고 할 수 있다. 인격, 인도, 양지, 정의, 사실은 이 모든 것들이 문혁에 가장 결여되어 있었던 것이다.

사실 '문혁기'에 갖가지 폭행과 가혹 행위들이 발생할 수 있었던 데는 다른 원인이 있다. 신성과 숭고라는 이름 속에 가려 있던 인간의 동물적인 본성이 당당하게 해방되고, 사람들의 무의식 속에 있던 '짐승 같은 본능'과 '문화(학식)에 대한 증오'가 하나도 남김 없이 현실화되었던 것이다. 문혁식의 신성과 숭고, 이상과 격정은 결코 '짐승 같은 힘'과 '문화에 대한 증오'의 근원이 아니다. 그것은 단지 그것들을 해방시키고 현실화하는 데 하나의 빌미를 마련해 주었을 뿐이다.

이런 '짐승 같은 힘'과 '문화에 대한 증오'는 인간에게는 언제나 있는 것이며, 문혁식의 신성·숭고·이상·격정이 있어야만 그것들이 해방되고 현실화될 수 있는 조건이 마련되는 것은 아니다. 그것들은 완전히 다른 조건에서도 해방되고 현실화될 수 있다. 예를 들면, 그것들은 '나는 룸펜이다. 내가 누구를 두려워하겠는가' '노는 것이 신나는 것이다' '절대로 나를 사람으로 여기지 마라' 등의 기치 아래에서도 해방되고 현실화될 수 있다. 사람의 마음속에 조금의 신성함과 숭고함도 없다면, 사람에게 인격에 대한 최소한의 의식과 도덕적 추구가 없다면, 사람의 마음속에 있는 아주 기본적인 양지와 정의가 사라져버린다면, 무슨 짓이라도 할 수 있지 않겠는가?

사실, 문혁 기간의 가혹 행위와 폭행 등은 다른 측면에서는 바로 '나는 룸펜이다. 내가 누구를 두려워하겠는가' '노는 것이 신나는 것이다' '절대로 나를 사람으로 여기지 마라'라는 명목에 의해 저질러진 것이다. 따라서 잊어서는 안 된다. 문혁이 사회의 룸펜, 부랑자, 무뢰한들에게도 유감없이 자기를 드러낼 기회를 제공해주었다는 사실을. 이런 사람들의 마음속에는 무슨 신성이니 숭고니 하는 것들은 근본적으로 존재하지 않았다. 가짜 신성이나 가짜 숭고조차도 없었다. 이런 사람들에게는 근본적으로 인격의식이나 도덕적 추구 같은 것이 전혀 존재하지 않는다. '홍위병'들이 일반적으로 자신들이 내건 기치를 진심으로 믿었다고 한다면, 룸펜이나 부랑자들과 같은 부류의 인간들은 그런 기치를 믿어본 적이 없다. 그들이 악한 짓을 할 때라도 그런 명분을 세우는 것이 필요하겠지만.

실용주의적이고 현실 안주적인 경향

'저조주의'는 이런 사람들의 비위에 가장 잘 맞는 것 같다. 왜냐하면 그들이 하는 나쁜 짓에 어떤 명분을 세울 필요조차 없게 해주기 때문이다. 어쩌면 저조주의는 그들이 나쁜 짓을 할 때 아예 드러내놓고 '노는 것이 신나는 것이다' '나는 룸펜이다. 내가 누구를 두려워하겠는가' '절대로 나를 사람으로 여기지 마라'라는 기치를 내걸기도 한다. 이것이 오히려 일도 훨씬 덜고 통쾌하기도 할 것이다.

물론 신성과 숭고, 이상이라는 명분을 가지고 악을 행할 수도 있다. 그러나 모든 신성과 숭고, 이상을 짓밟은 상황에서, 최소한의 도덕의식과 인격적인 추구 또한 사라진 상황에서, 인간은 보다 쉽게 악을 자행할 것이다. 사실, 후자의 상황에서 행하는 악이 훨씬 더 흔하게 일어나는 일이며, 매일 매시 매순간 일어나고 있는 악이다.

그러나 비교하자면, 앞의 상황에서 악을 저지르는 것은 특수한 경우에 속한다. 당대 중국의 저조주의자들이 강력하게 '낮은 목소리'를 주장할 때, 일본에서는 신성과 숭고라는 이름으로 악을 저지른 '옴진리교'가 나타났고, 그 때문에 저조주의자들은 마치 보물을 얻은 듯이 이것을 그들의 유력한 근거로 삼으면서 의문을 제기했다. "우리에게도 옴진리교 같은 것이 있을 수 있겠는가?"

일본의 옴진리교는 확실히 어떤 경고적인 메시지를 가지고 있다. 그러나 내가 기이하게 생각하는 것은, 왜 저조주의자들은 신성하고 숭고한 명분을 갖고 저지르는 악에만 관심이 있고, 신성함이나 숭고함 같은 것은 아예 없는 대부분의 악에 대해서는 관심을 두지 않는 것인가 하는 점이다.

사실 일본이나 서구사회에서 옴진리교 같은 종교적 집단은 특별한 경우에 속하며, 신성과 숭고를 '꿰뚫어보고' 모든 도덕과 정의를 짓밟는 검은 사회조직이 훨씬 더 많다. 저조주의는 옴진리교를 근거로 낮은 목소리를 강조하면서, "물론 중국에서는 아직까지 이런 종류의 개인적인 종교가 있다는 보도가 없으며, 이런 큰 규모의 조직적인 반사회적 행위가 나타난 적이 없다. 이것은 다행한 일이다. 그러나 이것으로 경계를 삼아 극단적인 사고가 폭력적인 발작을 일으키고 사회적인 혼란을 조성하는 것을 방지하는 일이 불필요하다고 할 수는 없을 것이다〔유심무(劉心武, 리우신우), 1995년 7월 15일 〈문론보(文論報)〉〕"라고 말한다.

그러나 문제는 최근 몇 년 동안에 검은 사회조직이 중국의 대도시와 중소도시에 이미 나타나기 시작했다는 사실이다. 이와 관련된 것으로 검은 사회조직의 '폭력적인 발작'이 어떤 지역에서는 이미 사회적 혼란을 조성할 정도가 되었다는 보도가 종종 보인다. 그러나 이러한 반사회조직은 종교적인 성격을 전혀 띠지 않고 있으며, 모든 것에 '물려버린'(물론 돈은 제외하고) 듯 결코 무슨 신성이니 숭고니 하는 깃발을 내걸고 있지도 않다. 저조주의자들은 이미 혹은 바로 지금 나타나고 있는 사회악은 보고도 못 본 척하면서, 앞으로 나타날지도 모르는 악에 대해서는 너무나 많은 걱정을 한다. 이는 좀 지나치게 '공정하지 못한' 일이 아닐까?

사람들은 어쩌면 20여 세 가량의 두 농민이 저지른 '천도호사건'을 까맣게 잊어버렸는지도 모른다. 그들은 몇 푼 안 되는 돈을 위해 한 배에 탄 사람 전체를 배창밑에서 타죽게 만들었다. 저조주의자들이 이런 사건에 대해 언급하는 것은 전혀 들어본 바가 없는데, 오히려 동경에서 옴진리교가 독기를 퍼뜨린 일에 대해 통탄을 금치 못하면서, 중국인들은 "이것을 경계로 삼아야 한다"고 큰소리로 떠들어대니, 이것이야말로 중국식 '유머'라고 하지 않을 수 없다.

요 몇 년 동안 뺑소니차들이 얼마나 많은 사람들을 죽고 다치게 했으며, 가짜 약과 가짜 술이 얼마나 많은 사람들의 목숨을 앗아갔는가? 가짜 상품들의 범람이 소비자들에게 얼마나 많은 불편을 가져다주었으며, 또한 그들에게 얼마나 많은 손실을 입혔는가? 그리고 이 같은 심각한 부패현상들이 사회 분위기를 얼마나 해치며 민족의 정신을 썩게 만드는가…….

이런 실재하는 악에 대해서 저조주의자들은 인지하지 못한다. 그러나 앞으로 나타날지도 모르는 악에 대해서는 펄쩍 뛰며 걱정을 하니, 그야말로 현실과 너무나 괴리된 것이 아닌가?

게다가, 어쨌든 옴진리교에서 어떤 계시를 얻어야 한다면, 현대사회에 이런 개인적인 종교가 탄생하게 되는 진정한 원인이 어디에 있는지부터 분명하게 알아야 할 것이다. 일본에서는 '높은 목소리'나 '큰 이야기'들이 아니라 낮은 목소리, '작은 이야기'들이 이런 현대의 사이비종교를 만들어냈다는 사실을 반드시 알아야만 한다. 어떤 사람이 옴진리교가 일본에서 나타나게 된 원인을 이렇게 분석한 적이 있다.

"…… 전후 50년 동안 일본에서는 경제발전이 지상 목표였고, 그 결과 1인당 국민소득이 2만 8천 달러에 달하게 되어 세계의 상위권에 들게 되었다. 그러나 이런 휘황찬란한 통계 숫자 뒤에는 일본 국민의 '영혼의 공동화' 현상이 있었고, 번영이 '국시'가 된 결과 생겨난 '부산물'이 바로 신앙의 위기였다. 이런 '공동화' 현상이 고학력을 갖추고 가정환경이 부유한 수많은 사람들을 미친 소리를 지껄여대는 맹인의 발 앞에 꿇어엎드리게 했고, 심지어는 자기 자신과 가족들의 생명조차 저버리게 한 것이다"(《영남문화시보(岭南文化時報)》 제54기).

이런 해석은 어떤 면에서는 문제의 본질에 다가가는 측면이 있다. 이것 역시 옴진리교가 결코 당대 중국의 저조주의자들을 돕는 증거가 될 수 없다는 것을, 오히려 '낮은 목소리'와 '작은 이야기'의 오류를 입증해주고 있다는 사실을 말해준다. 낮은 목소리와 작은 말을 내세우며 민족의 영혼 속에서 최소한의 신성함이나 숭고함조차 제거시켜 버린다면, 그것이 민족의 영혼을 '공동화'시켜 버릴 수 있고, 또 그로 인해 사교(私敎)가 생겨날 틈을 줄 수도 있는 것이다.

▎저조주의는 위험한 모험

특별히 강조하고 싶은 것은, 나는 신성이나 숭고라는 이름으로 악행을 자행하는 문혁식 행위를 변호할 생각은 털끝만큼도 없으며, 이런 악행의 재현을 예방해야 할 필요성에 대해서도 부정하지 않는다는 것이다. 내가 반대하는 것은 이런 악을 방지하기 위해 내린 저조주의라는 처방이다. 모든 신성과 숭고를 부정하며, 현실과 부정적인 관계에 있는 모든 이상과 열정을 소멸시키고, 심지어는 도덕이나 인격, 양심, 정의 같은 것을 말하는 것조차 금기시한다면, 이런 저조주의야말로 정말 위험한 모험인 것이다.

그것은 엄청난 재난이나 악을 초래할 수 있다. 저조주의는 온갖 가짜 신성과 가짜 숭고가 생겨나는 것을 막을 수 없을 뿐만 아니라, 인간을 다시는 (문혁과 같은) 그런 광적인 이상과 격정 속으로 빨려들어가지 않도록 할 수도 없다. 오히려 온갖 위선적인 신성과 숭고를 낳고, 인간을 광적인 이상과 격정 속으로 빨려들어가게 하는 좋은 토양이 되는 것이다.

저조주의가 초래하는 것은 인간이 다시는 어떠한 신념도 갖지 않게 하는 것이다. 그러나 어떤 신념도 없다는 것은, 언제든지 어떤 신념이든 가질 수 있다는 의미이기도 하다. 오직 개인의 권리를 부정하지 않고 개인의 존엄을 무시하지 않아야만 거짓 신성과 거짓 숭고를 효과적으로 억제할 수 있다. 사상과 도덕을 갖춘 영웅주의, 그것만이 거짓 이상과 거짓 영웅주의를 효과적으로 해체할 수 있다. 그렇지 못한 저조주의란 결국 실용주의의 범람만 초래할 것이다. 바람을 보고야 배를 몬다고, 어떤 시대든 실용주의를 자처하는 자들은 이용할 만한 가치가 있는 것들을 충분히 이용한다. 신성과 숭고, 이상이 가장 이용 가치가 있는 때라면, 실용주의자들은 조금도 거리낌없이 그것들을 이용할 것이다.

문혁 기간 동안에 신성과 숭고, 이상을 주장하던 숱한 사람들은 바로 이런 주장을 이용한 것에 불과하다. 그들은 신성이나 숭고, 이성 따위를 절대로 믿지 않았다. 그러나 신성과 숭고, 이상을 모독하는 것이 가장 보편적인 사회 심리에 부합되고 또한 이익이 될 때, 실용주의자들은 다시 신바람이 나서 신성과 숭고, 이상을 모욕하는 공연을 자행할 것이다.

왕삭이 최근에 한 말은 실용주의자들의 실질을 꽤 잘 드러내는 것 같다. 왕삭은 "나 같은 '룸펜'은 무엇이든 포기하지 못할 것이 없다"(《북경청년보》, 1995. 8. 31.)고 말했다. 어떤 것도 포기하지 못할 것이 없다는 것은, 추구하지 못할 것도 없고 지키지 못할 것도 없다는 것을 의미한다. 무엇을 포기하고, 무엇을 추구하고, 무엇을 지킬 것인가는 완전히 그때 그곳의 개인적인 이익과 필요에 의해 결정되는 것이다.

어떤 사람은 '왕삭 정신'을 '문혁'식 비극의 천적이라고 여기기도 하지만, 이것은 정말로 짧은 생각이며 너무나 천박한 생각이다. 문혁식 비극의 천적은 결코 '왕삭 정신'이 아니라 '장지신(張志新, 장즈신) 정신'〔장지신은 문화대혁명기에 반당, 반혁명적인 말을 과감하게 했다가 오랫동안 감옥생활을 한 인물로, '장지신 정신'이란 일반적으로 저항정신을 일컫는다 : 역주〕일 수밖에 없다. '문화대혁명' 중에 '홍위병'들이 가졌던 가짜 신성, 가짜 숭고, 가짜 이상, 가짜 열정과는 반대로, 장지신에게 나타나는 것은 진정한 신성과 숭고이며, 진정한 이상과 열정이다.

어떤 사람은 '왕삭이 늘어나는 만큼 강청(江靑, 지앙칭) 옹호를 소리 높여 외치며 죽이고 죽는 홍위병들은 줄어들게 될 것'이라고 말하지만, 사실은 전혀 그렇게 보이지 않는다. 적어도 그렇다는 걸 증명할 수는 없다(왕삭과 같은 룸펜들의 허무주의가 극단적 모험주의자들의 악행과 그 무분별한 추종자들, 그들이 저지른 경거망동의 또 다른 재현을 방지할 수 있는 힘이라는 것은 입증할 수 없다). 그러나 장지신이 늘어나면 그만큼 강청 옹호를 소리 높여 외치며 죽이고 죽는 홍위병들은 줄어들게 될 것이 확실하다.

또 어떤 사람은 '세상을 조롱하는 왕삭의 이야기는 홍위병 정신과 거짓 영웅 정신에 대한 반동'이라고 말하는데, 이것 역시 피상적인 생각이다.

때로는 극과 극의 거리가 가장 가깝다. 어떤 것도 포기하지 못할 것이 없다고 말하는 왕삭은, 결코 어떤 구체적인 정신에 대한 반동이 될 수 없다. 정말로 '홍위병 정신과 거짓 영웅 정신에 대한 반동'이라고 부를 수 있는 것은, 그래도 '장지신 정신'일 것이다. 1990년대에 진행된 문혁에 대한 반사, 그것이 (문혁에 대한 1990년대적 '되비추기'인 한) 그 시대에 어떠한 신념도 갖지 않은 룸펜은 없었다는 것을 증명하는 작업, 그러한 룸펜이 없었기에 문혁과 같은 사태가 일어나게 된 것이라고 말하기 위해 진행된 것일 수는 없다. 오히려 그 시대에 없었던 것은 진정한 신념을 가진 장지신 같은 사람이다.

사실, 문혁 기간 동안에 흔히 볼 수 있던 것은 우물에 빠진 사람에게 돌 던지는 식으로 사람을 함정에 빠뜨리거나, 친구를 밀고하거나, 다른 사람의 어깨를 밟고 위로 올라가는 식의 행위들이었다. 이것은 그 시대에 정말로 부족했던 것은 도덕적인 용기나 최소한의 양심, 정의였다는 사실을 말해준다.

파금〔巴金, 빠진. 중국의 저명한 소설가, 산문가. 무정부주의적 경향이 강함 : 역주〕 같은 나이드신 분 또한 처음부터 이런 각도에서 문혁에 대한 반사를 시작했다. 파금의 반사는 개체의 인격과 지식인의 양심·도의·책임에 대한 반사, 그리고 스스로가 시대적인 흐름에 떠밀려 행한 행위에 대한 심각한 반성과 참회 등에 집중되어 있다. 어쩌면 저조주의자가 보기에는 파금의 《수상록》 역시 해로운 '높은 목소리'나 위험한 '큰 이야기'가 될 것이다.

신성과 숭고, 이상과 열정, 그리고 유토피아에 대한 추구, 이런 것들은 물론 특정한 역사적 시기에는 재난을 불러오기도 하지만, 전체적으로 볼 때 사회의 진보를 가져오고 인간 자신의 발전을 촉진해왔다. 만약 이런 것이 없었다면 인간의 역사는 상상할 수 없을 것이다. 사람들이 신성, 숭고, 이상, 열정이나 유토피아에 대한 추구 같은 것을 가져본 적이 없다면, 인류는 어떤 상황에 처해 있을까를 한번 상상해보라!

이런 것들은 어떤 의미에서는 바로 인간의 본질을 규정하는 것이고, 인간이 인간이라는 표시에 다름아니다. 그리고 부정적인 영향을 낳을 수 있는 신성, 숭고, 이상, 열정을 방지하기 위해서도 다른 형식의 신성, 숭고, 이상, 열정에게 그 책임을 맡길 수밖에 없다. 오직 (진정한) 신성과 숭고만이 신성과 숭고에 반대할 자격이 있고, (진정한) 이상과 열정만이 이상과 열정을 효과적으로 제어할 수 있는 것이다.

폴 틸리히는 유토피아를 논하는 글에서, "사람이 되려고 한다는 것은 유토피아를 가지려고 한다는 것을 의미한다. 왜냐하면 유토피아는 사람의 존재 자체에 근거하는 것이기 때문이다⋯⋯. 유토피아는 인간의 본질과 심층적 차원에서의 (인간의) 생존 목적을 나타내주며, 인간의 본질에 원래 있어야 하는 것을 드러내준다. 모든 유토피아는 사람이 심층적 차원에서 가지고 있는 목적이 갖추고 있는 모든 것과, 인간이 인간으로서 장래에 실현하거나 구비해야 할 모든 것을 나타내준다"고 말했다.

그는 유토피아의 적극적인 의미를 충분히 긍정하는 한편, 유토피아가 가질 수 있는 부정적인 의미 또한 명확하게 지적했다. 유토피아가 가질 수 있는 위험이나 해악에 대한 틸리히의 경계는 오늘 우리 중국 저조주의자들의 그것보다 훨씬 더 심도 있다. 그는 마지막에 이런 말로 모든 글을 마무리한다. "싸워서 유토피아를 얻어내는 것이 바로 유토피아정신이다"〔폴 틸리히, 《정치적인 기대》, 사천 인민출판사(四川人民出版社), 1989년판 229쪽. 방점은 원문에 있는 것〕.

모든 신성과 숭고, 이상, 열정을 부정하는 방식으로 문혁식의 재난을 예방하고, 모든 유토피아를 거부하는 방식으로 유토피아가 만들어 낼 수 있는 위해를 막으려 하며, '룸펜 정신'으로 '홍위병 정신'을 억제하려는 의도야말로 진정으로 잘못 내려진 처방이다.

〈문예쟁명(文藝爭鳴)〉, 1996년 제1기

인문정신 담론은 지식과 서사의 한 종류일 뿐이다

진효명(陳曉明)

진효명
데리다를 연구한 중국 후현대주의의 대표적인 문예평론가이다. 중국사회과학원 문학연구소 부연구원으로 있으며, 후현대론자들 중에서는 비교적 균형감 있는 시각을 갖고 있다. 문화 다원화구조를 만드는 데 부심하고 있으며, 최근에는 문화보수주의 혹은 중화주의로 기울고 있는 것으로 평가된다. 다양한 잡지를 통해 왕성한 문필활동을 하고 있으며, 최근에는 《시뮬라시옹의 시대(仿眞的年代)》라는 1990년대 초현실주의 문학 및 문화현상에 대한 저서를 출간했다.

중국의 대표적인 후현대주의(포스트모더니즘)자 진효명은 담론의 상존과 다원화구조 자체가 중요하고, 그것을 지배하는 상위적 가치 범주는 존재하지 않는다는 점을 역설하고 있다. 진효명은 이를 "다원화시대에 이러한 정신을 지나치게 선양하는 태도는 모든 것을 인문정신의 강령 아래 두려는 것이고, 다른 지식과 담론을 깎아내리고 억압하는 것으로 독단이 아닐 수 없다"고 비판한다. 그는 '인문정신론'은 지식과 서사의 한 종류에 불과하기에, 그것이 다른 담론들과 동등한 지위에서 논의될 수 있을 뿐 상위의 가치 범주라고 인정할 수 없음을 강하게 주창한다.

1990년대의 중국문화에는 희극성이 충만하다. 그것은 한때는 비극의 배경이었다. 그러나 어느새 희극의 구도로 바뀌었다. 경제는 무한한 해소력을 가지고 있어서 인민들은 가난을 벗어나 부자가 되기를 갈망하며, 먹고사는 문제를 해결하고〔小康〕, 더 잘 사는 단계〔大康〕를 향해 달려가고 있다. 1990년대로 접어들면서 사람들이 '생활 안정〔小康生活, 중류층 생활〕'을 추구하는 것을 가로막을 수는 없다.

지금 우리 사회에서 이데올로기는 자아관계〔自我指涉〕의 최고 기표로 변해버렸으며, 지식인의 이데올로기 또한 그러하다. 인민들은 풍족한 생활을 누리고 있다. 그들은 많은 돈을 들여 좁은 거실을 수리하고, 가라오케에 가고 음식점에서 맥주를 마시며, 가판대에서 도색잡지를 보느라 정신이 없다. 그들은 텔레비전 앞에서 멍청하게 시간을 보내고 축구장 관중석에서 열렬히 응원을 한다. 이것은 확실히 전형적인 태평성대의 민속화이며, 그것은 동양적 평범함과 만족으로 가득 차 있다.

그러나 이러한 우려스러운 사실은 배경에 지나지 않는다. 가장 지식인들을 답답하고 골치 아프게 만드는 것은 여전히 문단의 현상들이다. 어제의 신성하고 투명했던 문단은 이미 선악을 구분하기 힘들 정도로 변해버렸다. 정제된 좋은 작품은 호응을 얻지 못하고, 조잡하게 되는 대로 쓴 것들은 오히려 도도하게 잘 나간다. 잠자리에 대한 이야기들이 뜻밖에도 이 시대 최고의 서사(敍事)원칙과 독서 취미가 되었다. 그들 순문학 최후의 대가들, 우리 시대 사시(史詩)방식의 위대한 저작들은 놀랍게도《금병매》의 연꽃 이슬을 계승하여 침실의 비탄을 지극하게 연출해내고 있다. 문단은 이미 어지러운 '폐도(廢都)', 신기한 '음탕의 땅'으로 변해버렸다. 이것이 한 시대의 문화가 쏟아낸 엄중한 병폐가 아니라고 한다면, 문화 '위기'니 '실패'니 하는 설법들은 성립되지 않는다.

▎한 시대의 문화가 쏟아낸 병폐

내가 이런 식으로 써나가는 것이 역사적 실제에 크게 부합되는지에 대해서는 별로 관심이 없다. 중요한 것은 이러한 류의 표현〔描述〕과 서사가 이미 지금 대다수 인문 지식인의 공식이 되었다는 데 있다. 이러한 문화현상으로 인해 인문 가치와 궁극적〔超級〕 관심의 필요 전제를 다시 새롭게 창출해내고자 하는 것은 당연한 이치이다.

유식한 선비들은 '도덕의 상실'과 '문화의 몰락'에 놀라 지식인이야말로 이러한 상황을 바꿀 책임과 의무가 있다고 역설한다. 이에 많은 식견 있는 선비들이 인문 가치와 궁극적 관심을 제출해 나가기 시작했고, 지식인의 도덕적 입장을 강조하며 당면한 문화현상을 격렬하게 비판하는 태도를 취했다. 그런데 분명한 것은 이러한 부류의 사람들 역시 그 구성이 자못 복잡하며, 그것은 전혀 다른 성격의 부류로 이루어졌다는 것이다.

나는 물론 그러한 현실주의 원칙을 견지하는 선배님들을 이해한다. 그들의 입장과 주장, 그들이 지식인의 역사 주체로서의 위치에 대해 깊은 애착을 가지고 있고, 지식인의 책임감에 대해 경건한 사명 정신을 품고 있다는 점을 이해할 수 있다. 나는 그들의 주장이 유토피아적 색채를 띠고 있고, 현실의 실천기능과 맞지 않는다고 할지라도, 그들에 대한 역사적 존경심을 영원토록 지니고 있을 것이다.

그런데 최근 부화뇌동하는 일부 사람들을 보면, 어떤 이들은 지금까지 자신의 진실한 주장과 입장이라고는 없던 사람들이고, 그들의 현상에 대한 비판 내지는 후현대주의류의 이론 현상에 대한 적대시는 담론 권력에 대한 주제넘는 표절에 지나지 않으므로, 확실히 언급할 것이 못 된다. 내가 흥미를 느끼는 것은 여전히 진실한 역사의식을 품고 있는 동시대의 학자들이며, 그들의 인문적 입장과 최종 심급 관심이 이 시대의 의미심장한 문화적 상징을 이루고 있다는 사실이다.

사람들은 어렵지 않게 다음과 같은 사실에 주목할 수 있다.

1980년대, 1990년대 이래 일련의 학자들은 서재로 물러앉아 국학 혹은 반급진 세력에 귀의했고 신보수주의적인 입장을 취했는데, 그것은 현실 도피를 위한 특수 책략에 지나지 않는 것이다. 이러한 불가피한 도피는, 이데올로기맥락〔語境〕속에서 역사의 손에 의해 일대 학자들의 자각으로 다시 개작〔改寫〕된다. 확실히 인문 가치나 궁극적 관심 등은 특히 이러한 역사 정도〔正途〕와 어울린다. 오히려 이러한 역사적 배경이 인문주의 입장에 진실한 현실적 의미를 부여했고, 아울러 이러한 담론이 파생되는 것을 강화하였다.

그러나 역사는 순식간에 변하고, 그것을 거스를 수는 없으니 사람들이 처음부터 그 변화의 속도나 추이를 인식할 수 없는 것은 당연하다. 사람들은 처음에는 미치지 못한다고 생각한다. 그러나 역사의 그 중후한 배경은 상황이 급변하더라도 작용을 일으키지 않으며, 거대한 경제 흐름의 충격을 받아 면목이 전혀 다르게 변해버렸다. (역사를 좌지우지해왔던) 무형의 정치의 거장들은 유형의 경제의 손에 의해 대체되었고, 광란의 혼란스러운 상업주의 조작은 다시금 낭만주의적 과장 수법으로 도처에 송가를 뿌린다. 일대의 학자가 서재로 귀의하여 중국 인문정신에 뿌리를 내리고 있는데, 그렇다면 지금 그들의 역사적 비판성〔針對性〕은 어디에 있는가?

학술화라는 입장은 학술도덕화 경향을 은밀히 포함하고 있고 일대 학자들의 독립자주적 인격을 내세우는데, 그 자체는 다름아닌 일종의 도덕적 시범이라고 하겠다. 경제주의가 역사적 배경을 순식간에 바꾸어버리자 한 세대의 학자들은 너무 갑작스러워서 미처 막아낼 사이도 없이 진정 역사에 의해 희롱당하고 버려진 느낌이었을 것이다.

그러나 다행스럽게도 (급조된) 상업주의는 금방 그 허점을 드러내고 말았다. 그것의 최대 실수는 '도덕의 몰락'에 있다. 그런데 줄곧 도덕적 입장을 고수해왔던 일대 학자들은 역사의 위치 이동을 손바닥 뒤집듯 쉽게 해치운다. 원래 그들의 도덕적 입장이란 학술의 자율을 위해 명철보신(明哲保身)의 태도를 취한 것이었다. 그런데 상황이 그러하자 이제는 주동 출격대로 변하여 현실에 간섭하고 비판과 계몽을 하도록 만든 것이다. 따라서 지금은 이러한 균열을 더욱 철저하게 벌여놓는 것이 그들이 필요로 하는 서사 책략이 되겠다.

이에 1990년대 상업주의를 배경으로 하여 인문적 관심은 매우 절박하게 개진되었다. 1980년대, 1990년대 사회 이행기에 인문주의 입장이 정치적 무의식의 서사기능을 취했던 것처럼 말이다. 인문주의에 대한 관심을 표명하는 것이 크게는 지식인의 전문 직책에 속하며, 오랜 기간에 걸쳐 형성된 문화 전통 또한 지식인의 속성이 된다는 점은 부인할 수 없는 사실이다.

이러한 초월적 가치를 강조함으로써 지식인들은 그들의 엘리트주의 경향과 문화에 대한 우월성을 충분히 표명해냈다. 세상에 관여하는 입세(入世) 태도는 줄곧 지식인이 전문활동에 종사하는 근거가 된다. '내성외왕(內聖外王)'은 인격 이상이라기보다는 일종의 학술사상이라고 보아야 할 것이다. 현실에 대한 관심은 심지어 꿈결처럼 서재에 묻혀 있던 문인학자들까지 규합해냈다. (중국 전통 사대부들이 그러했던 것처럼 현재의 지식인들 또한) 어떠한 방식으로 수신양성〔修身養性, 심신을 수양하는 것 : 역주〕하든, '겸제천하〔兼濟天下, 더불어 천하를 다스리는 것', '수신제가치국평천하(修身齋家治國平天下)'라는 유가(儒家)의 실천철학. 중국 전통 사대부들은 이를 지고의 가치로 여김 : 역주〕'하는 것을 잊기란 끝내 어려운 일이다.

결국 어떤 힘이 지식인들로 하여금 이처럼 현실에 관심을 갖게 하는 것일까? 이처럼 내재적 초월성과 책임감을 강조하게 하는 것일까? 사람들은 물론 같은 말을 반복하는 형식으로 신속히 대답할 수는 있다. 이것이 바로 지식인이라는 부류의 주관의식이며, 본래의 전문활동이라고 말이다.

그러나 내가 여기에서 규명하고자 하는 것은 바로 이러한 '주관의식'의 원동력이다. 그것의 가장 큰 추동력은 과연 현실의 요구에서 나오는 것인가, 주체의 자각의식에서 나오는 것인가?

사실 '인문 관심'이니 궁극적 가치니 하는 것들은 지식인이 설명한 일종의 담론에 지나지 않는다. 이것은 현실에 대한 특별한 관심 혹은 문화를 담당하는 도의적 책임이 큰 데서 비롯되었다고 보기보다는, 그들이 이러한 담론을 말하는 데 치중해 있고 이러한 지식을 인정하는 데 치우쳐 있다고 해야 할 것이다. 여기에서 지식계보 자체는 잊혀지고, 그것을 주장한 '사람'은 지배작용을 결정하는 주체로 인정된다. 따라서 그러한 '관심'의 자태를 가진 사람들은 확실히 현실에 직면한다는 한 측면만을 볼 뿐, 지식 동일시라는 보다 원초적이고 근본적인 측면에 대해서는 은폐하였다.

실제로 인문정신 논자는 줄곧 지식의 한 종류를 말하고 있고, 이러한 지식계보는 '인문 관심'을 포함하고 있다. '계몽과 구국〔救亡〕, 중국의 저명한 현대 사상가 이택후의 정리 개념. 이택후는 1919년 5·4운동의 기본 정신을 계몽과 구망으로 파악하고, 이후 현대사는 구망에 의해 계몽의 기척이 압살된 형국이라고 하였다. 1980년대 이후 중국 현대화의 과제는 '계몽'기획을 '민주 법제' '자유 의사'를 보장하는 형식으로 구현함으로써 가능하다고 하며, '서체중용(西體中用)'론을 제출하였다 : 역주〕'이라는 이원관계로 현대 이후 중국 지식인의 선택을 설명하는 것이 적합하든 그렇지 않든, 적어도 현대성(근대성)의 계몽기획은 현대(근대) 이래 중국 인문 지식인의 지식구조 유형을 관통하고 있다. 중국 현대문학 혹은 중국 현대 사상사 맥락 속에서의 담론 문제는 조금도 의심할 바 없이 '인문 관심'이라는 원래의 명제로 다루어지고, 심지어 이러한 지식 유형은 그러한 사상적 알기〔內核〕를 포함하고 있다고 할 수 있다.

막스 베버는 일찍이 문화의 현대성에다 실질이성의 분리적 특징을 부여했다. 종교와 형이상학은 일체적인 세계관으로 맺어져 있다가 길을 달리하게 되었으므로 18세기 이후 (서구의) 이러한 고루한 세계관 속에서 남겨진 문제는 이미 사람들에 의해 적절한 분야에 안배되고 분류됨으로써, 유효한 특수 방면에 자리잡게 되었다. 진리, 규범적 정의, 진실성과 미 등으로 말이다. 그것은 지식 문제 및 공정성과 도덕 문제, 취미 문제로 처리되었다. 그리고 그 다음 단계로 과학 언어, 도덕 이론, 법리학 및 예술의 생산과 비평 등이 전문 분야로 설립되었다.

현대성의 문화기획 속에서 문화의 각 영역이 문화적 직업에 맞도록 만들어지고, 문화 영역의 문제가 특수 전문가의 관심 대상이 되었다는 것은 부인할 수 없는 사실이다. 문화 전통은 이러한 현대성의 문화 직업화에 의해 세 가지 자율적인 내용 구조, 즉 인식—도구 구조, 도덕—실천 구조, 심미 표현의 합리성 구조로 나누어 처리되었다. 각 구조는 예외 없이 전문가들이 제어하고 장악하고 있다.

문화사회학의 측면에서 보면 현대성의 문화기획은 전문화에 따라 분리되었고, 지식의 실천방식면에서 각 학과의 지식 전문가가 자기 영역에 한정되어 작용을 발휘한다고 하더라도, 그 가운데 적어도 인문학과의 지식인들만큼은 결코 유한한 전문 범위 안에서만 자율적인 것을 내켜하지 않는다. 특히 현대성을 고수하고자 하는 지식인은 더욱 그러하다.

왜냐하면 현대성의 지식 설계는 인문지식이 더욱 강하고 절박하게 자연 역량을 제어할 수 있기를 기대하며, 세계 · 자아 · 도덕 · 진보 · 기구의 공정성, 심지어는 인류의 행복에 대한 이해까지 촉진시킬 것을 기대하기 때문이다. 계몽시대부터 전해 내려온 인문지식은 이러한 지향[意指]관계를 강렬하게 포함하며, 이러한 지식 본능은 인류의 생존 현실과 미래에 관심을 갖는 동시에 설계하는 경향이 있다.

▌인문정신 담론은 계몽주의 철학

'지식은 곧 힘이다'라는 말의 의미는 오늘날 단지 지식이 세계를 개조하는 능력상에서 체현되는 것만이 아니라, 그것은 동시에 '사람'에 대해 인식[知識]하는 것을 표현한다. 이야기[說話] 주체의 절대적 지배 위에서 사람들은 어떤 종류의 지식을 강술하고, 이러한 지식은 곧 파생되고 확장되는 경향을 갖는다. 푸코는 '지식은 곧 권력'이라고 여겼다.

사람들은 지금까지 지식이 담론 주체에게 권력을 부여한다는 것에만 주의를 기울이고, 지식이 이야기 주체에게 갖는 지배권은 간과했다. 사람들이 어떤 지식을 강술하면 그 지식은 곧 그것의 거대한 계보학을 끌어당기고 있으며, 그것은 이러한 담론에 특정한 의미를 부여한다. 동시에 이야기 주체에게 관련된 입장과 경향을 갖게 한다. 지식은 이야기 주체가 뱉어내는 것이 아니라 담론이 서사 중에 그 계보학의 특징으로써 자신을 진술하는 것이다.

예컨대, 최근 인문 관심을 강조하는 이야기 주체, 그들의 서사방식은 현대성의 계몽 설계에서 나온 것이며, 그들이 대량으로 인용하거나 운용한 지식(문화자원 혹은 자료사 배경)은 그 속에 인문정신을 은밀하게 담고 있다고 할 수 있다. 현대문화의 거장들이 구성한 중후한 사상사 자원은 장태염(章太炎, 장타이옌), 양계초(梁啓超, 량치차오), 강유위(康有爲, 캉요우웨이)는 물론 노신, 호적, 진독수, 진인각(陳寅恪, 천인커) 등이다. 이들은 이미 역사에 의해 위인 혹은 대가로 인정받았으며, 그들의 사상 자원 자체는 일종의 경전적 문화가치를 지향하고 있다. 그들은 '중국 전통'의 지식인이라는 인격적 존재로 명명되었으며, 그들의 담론 자체는 물론 한번은 '인문가치'를 다시 익히는 것[重溫]으로 변했고, 한번은 탁월한 '인문관심'으로 변했다. 그러한 '궁극적 가치'를 특히 강조하는 서술자들에게는 대량의 존재주의적, 신학 본체론적, 동방 신비주의적 지식이 근본 작용을 일으키고 있음을 알 수 있다. 이러한 '탐구'와 '관심'을 갖는 입장 뒤에는 하이데거, 사르트르, 스피노자 혹은 베르그송과 마리단의 그림자가 분명히 드러나며, 그들의 텍스트가 첨부한 '인류의 신념'이니 '영원한 귀숙'이니 하는 것들을 목도할 수 있다.

인문정신에 관련된 일련의 눈에 띄는 토론에는 늘 농후한 존재주의 철학의 맛이 스며 있다. "내가 이해한 인문정신은 사람의 존재에 대한 사고이고, 사람의 가치와 사람의 생존 의미에 대한 관심이다. 인류의 운명과 고통, 해탈에 대한 사고와 탐색이다. 인문정신은 보다 광범위한 차원에서는 형이상학적인 것이고, 사람의 궁극적 관심에 속하며, 사람의 궁극적 가치를 현시해냈다"(《독서》, 1996년 제4기, 73쪽).

인문정신은 때로는 인도주의식의 존재주의로 정의된다. "이것은 바로 인간 자신의 완전한 선〔完善〕의 성취와 해방이다." 그것은 이처럼 현허(玄虛)하고 또한 생명 본체와 하나로 결합되어 있다. "인문정신은 일종의 태도이고, 일종의 심경(心境)일 뿐만 아니라, 일종의 생명의 승낙이다……. 그것은 필연적으로 사람의 행위와 선택을 통해 표현되어 나와야 한다. 살신성인, 몸을 버리고 마음을 취함〔舍身取義〕은 이미 도덕 범주를 넘어선 것이며, 인간적 완전함은 인문정신을 몸소 드러낸 것이다……. 그것은 고도의 도덕적 단련을 필요로 할 뿐만 아니라, 도를 위해 죽는 일종의 순도정신(殉道精神)이 있어야 한다"(《독서》, 1996년 제4기, 80쪽).

문인학자들이 '인류 생존'에 대해 가지고 있는 숭고한 신념까지 부인할 수는 없다. 그러나 내가 이 담론에서 계속해서 지적하고자 하는 것은, 의미의 특별한 전용〔專義〕 혹은 계몽주의 철학이다. 여기에는 존재주의가 습관적으로 쓰는 서사를 채용하였으니, 즉 '생명 본체'를 직접 겨냥하여 말하는 것이다.

이처럼 전체가 아니라 어느 한 종류의 지식을 강술하는 것, 어떤 한 종류의 서사를 채용하는 것은 우리 시내 일부 중국 지식인이 보나 숭고하고 책임감이 있다는 사실을 돋보이는 것인데, 그들은 인류가 삶을 지탱하는 근본 이유―인문 이상―를 탐구하는 작업을 강하게 견지하고 있으며, 집착하고 있다.

이것에 대해 회의를 품는 사람은 없을 것이다. 확실히 이러한 반문은 치명적인 것이다. 설마 인류가 이상이란 것 없이 존재할 수 있을까? 인문정신 없이 인류가 그 인류됨을 이룬다는 것은 불가능하다. 또한 '인문 이상'을 탐구하였으므로 이러한 서사, 학술사업 및 그것과 관련된 활동들은 더욱 고귀하게 되었다. 이러한 탐구 속에서 사고하는 사람은 마침내 생명 본성에 근접하고, 인류 생존의 정신 그 깊은 곳까지 진입하였으며, 이러한 사고를 진행하는 주체는 심지어 신으로 변했고, 진리의 천연 해석자(天然解釋者)와 점유자로 변했다. 그 높고 크고 위대하고 오만한 자태가 현실의 사상 무대에 자신을 드러냈으니, 그것은 권력과 자격과 타당한 이유로써 민중에게 시범을 보이고 민중을 계몽한다.

이처럼 어느 한 종류의 지식을 담론하는 것은 이러한 지식계보에 진입하는 것이고, 지식의 의의와 가치는 자연히 강술자의 신상에 투사된다. 그들은 이치에 맞으면 모든 것이 순조롭게 되어 인정을 받든 혹은 스스로 인정하든 사상이 깊은 사람이 되고, 책임감 있고 이상 있는 지식인, '민족의 척추', 희망이 있는 사람으로 간주되었다. 확실한 것은 여기에서 (문제를) 도덕화시키는 (경향)의 입장이 (문화의 현대화기획에 의해 지식은 이미 전문성으로 분화되어 특정한 자기 영역을 이루고 있는 지식체계로 구축되어 있는데, 그러한) 전문적인 지식 서사를 관통했으며, 이로써 지식은 또다시 인격화되고 도덕화되었다. 여기에서 지식과 도덕은 한데 얽혀 불명료해지고 그들 사이는 임의로 이동되니, 애매모호하고 사이비 같고, 인문정신과 '궁극성' 속에서 중첩된다. 그러나 그것은 물론 저항할 수 없는 확산(伸越) 역량을 가지고 있다.

▌다원화된 문화 상황은 과도기일 뿐이다

인문정신론자들은 전문성과 직업화의 지식 작용을 도덕〔道義〕의 힘으로 바꿔놓고, 지금 인류의 존재 자체를 이야기하고, 인류의 생존 현실과 미래를 기획하는 데 힘쓰고 있다. 여기에서 지식은 거의 태생적으로 인류의 궁극적 존재를 추종하며, 그런 의미에서 선천적으로 고상하고 위대한 것이 된다. 그러나 사실 지식은 생산되어 나온 것이고, 여기에서 지식은 주체를 역사무대에 등장시키는 도구와 배경에 불과할 뿐이다. 일련의 '인류성' '종극' '영원' 등등에 관한 과장된 서사, 그것들은 결코 지식이 운명적으로 추구하는 목표가 아니다. 그것들은 다른 지식들과 마찬가지로 서술되어 나온 것이며, 그 배후에 애매모호한 역사적 상황〔情境〕과, 구체적인 역사적 기도(企圖)가 일찍이 없지 않았다.

이러한 한 종류의 지식과 어떤 것에 관한 서사가 지식인 전체를 인류 운명 탐색자의 위치로 떠밀어넣고, 지식인은 당연하게 스스로를 역사의 주체, 민중의 계몽적 지도자〔啓蒙導師〕, 초월적 엘리트라고 인정하여 사람들이 자기들에게 숙연하게 존경심을 갖게 하고, 예를 갖추고 머리를 조아리게 한다. 그들은 동시에 유희식이고 비주류적이고, (지식) 이상화를 회피하는 후현대주의식의 담론을 타당하게 배척한다. 현실에 만족하고 순간의 쾌락을 탐구하는 자태는 모두 '타락을 갈망'하는 것이라고 질책한다.

이것은 어떤 의미에서는 문화의 제어 고지〔制高點〕에 서있는 것이기도 하며, 문화의 '타자'에게 공포를 조성하는 것이다. 그들은 묻는다. "인문정신이 없으면, 인류의 운명과 궁극에 대한 관심을 갖지 않는다면 무슨 지식인이라고 할 수 있는가?"라고.

이러한 설법은 끝없는 위압력을 가지고 있고, 신성한 계시와도 같은 힘을 가지고 있다. 따라서 또 이해할 수 없는 것은, 많은 지식인들이 이 시대를 '도덕 소멸' '가치 상실'의 시대라고 설명하면서, 매우 큰 부분의 책임을 문화에 묻고 있다는 것이다. 사실 중국은 옛날부터 지금까지 모두 도덕의 상실을 겪어왔는데, 새삼스레 20세기 전반에 이르러서 없어졌다고 주장하는 것인가? 다원분화된 문화적 상황은 바로 단지 '문화 과도기'로 개괄될 수 있지 않을까? 정말 확실한 것은, 이것은 한 종류의 표현이고, 또한 한 종류의 서사라는 것이다(역사 현실에 대한 다양한 입장 중의 하나에 불과한 인문정신 논자들의 자기 입장 개진에 지나지 않는다.).

그것은 인문정신을 추종하고 널리 선양할 필요가 있었던 중국역사의 지난 역정〔前程〕이고, 도덕화를 (지고의 가치로) 중시하는 직업 태도가 당연히 취하는 서사방식이다. 감각적 쾌락을 추구하는 것, 가벼워서 중후한 사상이라고는 찾아볼 수 없는 소비문화의 향유 등은 너무 오랫동안 억눌렸던 중국 민중의 입장에서 보면 어떤 것은 바로잡을 필요가 있기도 하지만, 그리 대경실색할 노릇이거나 불안에 떨며 지낼 만큼 문제가 있는 것은 아니다.

물론 그런 무가치한 것을 비난하고 방출하여 사람들에게 보여줄 수 있지만, 그러한 작업은 민중 스스로가 선택할 수 있도록 해야 할 것이며, 인문정신 추종자들은 하나의 '궁극적 가치', 즉 '사람 자신의 개성과 해방'만을 추구해서는 안 될 것이다. 인민은 어느 정도 감성 해방을 이루었는데, 문화엘리트들이 도리어 초조하고 불안한 것 같다.

내가 인문학에 관심을 갖는 오늘의 지식인들에게 역사적인 존경심을 충분히 가지고 있다고 하더라도, 나는 여전히 이러한 일종의 환각을 타파하고자 한다. 즉, 어떤 특별한 숭고와 특별한 책임감을 가진 지식인들, 그들이 인류의 운명과 정신적 가치에 더욱 많은 관심을 가지고 있다는 환각을.

그러나 내가 표명하고자 하는 것은 바로 이 점이다. 그들 또한 담론의 한 종류를 이야기하는 데 지나지 않으며, 이미 습관이 되어버린 전문지식을 운용하고 있을 뿐이라는 것, 그리고 특정한 지식 배경은 그들이 관심을 가지고 있는 인문정신의 현실적 형상과 잘 어울린다는 사실이다.

오늘날과 같은 다원화 시대에 이러한 정신을 지나치게 널리 선양하는 것은, 모든 것을 인문정신의 강령 아래 통괄하려는 것이며, 그 밖의 다른 지식과 담론을 거절하고 폄하하고 억압하는 것이니, 적어도 독단이 아닌가!

〈상해문학〉, 1994년 제5기

인문정신, 20세기 최후의 신화

장이무(張頤武)

장이무
북경대학교 중문과 교수. 후현대주의의 대표적인 지식인이다. 도발적인 글쓰기로 중국 문단과 학계를 경악케 한 바 있고, 본토성을 운운하며 중화주의, 문화보수주의 추세를 이끌어왔다. 최근에는 이론 비평이나 도발적 문제제기보다는, 작품에 대한 실제 비평에 힘을 쏟고 있다. 서구의 후식민지주의 이론과 포스트모더니즘을 근거로 1990년대 중국문화 및 문화현상을 해석하고 개괄해 나가면서, 후현대 논쟁과 현대성 재평가 논쟁을 일으키고, 인문전신 논쟁을 지식인 논쟁으로 비화시킬 만큼 중국문화계의 화인(火因)과도 같은 행로를 걸어왔지만, 그것이 갖는 의도적이고 책략적인 성격으로 인해 많은 비판을 받고 있다.

중국 후현대주의의 대표적 주창자인 장이무는 '인문정신'론이 오늘의 복잡다단한 중국문화를 해석·개괄해낼 수 있는 분석력을 갖지 못한다고 비판한다. 아울러 '인문정신, 20세기 최후의 신화'라는 제목에서도 알 수 있듯이 다원적인 문화 상황에서 담론의 중심 지위란 없으며, 그런 점에서 '인문정신'의 상실과 재건으로 모든 지식 담론을 단죄하거나 담론 구도를 재편하려는 '의도성'을 혁파해야 한다고 역설한다.

그리고 인문정신은 다른 담론과의 상호보완, 교류를 통해 다원 공생의 길을 따라갈 것을 촉구한다. 그러나 그 역시 '후현대주의' 혹은 '후신시기'로 당면 문화현상을 해석해내고 그 극복대안을 찾아야 한다고 역설하는 점에서 또 하나의 담론 중심 혹은 담론적 권위를 만들어내는 한계가 있다.

목전의 후신시기〔後新時期, 중국 포스트모더니스트들은 1990년대를 1980년대와 변별하면서 중국의 새로운 역사 시기로서의 신시기가 '후' 단계에 접어들었다고 역설하는 한편, 포스트모더니즘의 중국적 전개와 그 현상을 개괄하는 개념 부호로 '후신시기'라는 신조어를 사용한다. 제1세계와는 다른 포스트모더니즘의 제3세계 침투에 대해 비판성을 게재하여 획득한 용어라고 한다 : 역주〕 문화적 맥락〔文化語境〕 속에서 '인문정신'은 이미 하나의 거대한 신화, 어디에나 있는 중심 말, 최신의 문화 유행이 되었고, 또한 어떤 윤리적인 판단을 하는 전제와 조건이기도 하다. 이 말이 만들어낸〔建構〕 담론을 둘러싸고 어떤 논쟁을 할 수 없는 권위성이 갖추어졌다. 그것은 이미 신비하고 어려운 이론이고, 비평적 실천 속에서 작가가 쓰는 '숭고한' '이상적인' '진지한' 등등의 개념과 동의이이다. 그것은 지금 출현한 대중문화와는 서로 대항적인 최후의 진지로 보인다. 따라서 그것에 대해 새로운 고찰과 반사를 진행하지 않을 수 없게 하고, 이러한 담론을 분석하는 가운데 작금의 문화를 파악하게 한다.

인문정신은 많은 토론을 거치면서도 결코 명확한 설명을 해내지 못했다. 그러나 그것은 지식인의 경험을 초월한 가치 추구 수준으로 일컬어지며, 판단할 방법도 없고 해명을 필요로 하지도 않는 초험적 '주체' 역량이다. 그것은 "궁극적 가치에 대한 내심(內心)의 요구와 그 요구로부터 궁극적 가치를 파악해 나가고자 하는 끊임없는 노력이다"(《독서》, 1994년 제3기).

인문정신 탐구자들의 설명에 따르면, 이러한 인문정신은 현대 역사의 어떤 시점에서 이미 신비하게 '상실'되었고, 이러한 인문정신의 상실로 말미암아 20세기 지식인은 문화적 곤경에 빠졌다. 여기에서 가장 관건이 되는 표현은 '궁극적 가치'와 '내심의 요구'이다. 궁극적 가치는 결코 어떠한 논증도 거치지 않고 바로 어떤 내심의 요구를 통해 도달하는데, 그것은 신앙의 결과이고 지식인이 내심의 수련을 거쳐 도달한 초월적 경계이다. 그것은 아주 단순하게 "중요한 것은 신앙이 있어야 한다"(《독서》, 1994년 제5기)는 말로 귀결되었다. 환상적[玄想式], 신비적 언어를 통해 영원하고 절대적인 '지식'을 창조한다.

언어 밖에 있는 신비한 권위

이러한 인문정신의 주장은 지극히 강렬한 신화성을 가지고 있다. 그것은 두 가지 측면에서 곤경에 빠진다. 우선, 이러한 인문정신의 탐구[追尋]는 한편으로는 5·4 이래 지식인이 '지식'을 파악하는 데 따르는 거대한 한계를 강렬하게 비판하고 부정한다. 그리고 다른 한편으로는 도리어 인문정신으로 보증받는 일련의 절대 '진리', 구속받지 않고 자유롭게 지식을 획득하는 천연의 조건을 획득하기도 한다. 인문정신은 지식의 유한성을 최종적으로 마무리[結束]지었다. 따라서 어떠한 인문학자라도 인문정신을 갖추기만 하면 곧 '차폐물'을 꿰뚫어 투시할 수 있고, 세계를 무한히 장악할 수 있다. 인문정신은 무한한 역량을 받고 질의할 수 없는 신성한 기표로 변했으며, 인문정신을 지니는 것은 바로 신화에 나오는 장사의 초인적 능력을 갖는 것이고, 진리를 통찰할 수 있는 힘을 갖는 것이 된다.

이것은 확실히 어떤 새로운 담론형식을 생성해낸 것이 아니라 '현대성[근대성, 중국에서는 modernity를 현대성으로 번역한다 : 역주]' 담론이 운용된 결과이며, 기표와 기의, 언어와 실재 사이가 완전히 동일하다고 보는 환상의 결과이다. 인문정신은 그것을 장악한 '주체'가 언어의 구속을 받지 않고도 세계를 직접 파악할 수 있다는 사실을 확립했다. 이것은 1980년대 '주체'나 '사람의 본질 역량'과 관련된 신화를 다시 중복하고 있는 것이다. 다만, 언어 밖에 있는 신비한 권위를 인문정신이라고 표현했을 따름이다.

데리다(Jacque Derrida)나 푸코(Michael Foucault)와 같은 사상가들이 반복적으로 논증한 것은 구속을 받지 않는 초월적 지식은 결코 존재하지 않으며, 어떠한 지식이라도 언어와 권력의 거대한 그물망 속에 깊이 말려들어가 있다는 것이다. 그것은 모두 특정한 언어적 맥락과 이데올로기가 다중적으로 작용한 결과이므로 영구 불변하고 절대적인 인문정신을 구체적으로 현상하게 하는 일은 결코 이루어질 수 없다. 여기에서의 모순은 다음과 같은 곳에 있다. 즉, 인문정신은 담론 밖의 절대성을 허락했지만, 그 자체는 오히려 언어와 특정 담론 속의 한 개념에 불과하며, 그 (지식으로서의) 유한성은 여전히 피할 수 없는 것이라는 점이다.

다음으로 현재 중국의 구체적인 언어환경[語境]에서 볼 때 인문정신은 일종의 문화적 '보편성'에 대한 기도이며, 서구 중심주의를 인정하고 복종하여 따른 결과이다. 그것은 아주 솔직하게 지적한다.

"인문정신의 상실은 오늘날 인류가 대면한 공통의 문제이다" "인문정신은 최후까지 나아가면 보편주의이다"(《독서》, 1994년 제3기)라고. 이러한 언어 표현〔言述〕은 의심할 나위 없이 서구와 동질의 문화 공간을 설치하려는 시도이거니와, 중국을 전세계적인 '냉전 이후'의 문화적 맥락 속에 '타자'로 규정짓도록 하기 위해서 더욱 힘껏 때를 벗겨내고 압박을 가하는 것이다. 제3세계가 처한 주변적 위치는 간과한 채 말이다.

그것은 중국 지식인에게 인성(人性)으로 상승하여 인류의 고통을 관찰하고 인류의 운명을 탐색하고 영원을 추구하라고 권유한다. 아울러 이렇게 훈교한다. "궁극적 관심의 결핍이 중국 작가들로 하여금 세계 인류 작품의 정화를 흡수하기 어렵게 만든다"(《독서》, 1994년 제4기)고. 그것이 강조한 그러한 '영원성'이란 오히려 항상 중국이라는 부호를 시간적으로 낙후하고 피동적인 위치에 서게 한다. 이들의 토론에서 중요하게 거론된 하버마스의 '보편적 교류론'은 일찍이 '후식민주의 이론'의 비판 대상이 되었다. 사카이 나오키(酒井直樹)가 날카롭게 지적한 바와 같이, 그 문화보편주의적 세계관 내지 '종족 중심주의'는 서구의 문화 패권을 강화하는 책략일 따름이다(《포스트모더니즘과 일본》, 듀크대학출판사, 1989년판).

따라서 인문정신의 담론은 1980년대의 '넘어섬'과 '세계로'의 신화 및 서구 중심주의를 강화하는 것이다. 그것은 결코 오늘의 문화를 구제하는 것이 아니라 지식과 권력 운용의 그물망 속에 더욱 깊이 빠져드는 것이고, 세계성을 갖는 서구 담론이 제공한 길들여진 '타자'의 형상이다. 이러한 형상은 인문정신이 갖는 극도의 모순성 속에 집중적으로 체현된다.

한편으로 그들은 인문정신을 중국 담론 환경 속에 두어 그 상실을 강조하고, 다른 한편으로는 강렬하게 그것을 영원한 인류의 문제로 변화시킨다. 또 한편으로는 그것의 중국에 대한 본토적 의미를 부각시키고, 다른 한편으로는 그것을 인류의 보편원칙으로 변화시킨다. 이러한 모순적 담론 속에서 서구 담론의 우세와 주체적 지위를 드러내보였고, 또한 중국 부호를 끝없이 서구 '주체'를 따라잡고자 하는 '타자', 무능을 힘으로 하는 (주전이 아닌) 차석의 '타자'로 만들었다.

인문정신은 구원의 길인가

앞에서 살펴본 토론에서 알 수 있듯이, 이른바 '인문정신'은 절대성 · 무한성 · 보편성을 통해 오늘의 문화 문제를 초월했다. 그러나 그것이 갖는 풍자적 의미가 있다. 그것은 그 자체가 바로 눈앞에 펼쳐진 문화 환경의 일부를 이루고 있다는 것이고, 바야흐로 오늘의 전세계와 중국의 다중적 문화 문제를 입증하는 것이라는 점이다.

이처럼 진정으로 순수와 초월을 추구하는 지식인 및 그들이 생산한 지식은 '후현대'와 '후식민'적인 오늘의 역사정세 속에 잠입하지 않을 도리가 없고, 그리하여 그것의 없어서는 안 될 일부가 되었다. 우선, 그것은 전세계 문화 속에 '과거(過時)'의 형상으로 중국의 낙후성을 실증하고, 그 독특한 방식으로 일종의 문화와 사상 자원을 제공하여 중국에서 현재 전개되고 있는 문화의 빈곤과 타락을 증명한다.

다음으로, 인문정신은 오늘의 중국문화에 대한 철저한 멸시를 거친 뒤, 어제의 주체로 다시 돌아가는 최후의 길을 제공한다. 그것은 5·4 이후 지식인의 구체적 · 세속적인 현대성 목표를 저버리는 것을 대가로 하여 초연하게 어떤 초험적이고 파악할 방법이 없는, 보다 환상적인 현대성 목표를 환기시켰다. 그 목표는 바로 인문정신을 지식인이 보유하고 있는 '계몽' '대변'이라는 담론 중심 위치의 합법적 전제로 삼으려는 것이다. 여기에는 사실 지극히 세속적인 권력 운용의 책략이 도사리고 있다. 인문정신은 결코 오늘의 문화에 대한 힘있는 분석력을 제공하지 않았으며, 다중적으로 전환[轉型]되고 있는 세계화 진행 과정에서 자신을 지식인의 현학화 및 신학화라는 도피 과정으로 변질시켰다. 그러나 이러한 도피는 결국 전세계와 중국 역사정세의 소극적인 부분으로 변해버렸다.

총체적으로 말하면, 인문정신으로 오늘의 중국문화 상황을 설명해내는 작업은 매우 음모적이다. 그것은 인문정신/세속 문화의 이원 대립을 설정했고, 이러한 이원 대립 속에서 자신을 하나의 초험적 신화로 만들어버렸다. 그것은 오늘이라는 시간적 현재의 특징을 거절함으로써 희망을 신화식의 '과거'에 위치시켰으며, '상실'이라는 말은 일종의 환상적인 신성한 천국을 표지하였다. 그것은 동시대인들과 함께 오늘을 탐색한 것이 아니라, 그들에 대한 질책과 교훈으로 일관하는 귀족식 우월감에 가득 차 있는 것이다. 그것은 오늘의 문화가 갖는 복잡함과 다원성을 두려워하여 전횡적인 패권주의적 자태로써 자신의 담론적 권위를 확립한다. 이러한 노파심에 가득 찬 불안과 초조는 오늘의 문화 문제를 파고 들어가는 데 전혀 도움이 되지 않으며, 자신을 단편적이고 틀에 박힌 '교훈자'로 만들 뿐이다. 이러한 교훈자는 일찍이 전종서 선생의 〈교훈을 말함(談敎訓)〉이라는 글에 가장 교묘하게 빚어진 적이 있다.

오늘의 중국문화는 확실히 갖가지 복잡한 도전에 직면해 있다. 그러나 그것을 깊이 있게 이해하고 탐구·토론해 나간다면, 새로운 가능성을 찾을 수 있을 것이다. 우리는 반드시 보통사람들과 끊임없이 대화하고 소통해서 중국의 발전하고 있는 대중문화를 보다 명철하고 기민하게 관찰하고 사고해야 한다. 한마디로 말해서, 우리는 오늘을 거절할 수는 없는 것이다. 우리들이 현재를 거절하는 것은 또한 과거와 미래를 거절하는 것이다.

　인문정신 속에는 결코 구원의 길이 있는 것이 아니며, 그 역시 오늘의 문화의 일부분이다. 그것은 현실에 대한 돌파가 아니라 도피 속에서 역사의 그물 속에 떨어져 벗어날 길이 없는 것이다. 이상을 방기할 수는 없다. 그러나 이러한 이상은 오늘 현재로부터 올 수 있을 뿐이며, 숭고를 거절할 수는 없지만 그러한 숭고 또한 절대로 신화로 만들어서는 안 되는 것이다. '인문정신' 또한 오늘의 담론 환경 속에 방치되어 있을 뿐이므로, 대중문화 혹은 '후현대' '후식민 이론'과 함께 반추〔反思〕와 추궁을 거쳐야 한다. 우리들은 인문정신을 절대적 목표로 만들 권리가 없으며, 단지 오늘의 상황 속에서 끊임없이 새로운 사고를 진행할 수 있을 뿐이다. 이러한 사고가 간단한 질책이나 교훈보다 훨씬 복잡하고 어려울지라도.

〈작가보(作家報)〉, 1996년 제5기

〈작가보(作家報)〉
〈作家文摘〉과 함께 중국의 대표적인 문학전문신문으로 작가들의 동향과 새로 발표된 작품 및 출간서적들을 소개하고 있다.

제3부
인문정신 논쟁, 어떻게 바라볼 것인가

90년대 중국 인문정신 논쟁의 의의

유세종(劉世鍾)

유세종
한국외국어대학교 중국어과를 졸업하고 동대학원에서 〈노신 야초(魯迅 野草)의 상징체계 연구〉로 박사학위를 받았다. 현재 한신대학교 중국학과 교수로 재직하고 있다. 주요 논문으로는 〈근대 정신과 반항의 길〉〈현대 중국에서의 계몽의 성격과 지식인의 길〉 등이 있고, 번역서로 《루쉰전(魯迅傳)》《호루라기를 부는 장지(魯迅 소설집)》《청년들이 니를 딛고 오르거리(魯迅 산문집)》《들풀(魯迅 산문시집)》《투창과 비수(魯迅 산문집)》 등이 있으며, 공저로는 《노신의 문학과 사상》 등이 있다.

머리말

　문학을 연구하는 사람은 '문학'이 무엇인가, 문학은 인간의 삶에 어떤 의미를 던지는가, 왜 인간은 문학 행위를 멈추지 않는가라는 근원적인 것에서 늘 질문을 받게 된다. 칩(chip) 하나에 고도의 정보가 내장되는 21세기 문명의 시기에도 문자를 매개로 하는 '문학'의 고전적인 의의는 여전히 살아 있을까에 생각이 이르면, 시대의 변화에 따른 문학의 성격이나 역할은 어떻게 전환되어갈지, 그리고 그 과정에서 작가나 비평가, 연구자들은 어떤 역할을 하게 될지, 어떻게 변화에 개입할지 등의 문제로부터 자유롭지 않게 된다. 이는 문학이 인간의 삶에 던지는 '인문학적 가치'에 대한 문제이며 고충이기도 하다.

　영상매체와 만화에 씨든, 문학적 상상력이 빈약하기 그지없는 학생들을 앞에 놓고 문학과 인생, 문학과 사회, 문학을 통한 삶의 통찰력을 운운하기 위해서는 색다른 교육 경로가 요구되는 시대에 처해 있다. 우리의 현사회 문제로 흔히 진단되고 있는 '문학의 위기' '인문학의 위기' '인문정신의 위기' '학문의 위기' 등은 이제 우리 사회만의 문제가 아닌 듯하다. 필자는 근래에 노신을 중심으로 한 5·4 시기의 계몽사상과 중국 지식인의 성격에 관한 자료를 수집하면서 문학과 인문학적 가치의 문제, 인문정신과 지식인의 역할에 대해 관심을 갖게 되었으며, 그 과정에서 국내의 인문학 논의와 중국의 인문정신 논쟁에 주목하게 되었다.

중국 지성계는 1980년대 개혁개방 이후, 중국의 정치적·사회적 현안 문제 및 각 문화면에서 자유로운 사상의 토로를 통해 자신들의 문제를 상호 비판하면서 대안을 모색해왔다. 사상문화면에서의 백가쟁명적 고민과 논의는 반사(反思)문학론, 인성론(人性論) 논쟁, 주체성(主體性) 논쟁, 문화열(文化熱)현상 등을 만들어왔다. 이러한 논의의 맥락은 그 동안 우리 학계에 어느 정도 소개되어 1980년대 중국 문화계 일반에 대한 이해에 도움을 준 바 있다.

1980년대 후반 중국사회의 통제가 약화되고 1989년 6·4사태가 발발한 이후, 중국의 지성계는 내부 분열에 들어가기 시작했다. 개량파나 기술 관료, 신보수주의의 관변 이론가, 급진적 운동론자 및 그 반대파로 각기 해체·분화되었다. 현중국은 생산력의 증가와 국제경쟁력의 강화, 생활 수준의 향상이라는 물질 성장의 풍요를 구가하는 한편, 대량 생산과 대량 소비의 자본주의 시장화와, 이에 의해 만연된 물질만능주의, 이기주의, 도시와 농촌 사이의 소득 격차, 계층 사이의 갈등, 부패구조의 가속화 속에서 사회적·정신적 위기에 직면해 있다.

이러한 상황에서 1990년대 들어 현중국 문화계의 지식인들은 다양한 방법과 이론으로 자신들의 문제를 진단하고 그것에 대한 대안을 모색하고 있는데, 최근 몇 년 동안 가장 뜨겁게 논의되었던 '인문정신 논쟁'과 이에 따라 거론되고 있는 '문화비평담론'이 그것이다.

이 연구는 1994년과 1995년, 2년 동안의 '인문정신 논쟁'을 점검·

분석하고, 그 논의의 주요 쟁점과 문제점을 고찰함으로써 현중국 지식인들이 당면해 있는 사상적 궁핍과 가치 정립의 위기를 점검해보는 데 일차적인 목적을 둔다. 문학의 위기로 대표되는 인문학의 위기, 문화비평의 위기, 인문정신의 위기, 그리고 이들 사이의 관계 등은 그 논의되는 층위가 밀접하게 중첩되어 있으면서도 다를 수밖에 없는데, 이 글에서는 서술의 초점을 인문정신에 맞추기로 한다.[1]

인문정신 논쟁 개략

1980년대 중국의 개혁개방 정책은 제한적이긴 하지만 시장경제체제를 전면적으로 운용하였다. 그 후 중국사회는 생산력 제고와 경제발전에 주력하게 되는데, 1984년 이후 중국경제는 농촌경제 중심에서 도시경제(기업경제) 중심으로 전환하는 경제체제 개혁을 단행한다. 이에 따라 능력별·성과별 임금 차등 지급을 제한적으로 허용하는 임금체제의 변화를 시도하였다.

1980년대 후반기에는 모든 분야에서 토론과 논쟁이 자유롭게 이루어지고, 더불어 갖가지 비판과 이론들이 속출하였다.

1987년에는 사유제에 대한 분분한 논의가 전중국을 뜨겁게 달구었다. 이에 대한 대응력과 통제력에 위협을 느낀 공산당은 급기야 1989년에 긴축정책을 공표하고, 모든 분야에서 사상과 언론을 통제하게 된다. 1989년 6·4사태는 이러한 배경에서 발발하게 된다. 6·4 이후

---

1) 인문정신 논쟁 초기에는 인문정신과 인문과학을 동일시하였고, 인문과학의 위기가 인문정신의 위기를 유발했다고 하였다. 또 인문과학을 '문(文)·사(史)·철(哲)'과 동일시하기도 했다. 曲衛國, 〈危機? 進步?〉, 《讀書》(1994년 제8기) ; 《人文精神尋思錄》(王曉明 編, 上海 : 文匯出版社, 1996. 2.), 101쪽.

3년 동안의 통제 정국과 경제 긴축은 1992년 등소평(鄧小平, 덩샤오핑)의 남순강화(南巡講話)를 계기로 다시 풀리게 된다. 남순강화 이후 중국은 정치 해빙무드와 개혁개방의 가속화로 제한적이긴 하지만 사회 전체에 걸쳐 자유로운 공간과 경제활동의 자유가 보장되었다.

1993년은 경제 이익에 대한 점유욕으로 중국은 거의 광기에 빠지다시피 하였고, 문학과 예술은 본격적인 시장경제로 편입되어 상품화되기 시작하였다.[2]

논쟁의 발단은 1993년 각종 간행물에 문학의 상품화 및 대중화, 인문학 및 인문정신의 위기에 대한 비판과 대담 기획물들이 실리기 시작한 데서 비롯하였다. 본격적인 논쟁은 1994년〈독서〉제3기에서부터 제7기에 걸쳐 계속된 문화계 인사들의 대담과, 그 이후 전국의 각종 문예지와 신문지상을 통해 전개되었다. 처음에는 주로 1987년 이후, 엄숙(?)해야 할 문학이 인생을 조롱하고[調侃文學] 쾌감만을 추구하여[玩文學] 대중 입맛에 아부하는 경향으로 타락한 것, '뿌리찾기 문학'이 전통 속으로 회귀한 것 등 문화계의 타락과, 작가와 예술가가 상업주의로 타락하는 것을 주로 지적하면서 인문정신의 위기를 논하다가, 1994년 이후의 논쟁은 인문정신을 중심으로 전개되었다.[3]

---

2) "1993년의 광기는 과분욕(瓜分欲)과 점유욕(占有欲)에 나타났다. 광기는 과분자와 점유자의 방탕한 사치와 도취로 나타났고, 돈으로 사회와 시대, 일반 대중의 의식을 강간하였다."〈1993-梁曉聲, 一個作家的雜感〉,〈新華文摘〉(1994. 6.).
"수년 후 중국의 문화계 인사가 1993년을 회고하면서, 아마도 잊기 어려운 범상치 않은 해였다는 것을 알게 될 것이다. 이 해는 각 부분의 문화예술이 시장경제 흐름의 무정한 충격 속에서 살아갈 공간을 어지럽게 찾으면서 자신의 위상을 정립하려는 해였으며, 중국 예술가들이 갑자기 적자생존의 잔혹성을 인식하게 된 해였고, 사람들을 잊을 수 없게 하고 사고하게 한 해였다." 劉洪濤,〈九三年文化報告: 失衡的文化現象〉,〈新華文摘〉(1993. 3.) ; 李成珪,〈現代 中國 知識分子의 位相〉(1995년 10월 서울대 지역종합연구소 발표)에서 재인용.
3) 인문정신 논쟁 초기의 대표적인 대담은〈人文精神是否可能與如何可能〉(〈讀書〉, 1994년 제3기. 이 대담에 참가한 사람은 張汝倫, 王曉明, 朱學勤, 陳思和)과〈讀書〉제4·5·6·7기에 개최된 좌담이라고 할 수 있다.

이후 이들의 논의는 매우 많은 비판과 오해를 받았다. 그러나 그들의 목적은 단지 생존과 돈을 위해 지식인으로서 마땅히 해야 할 일을 방기하고 있는 문화현상을 비판하기 위한 것과, 앎[학문]과 삶[실천]이 분리되어 지식인의 주체적이고 독립적이어야 할 인격이 점차 위축되어가고 있는 것을 스스로 반성하고 비판하기 위한 것이었다고 말하고 있다.[4]

논쟁의 대부분은 '인문정신이 무엇인가'를 논하는 것에서 시작하고 있다. 주로 '세계와 생명의 존재의의에 대한 고민'과 그 가치의 발견, '인간의 가치와 인간의 생존의의에 대한 관심과 애정', '궁극적 가치에 대한 정신적 요구와 그로부터 궁극적 가치를 장악해가는 끊임없는 노력' 등으로 정리되고 있다. 이른바 '궁극적인 것에 대한 추구〔終極關懷〕'로서 인간의 구체적인 삶의 과정에 영향을 미치는 어떤 정신적 가치를 이름하는 것으로 요약된다. 이는 마치 '문학'은 무엇인가, '삶'이란 무엇인가를 정의하는 것처럼 너무나 추상적이고 사변적이어서, 구체적인 현실 및 시대의 상황과 괴리될 때 매우 공허한 구호에 지나지 않는다는 사실을 논쟁 참가자들은 공통으로 인식하고 있었다. 인문정신 논쟁에서 야기되고 있는 오해와 맥락의 모호함은, 원칙적으로 인문정신의 함의가 갖는 추상성, 형이상학성, 광범위한 함축성에 그 원인이 있는 것으로 보인다.

---

4) "우리들이 당시 겨냥했던 것은 두 가지 사조에 관해서였다. 하나는 의식적으로 지식인의 일을 방기한 문화현상이다. 이 현상은 이른바 생존을 제일 중요한 자리에 놓고 생존을 위해(간단히 말하면, 많은 돈을 벌기 위해) 모든 추상적인 인생의 원칙을 버릴 수 있는 것으로 나타났다……. 다른 하나는 오랜 계획경제에서 독립적인 인격을 상실한 문화현상이다. 중국의 지식인들은 전제정치 아래에서 화를 모면하기 위한 자기 보호에 길들여져 왔다……. 그들은 의식적으로 연구(研究)와 경세(經世)를 분리하여 자신의 학문과 인격을 서서히 위축시켜갔다……. 이런 소극적인 정신현상이 증가하고 있는 상황, …… 지식인들의 정신 속에서 생명력이라곤 찾을 수 없었다." 陳思和,〈關于人文精神討論的兩封信〉,〈大潮文叢〉4집(1994. 12.);《人文精神尋思錄》, 153~154쪽.

인문정신 논쟁의 논의 내용을 요약 정리하면 다음과 같다.
- 오늘날 중국이 처해 있는 문화 현실은 사람들을 만족시킬 수 없음은 물론, 심각한 위기에 빠져 있다는 것.
- 이 위기의 주요한 측면은 당대의 지식인, 더 나아가 당대 문화계 인사들의 정신상태가 대체적으로 불량하며, 위축된 인격에다 조악한 취미를 가지고 있는 데 있다. 상상력의 결핍과 사상 및 학술에서의 '실어(失語)' 상태가 바로 그러한 현상의 결과이다.
- 이와 같이 된 까닭을 지식인과 문화계 인사에게서 찾자면, 그들이 마땅이 해야 할 개인과 인류의 존재의의, 세계의 존재의의에 대한 깊은 고민과 성찰을 하지 않고 있기 때문이며, 이러한 성찰 부재의 심각성을 통찰하지 못한 데 있다.
- 이러한 지식인과 문화인의 정신적 공동(空洞)현상은 그들 스스로가 만든 것도, 최근 10년 동안에 만들어진 것도 아니다. 근대 이래의 역사 과정에서 정치 · 군사 · 경제 · 문화적 여러 요소들에 의해 만들어진 것이다.
- 이러한 공동상태에서 벗어나는 것은 결코 단시간 내에 이루어질 수 있는 것이 아니며, 몇 대에 걸쳐 지속적인 노력을 기울여야 할 것이다.
- 이러한 노력의 시작으로 인생과 세계의 기본적 존재의의에 대해 애정을 쏟을 것과, 내면적 가치의 요구를 부단히 배양 · 발전시킬 것, 그리고 생활 각 방면에서 그러한 가치를 실천하기 위해 노력할 것을 제창하였다. 그것을 한마디로 요약한 것이 '인문정신'이다.
- 이러한 정신의 실천은 끊임없이 성장하여 풍부해지는 과정이 될 것이며, 개인성과 차별성을 통해 보편성을 체현하는 과정으로서, 어떤 의미에서는 이 실천의 풍부성과 다양성이야말로 인문정신

의 왕성한 활력을 실현시키는 일이 될 것이다.[5]

매우 방만하게 진행된 인문정신 논쟁이지만, 이것이 당시 중국 문화계 및 지식인 사회에 불러일으킨 반향은 대단하였다. 논쟁이 어떤 대결구도를 가지고 진행되었는지 주요 쟁점별로 정리하여 살펴보기로 한다.

▮인문정신 논쟁과 중국의 정치 성격

위 표제는 크게는 사상과 정치 이데올로기의 문제라고 할 수 있다. 인류 역사상 특정 사상이 정치 이데올로기로 이용되거나 통치 철학을 위해 어떤 사상이 왜곡된 경우는 수없이 많았다. 중국의 지식인들은 인문정신이란 말을 듣자마자, 과거 정치에서 받은 상처가 민감하게 되살아났다. 주로 중국 현대 혁명사적 특성과 그것의 영향을 받은 중국 학술사상의 특성이 논쟁에 끊임없이 개입하고 있다. 5·4 시기는 이미 가버렸고, 지식인들이 민중을 향해 명령을 내리던 시대 역시 가버렸는데, 지식인들은 왜 자신의 학문만 잘 연구하면 되지 인문정신이니 뭐니 하며 무엇인가를 빙자하여 다시 다른 사람을 지휘하려고 일을 꾸미고 노골적으로 불편한 심기를 드러내는가?[6]

---

5) 이 요약은 《人文精神尋思錄》을 주편한 왕효명이 이 책 후기에서 정리한 것을 참고로 하였다. 이런 논의는 국내 '인문학의 위기 논쟁'에서 논의된 인문학에 대한 정의 및 그 위기의 원인 진단, 인문정신의 정의 및 그 위기의 진단과 관련된 국내 자료 참조. 《인문사회과학의 위기론 진단》, 중앙대 개교기념 학술심포지엄자료집(1996. 10.) ; 백의, 《새로운 인문학을 위하여》(경상대 인문학연구소, 1993. 2.) ; 《현대의 새로운 패러다임과 인문학》(경상대 인문학연구소, 1994. 2.).
6) "나는 미처 생각하지 못했다. 우리가 말하는 인문정신 속에 명령을 발동하고 무슨 '언어권력'을 쟁탈하려는 음모가 숨어 있다는 것을. 그러나 바로 이 점 때문에 인문정신 논의

1950년대 이후 중국 정치의 극좌노선이 지식인들의 계몽적 사명을 이용하여 민중을 강제했던 역사적 경험이 되살아난 것이다.

인문정신에 대한 비판가들의 논조에는 '중국은 인문정신이 있어본 적이 없다는 주장, 억지로 꼽는다면 오직 호적이 주창한 유럽 문예부흥운동 정도라는 것, 오늘 주장하는 인문정신은 호적 당시의 '자유주의 일파'에 불과하다는 것, 그리고 자유주의자에 대한 장개석의 비판까지 끌어들여 호적식 자유주의는 '제국주의자들의 문화 침략을 용이하게 만들어 주는 것이라는 해석'도 끼여들었다.[7]

이러한 중국 현대 혁명사적 특수성은 사람들의 사유방식과 학술 태도 등에도 영향을 주었다. 누가 적이고 누가 친구인가 하는 것이 혁명에선 중요한 문제였다.

그러나 "이런 단순화된 사유방식은 정치운동 과정에서 많은 화를 불러왔다. 현인문정신 비판에서도 이렇게 아직 남아 있는 해독〔遺毒〕이 발견되는데, 많은 사람이 관심을 갖는 것은 이론 자체의 문제가 아니라 '누가' 주장했느냐이다……. 논쟁을 하면서도 반대자의 이론과 싸우는 것이 아니라 정치적인 신경 과민으로 상대의 관점이 어느 파에 유리한지, 누구를 지지하고 누구를 반대할 것인지를 고려한다.

그러므로 정상적인 학술 토론, 깊이 있는 사고, 진지한 토론, 자유

는 의의가 있는 것이다. 그것은 분명 수년 동안 많은 사람들이 말하고 싶어하지 않았고, 말할 수 없었으며, 일부러 말하지 않았던 이야깃거리를 파헤친 것이다……. 지식인들이 지식인의 사회적 사명을 잊은 것은 고의적인 일이었다. 이런 망각은 보편적인 현상이 되어 집단적 망각이 되어버렸다." 陳思和, 앞의 글, 143쪽.

7) 그러나 이런 비난에 대해 "10년 전 서양 인도주의가 '부르주아 계급의 자유화'로 인식되던 시대에 이런 논쟁이 있었다면 우리 같은 사람은 제일 먼저 옴짝달싹 못하게 되었을 것이며, 만약 20년 전 문혁의 무리들이 창궐하던 시대였다면 우리들은 '삼가촌(三家村)'이나 '사가점(四家店)' 같은 죄명을 얻었을 것이다. 만약 더 이른 시기, 국민당 특무가 횡행하던 시대였다면 장개석의 어록에 의거하여 문일다(聞一多)가 간 길(국민당에 의해 피살)을 걸어야 했을 것이다."(陳思和, 위의 글, 149~150쪽)라고 역비판하기도 하였다.

로운 논쟁이 불가능하다……. 지식인이 어찌 정상적인 심정을 가질 수 있겠는가, 어디에 의지하여 인문정신을 고양할 수 있겠는가?"라는 발언은 차라리 비통하기까지 하다. 인문정신 논쟁이 '철 지난 것〔過時論〕이라는 비판 역시 중국적 사유의 특색이라고 할 수 있다. 새로운 관점을 만나면 먼저 그 뒤에 어떤 정치 배경이 있는지 없는지부터 의심하는 버릇'[8]이 그러하다.

인문정신을 제창하는 것을 개혁개방 이후의 서양 '따라잡기〔赶超〕' '세계를 향해〔走向世界〕'라는 1980년대 문화 흐름의 연속선으로 해석하여 서양 중심주의를 강화한 것에 지나지 않는다고 비판하기도 한다. 인문정신은 중국 지식인들이 의지하는 20세기의 마지막 신화이며, 전지구적 권력을 행사하고 있는 서양 담론에 의해 길들여진 '타자'의 논리라는 관점이다.[9]

이렇듯 인문정신 논쟁은 중국 현대사의 진행 과정에서 발생한 정치 이데올로기적 경험 및 상처, 이것에 의해 형성된 복잡하고 왜곡된 의식상태에 의해 굴곡을 겪었다.

---

8) 진사화, 앞의 글, 150쪽.
9) "그것은(보편적 인문정신의 강조 : 인용자) 의심할 바 없이 서양과 동질의 문화 공간을 시도하는 것으로, 중국을 전지구적 '냉전 후'의 문화담론 가운데 '타자'의 지위에 놓고 억지로 누르고 있는 것이다. 제3세계가 처한 주변적 위치를 눈여겨보지 않은 것이다. 그것은 중국 지식인에게 타이르기를, "인성(人性)으로 올라와 인류의 고통을 살피고, 인류의 운명을 탐색하고, '항구불변성〔永恒〕'을 추구하라"고 한다. 또 훈계하여 말하기를, "궁극적인 것에 대한 애정의 결핍은 중국 작가들로 하여금 세계 일류 작품의 정수를 흡수하기 어렵게 만든다."(《讀書》, 1994년 제4기)고 한다. 그것이 강조하고 있는 항구불변성은 때때로 중국을 시간적으로 그들 뒤의 위치, 피동적 위치에 머물게 한다. 이 토론 가운데 무게를 두고 진행되는 하버마스의 '보편적 커뮤니케이션론'은 일찌감치 '후식민지' 이론의 비판 대상이 되었으며, 문화보편주의의 세계관 역시 '종족 중심주의'의 신화라는 것, 서양문화 패권의 책략에 지나지 않는다는 것이 첨예하게 드러났다……. 이런 모순적 담론 속에서 서양 담론은 우세한 주체적 지위를 드러내고, 중국은 서양 '주체'에 무한하게 다가가고 있는 '타자', 힘쓸 수 없는 2등의 타자로 부호화된다." 張頤武, 〈人文精神―最後的神話〉, 〈作家報〉(1995. 5.) ;《人文精神尋思錄》, 139~140쪽.

▮인문정신 논쟁과 시장경제

인문정신 논쟁의 발단은 시장경제체제에서의 문학의 상업주의화, 대중문화의 저속화에 대한 우려에서 출발하였다. 그러므로 시장경제와 문화, 시장경제와 인문정신의 관계를 어떻게 바라보는가에 따라 논의의 방향이 달라질 수도 있다. 엄숙주의 문학을 옹호하는 문단의 원로 작가로서 뜻밖에도(?) 인문정신 논자들을 맹공격하여 사람들을 놀라게 한 왕몽은 시장경제 옹호론자이다. "물질적 토대를 벗어나 순수한 정신적 관점에서 보면 계획경제가 시장경제보다 훨씬 더 '인문'적인 듯하다"고 주장하였다. 인류가 주체적으로 경제발전의 법칙을 과학적으로 인식하여 자각적으로 경제발전을 운용한다는 면에서 그러하며, 무엇보다 계획경제의 기본 정신이 인민의 물질적이고 정신적인 욕구를 최대한 만족시키고자 한다는 점에서 더욱 그러하다.

그러나 그것은 순전히 정신적인 면에서 그러할 뿐 실제로는 이상적인 가설에 불과하다는 것, 이론적인 면에서 그러할 뿐 현실적으로는 불가능한 정책이라는 것, 그것의 실현은 개인의 주동성(主動性)을 말살하고 '대공무사(大公無私)'한 새로운 인간형에만 집착한다는 것, 자연히 위선적인 교조와 주관주의, 명령주의가 횡행하게 된다는 것, 그러한 상황에서의 인문정신은 인간의 욕망과 욕구를 억압하는 가짜 인문정신이라는 것이 그의 생각이다.

반면에 그는, 시장경제는 인간의 사욕(私慾)을 긍정하고 인간의 약점과 죄악을 은폐하지 않으며, 공개적이고 자유롭게 시장을 운용하기 때문에 인간의 주동성에 호소하고 인간의 행위에 구체적인 동기를 부여하는 데 매우 적합한 체제라고 하였다. 모든 사람이 대공무사한 '군자의 나라'를 건설하는 것이 아니라, 개인의 정직한 노동과 노력에 바탕한 공평하고 윤택한 사회를 건설하는 것이 훨씬 더 바람직하며, 이러한 시장경제체제에서 더 용이하게 인문정신을 찾을 수 있는 것이라 고 생각하였다.[10] 시장경제가 가져올 부작용과 폐해를 인정하지 않는 것은 아니지만, 최소한 인문의 가능성이라는 면에서 긍정해야 한다는 입장이다.[11]

논쟁 초기부터 인문정신 위기론에 동참했던 장여륜 같은 사람은 인문정신과 시장경제가 대치적인 관계에 있는가라는 질문에, "그렇지 않다"고 잘라 말했다. "인문정신의 몰락이라고 말하는 이러한 위기의 발생은 시장경제가 발전하면서 생겨난 것이 아니다. 그 위기의 근원은 5·4운동, 아편전쟁, 심지어 만명(晚明)까지 거슬러 올라갈 수 있다. 1백여 년 동안 사람들은 이 위기의 근원과 그 출로를 끊임없이 찾아왔다." 그는 한 걸음 더 나아가 시장경제와 인문정신의 친화력을 강조했다. "시장경제의 발전은 중국의 물질적 환경을 개선했으며, 실질적으로 인문정신의 회복과 발양에 중요한 조건이 되었다."

서구 근대사에서 다양한 문화를 발전시키고, 수많은 사상가 및 예술가들을 배출시킨 것과 마찬가지로, 중국에서도 이제는 위대한 문화계 거물이 속출할 것이며, 문화계가 활력을 얻을 것이라는 낙관적인 전망이다.[12] 시장경제를 옹호하고 시장경제가 인문정신 발양에 유익한 조건으로 작용할 것이라고 분석하는 이 두 사람 중 한 사람은 인문정신을 제창한 사람이고, 또 한 사람은 인문정신 제창자들을 비판한 사람이라는 점에서 매우 시사적이다.

한편, 왕몽을 '시류에 민감하고 지나치게 총명한 작가'라고 비난했던 왕빈빈은 현재를 적극적으로 긍정하는 왕몽과 같은 입장에 대해 매우 의미 있는 판단을 내리고 있다. "사람들이 문화대혁명을 회고할

---

10) 王蒙,〈人文精神問題偶感〉,〈東方〉(1994년 제5기) ;《人文精神尋思錄》, 108~110쪽.
11) 왕몽, 위의 글, 115쪽.
12) 張汝倫·汪暉,〈關於人文精神〉,〈文論報〉(1995. 1.) ;《人文精神尋思錄》, 164~165쪽.

때, 의식적이든 무의식적이든 그것을 하나의 반면적(反面的)인 거울로 삼아 현실을 재는 유일한 척도로 삼는다. 문화대혁명기와 비교해서 현재가 그때보다 낫기만 하면 현재의 모든 것에 대해 충분히 긍정할 이유가 있다고 생각한다. 그리고 그러한 이유 때문에 현재의 상황에 대해 어떤 불만이나 비판도 해서는 안 되는 것으로 여긴다."[13]

가깝게는 문화대혁명, 멀게는 중국 현대사를 통해 정치 이데올로기의 폐해를 개인적 체험으로 뼈아프게 경험한 대부분의 중국인들은 현재―시장경제―의 자유를 계속 발양하여 충분하게 실현시키는 것, 과거의 전제주의가 되살아나는 것을 막는 것에만 관심이 있다. 현재를 비판하는 것은 사회로부터 '좌파(左派)'로 경계되기에 꼭 알맞다. 그러므로 인문정신의 몰락과 문화의 상업주의를 비판하면서도 그것의 토대가 되고 있는 시장경제에 대한 비판은 자유로울 수가 없다.

인문정신 논자들은 시장경제의 폐해를 충분하게 인식하고 있으나 그러한 체제를 필연적인 상황으로 받아들이거나 시장경제에 대한 직접적인 비판은 회피하고 있다. 인문정신 논자에 대해 비판적인 사람들은 자본주의에 대한, 시장경제에 대한 낙관성에 온 정신을 쏟고 있지만, 시장경제가 왜 좋은지 계획경제가 왜 나쁜지에 대한 구체적인 비판과 분석이 없다. 이는 문화계의 담론이나 논쟁이 흔히 갖는 정치·경제학적 안목의 한계라기보다는 혁명 이데올로기의 폐해에서 비롯된 지식인들의 왜곡된 심리와 역사적 체험에서의 부자유, 그리고 현중국의 정치적 자유의 한계 등이 복잡하게 뒤얽혀 나타나는 것으로 보인다.

---

13) 王彬彬,〈錯開的藥方〉,〈文藝爭鳴〉(1996년 제1기), 10쪽.

인문정신 논쟁과 문화 비판

인문정신 논쟁은 처음에 당대 문단의 폐단과 문화계 현실을 비판하는 것에서 시작하였다. 사회의 건강을 지향하는 풍자문학과는 구별되는, 모든 것을 냉소하는 '조롱문학', 대중의 쾌감에 아부하는 작가들이 비판의 대상이었다. 사회의 어두운 면을 폭로하는 풍자문학은 인생과 존재의의를 긍정하고 이를 바로잡고자 하는 문학적 건강성이 전제가 되지만, 모든 것을 조롱하는 문학은 인생과 존재의의를 부정하고 언어의 유희와 감각적 쾌감만을 추구하는 자위(自慰)문학이라는 것이 비판의 요지이다. 그들은 이러한 쾌감 속에서 인문정신이 실종되었다고 진단하였다.

"인문정신의 실종이 문예에 여실히 드러난 현상이 바로 상상력의 고갈이다. 예술 상상력이란 이야기 줄거리 등과 같은 예술 처리능력을 말하는 것이기도 하지만, 더욱 중요하게는 존재상태와 존재방식 및 그 가능성에 대한 상상력이다. 거기에 바로 작가와 예술가의 생명이 있는 것이다……. 그것(상상력)은 폴 틸리히에 의해 '존재의 용기'라고 불려진 것으로서 예술가적 열정, 재능, 힘 등 기본적인 자질을 결정한다"[14]고 하여, 인문정신 상실이 문화계의 상상력 상실을 초래했다고 보았다. 그런 상상력이 상실된 작가의 대표적인 예로 왕삭을 들었고, 작가 자신이 이미 폐허화되어 그 폐허가 이 사회의 '폐허를 조소하고 있다'고 비판하였다.

제5세대 영화감독의 기수인 장예모는 중국문화의 정신과 뿌리를 찾겠다는, 이른바 "뿌리찾기〔尋根〕에서 출발했으나 역사를 배반했고,

---

14) 〈曠野上的廢墟-文學和人文精神的危機〉(王曉明, 張宏, 徐麟, 張檸, 崔宜明의 대담), 〈上海文學〉(1993년 제6기) ; 《人文精神尋思錄》, 8쪽.

결국에는 어두운 역사의 품으로 다시 들어가버렸다"고 비판하였다.

이러한 현상은 '이 시대 인문정신이 날로 위축되어가고 있는 것을 보여주는 증거'라는 것이다.[15] 그리고 이러한 문학현상은 문학관의 변화와 작가의 변화에서만 비롯되는 것이 아니라 지식인계가 삶의 가치를 추구하는 이상주의적 목표에서 후퇴했기 때문이라고, 그 비판의 끝을 지식인에게 돌렸다.[16]

이러한 비판에 대한 역비판 역시 만만치는 않다. 먼저, 비판의 중심 대상이 되었던 작가들의 역공이다. 그들은 5·4 이래 몇몇 작가들을 제외하고는 문단에 어떤 대가도 없었으며 작품의 다양성도 없었다고 과거를 진단한 후, "1985년 이후에 비로소 문학의 다원화가 가능해지면서 크게 발전하기 시작했는데, 왜 이런 다양성이 계속 발전할 수 있도록 지켜봐 주지 못하는가? 왜 이전에 사용하던 몇 가지 척도로만 문학을 재려 하는가?"라고 의문을 제기했다.

작가의 인품과 작품의 성취를 '일원화(一元化)'하려는 비평, 도덕적 잣대로 문단을 도덕의 성전으로 만들려는 비평은 시대착오적인 비평이라는 것이다.[17]

또한 그들은 사람들이 우려하는 몰락은 인문정신의 몰락이 아니라,

---

15) 앞의 대담, 9쪽.
16) "1987년 이후 중국문학이 내용에서 형식 중심으로 변한 것, 주제와 의미에서 서술 기교로 변한 것, '선봉(先鋒)'·'전위(前衛)'적인 소설작품이 대량 생산된 것 등의 현상은 소설관의 변화와 작가의 변화라는 것 외에 지식인계가 삶의 가치를 추구하는 이상주의적 목표에서 후퇴해버린 사상적 흐름에 영합한 것이 아니겠는가…… 이른바 '신사실주의' 작가들의 정신적 신앙의 파괴, 조소, 자기 비하적인 소설과 시가들, 이런 다양하고 복잡한 문학현상 가운데 공통적으로 감지되는 것은 '삶에 대한 인간의 감응능력을 강화시키고 발전시켜야 하는 문학'의 입장에서 후퇴하고 있다는 것, '세계에는 분명하게 정신적 가치가 존재한다'고 하는 입장에서 후퇴한 것이다." 위의 대담, 10~11쪽.
17) 〈選擇的自由與文化心態〉(白燁, 王朔, 吳濱, 楊爭光 대담), 〈상해문학〉(1994년 제4기);《人文精神尋思錄》, 91~93쪽.

지식인들이 사회에 애정을 갖는 것처럼 지식인들을 숭배하던 시선이 있었는데, 지금은 그 시선이 몰락한 것이라고 한다. 지식인은 더 이상 문명의 횃불을 전달하는 사람이 아니라는 조소 어린 꾸짖음이다.[18]

작가이면서 문예비평가인 왕몽은 "몰락감이 '조소문학'과 '룸펜문학'을 겨냥한 것이라면, 조소와 룸펜이라는 통속적 대중문학 이전에 우리 나라에는 자부심 높은 영웅문학과 전투문학이 있었는가? 그렇다면 인문정신은 영웅정신과 전투정신이란 말인가? 아니면 조소가 반인문정신인가? 유머는? 유머는 인문정신 몰락의 징조인가? 아니면 그 반대인가? 룸펜문학의 내용은 문학 속의 '룸펜'을 말함인가?"[19] 라고 되물으면서, "룸펜문학을 비판하는 사람들 가운데 몇 명이나 왕삭을 이해하고 있는가? 작가들은 현시대의 위선적인 도덕과 위선적인 숭고를 아파하고 있는 것이다. 그들은 상황에 따라 미치광이인 체할 수 있었던 중국 문인의 전통을 이어받아 고의로 자신을 방기하고 전통적인 문학방법을 무시하는 것이다. 그들 소설에 나오는 룸펜들은 우리가 동정해야 할 만한 점이, 이해해야 할 만한 구석이 조금도 없단 말인가? 왕삭을 비판하는 잠재의식 속에 문화전제주의가 숨어 있는 것은 아닌가?[20] 가장 바람직하고 유익한 인문정신이 있다면, 그것은 사회생활과 문화면에서 다양한 요소와 다양한 층차로 이루어진 것을 인정할 수 있고, 어떤 특정한 요소와 층차의 한계와 소극적인 면까지도 인정할 수 있어야 한다"[21]고 주장하였다.

같은 작가의 같은 작품, 같은 문화현상이라도 바라보는 논자들의 가치관에 따라 문화 비판은 침예한 쟁짐을 형성하고 있다.

---

18) 앞의 대담, 95쪽.
19) 왕몽, 앞의 글, 107쪽.
20) 왕몽, 위의 글, 115~116쪽.
21) 왕몽, 위의 글, 118쪽.

갖가지 다른 의견에도 불구하고 인문정신이 '대중문화에 저항하는 최후의 진지라는 점', 현재 중국문화가 여러 가지 복잡한 도전을 받고 있지만 그것을 깊이 이해하고 연구한다면 새로운 가능성을 찾을 수 있을 것이며, 대중문화에 대해 더욱 명철하고 기민한 관찰과 고민을 해야 한다는 것, 오늘 현재의 상황을 거부할 수 없다는 것, 인문정신이 모든 것을 해결할 수 없음은 물론 인문정신 역시 무수한 현재적 담론 가운데 하나라는 사실, 인문정신을 절대적 목표로 지향할 권한이 없으며, 단지 오늘에 이르러서 반성적 사유와 새로운 사고를 끊임없이 계속해야 한다는 것 등[22]에는 다른 의견이 없는 듯하다. 그러나 이것 역시 모호하고 추상적인 처방이긴 마찬가지이다.

이 밖에 과학의 발달에 따른 인문과학의 발달과 철학의 발전 및 사회의 변화에 초점을 맞추어, 과연 현중국에서 인문정신은 위기를 맞고 있는가 아니면 진보·발전하고 있는가를 묻고, '인문정신의 몰락' 운운은 특정한 언어환경 조건에서 주도적인 지위를 가졌던 해석과 담론이 그 존재의 근거와 권위를 상실했다는 사실을 말해주는 것일 뿐 중국사회는 여전히 발전하고 있다는, 어느 정도 낙관적이고 느긋한 비평도 있다.[23]

---

22) 張頤武, 앞의 글;《人文精神尋思錄》, 141쪽.
23) "그러므로 실제로는 '인문정신의 몰락'이 아니다. 인문정신은 몰락할 수 없는 것이다. 인류가 존재하는 한 인류는 자신의 운명에 대한 사고와 이해를 멈추지 않을 것이기 때문이다. 몰락할 수 있는 것, 몰락의 고통을 당한 것은 특정한 언어환경이 만들어낸 주도적 지위를 차지했던 이해형식 내지 사고형식을 말한다." 曲衛國,〈危機? 進步?〉,《讀書》(1994년 제8기);《人文精神尋思錄》, 101쪽.
"문학비평의 위기는 커다란 의미에서 '엘리트집단'의 권세가 도전을 받고 있고, '엘리트' 자신이 '절대'에 대해 의심하기 시작한 데 있다. 이런 의미에서 문학비평의 위기는 아마도 우리 사회가 진보했고, 우리 나라가 더욱 민주화되었다는 표지일 수도 있다." 曲衛國, 위의 글, 104쪽.

▮인문정신 논쟁과 지식인

인문정신 논쟁은 5·4 이래 중국 지식인들이 갖고 있던 정치적 콤플렉스에 의해 지식인 문제, 지식인과 사회권력의 문제, 지식인의 사회적 역할의 문제로 환원되었다.

인문정신 논쟁의 물꼬를 튼 젊은 비평가들은, 1987년 이후 상업작가들의 범람과 중국사회 전체에 걸쳐 진행된 배금주의·물질만능주의·부패현상을 인문정신의 퇴조 때문이라고 보았고, 인문정신의 퇴조는 중국의 현지식인들이 마땅히 견지했어야 할 사회적 책임을 다하지 않은 것과, 지식인들이 꿈꾸고 제시해야 할 인간과 세계에 대한 이상주의적 가치에서 후퇴했기 때문이라고 판단했다. 그래서 그들은 수많은 비판을 받은 후에 다음과 같이 자신들의 입장을 밝혔다.

"인문정신의 제창은 그 실상은 지식인들의 자구(自救)행위이다……. 지식인은 사회에 대해 책임을 다해야 한다. '지식인'이란 말은 본래 그러한 책임을 나타내는 기호이다……. 그러므로 인문정신 논쟁은 지금 이 자구행위를 자각적으로 진행시키고 있는 것이라고 할 수 있다."[24]

논쟁의 출발이 그들 자신을 포함한 지식인들 스스로의 반성과 참회의식을 전제로 했다는 사실을 분명히 하였다.

이것에 대한 비판 역시 신랄했다. 지금의 인문정신 논쟁은 5·4 이후 중국의 지식인들이 구체적이고 일상적으로 진행되어야 할 '현대성'의 목표는 뒷전으로 한 채, 초경험적이고 환상적인 '현대성'만을 추구했던 사실(史實)을 걱정스럽게 환기시켜준다고 했다. 그리고 "그것은 '계몽'과 '대리 발언'을 지식인이 해야 할 역할의 중심에 놓는 것을 '합법성'으로 하는 인문정신을 전제로 하고 있다. 그 속에는 세

---

24)《人文精神尋思錄》, 273쪽.

속적 권력작용을 극대화시키려는 책략이 숨어 있다"[25]고 꼬집었다.

이와 같은 민감한 반응은 지식인의 광장(廣場) 콤플렉스, 즉 지식인의 담론이나 사상이 광장이라고 하는 정치적 공간을 통해 절대 권력을 행사했던 것, 중국 현대사에 있었던 그 엄청난 폐해를 기억하고 있는 중국 지식인들의 의식을 반영한 것이다. 그래서 지식인의 사회에 대한 역할이란 오로지 자신의 전문적 작업을 통해서만 해야 한다는 해명성 설명이 나오게 되기도 한다.[26]

그러나 역사적 전환기에 지식인의 역할은 여전히 중요하다는 주장 역시 만만치 않다. "사회전환기에는 사회가 어디로 전환되어가는지, 문화의 전환이 어떻게 진행되고 있는지가 모두 사람들의 조종 및 간섭과 불가분의 관계에 있다. 그래서 지식인의 양지(良知)와 담력(膽力)과 식견은 사회전환기에 더욱 필요한 것이다. '전환'을 구실로 삼아 비판을 취소하고 거절한다면 탄식만 초래할 것이다."[27]

인문정신 논쟁에 참여한 많은 오해와 비판은 대부분 시장경제 이후 중심에서 밀려 주변화되어 버린 중국 지식인들이 자신들의 현실적 조

---

25) 張頤武, 앞의 글, 140쪽.
26) "어떤 연구자가 '세계의 면모가 바뀌어가고 있는 이때에 지식인의 역할은 이제 거의 없다'고 주장하였다. 이는 지식인의 '광장 콤플렉스'의 좌절을 말해준다." 5·4 이후 중국 지식인들에게 하나의 사유 경향이 생겼는데, 사회정치에 관심이 있으면 사회운동으로 나아가고, 문닫고 연구하는 것에 관심이 있으면 거기에 몰두하는 것이 그것이다. 그들은 둘 중 하나를 선택해야 했다. 그들은 지식인의 사회 참여에 여러 가지 경로가 있는 것을 알지 못했다……. 지식인의 작업은 현실세계를 해석하는 것에 만족할 수 없다. 더욱 중요한 것은, 사람들이 현실세계의 공리적 속박에서 벗어나 정신적으로 인간의 역사와 미래를 총체적으로 바라볼 수 있도록 도와주어야 한다는 것이다. 민족의 우매함은 지식인들의 총체성이 취약한 것과 관계가 있다. 물론 그러한 작업은 지식인이 오랫동안 종사해온 일상적인 일이 되어야지, …… 광장효과(廣場效果)를 통해 해결할 수 있는 일은 아니다. 이러한 교훈은 이미 5·4 세대 지식인들의 실천에서 증명된 바 있다." 陳思和, 앞의 글, 151~152쪽.
27) 지식인의 양지와 자아 비판정신을 들어 지식인은 구체적이고 실제적으로 현실을 비판하고 현실에 관여해야 한다는 주장. 王彬彬, 〈具體而實在的人文精神〉,〈中華讀書報〉(1995. 4. 19.) ;《人文精神尋思錄》, 246~248쪽.

건에 반응하면서 지식인의 권력을 강화하기 위한 것이라는 시각으로 요약된다.[28] 그러나 중국 지식인들이 사회권력에서 주변화되어 버린 문제는 개혁개방 이후의 시장경제체제에서 가속되었지만, 그 바탕은 5·4 이후로 거슬러 올라가야 할 것이다. 그리고 이 지점에는 중국 근현대사 전개 과정에서 형성된 지식인의 복잡한 의식과 자책, 참회의식 등이 작용하고 있는 것으로 보인다.

맺음말

인문정신 논쟁의 특성을 두 가지로 요약해보면, 첫째는 중국의 당면 현실 문제를 겨냥해서 전개한 토론이며 구체적인 삶의 현장에서 발단되었다는 것이고, 둘째는 논쟁이 매우 강한 비판적 성격을 지니고 있다는 점, 그리고 그 비판의 범주가 대단히 넓다는 점, 논쟁의 성격이 무엇보다도 지식인들의 자기 구제, 자기 질책으로 귀결되었다는 점이다.[29] 논쟁 과정에서 많은 오해와 의견 대립—이를테면, 논쟁의 주체인 지식인을 보는 관점과 현재의 상업문화를 보는 관점 등—이 있었음에도 불구하고 인문정신에 의지한 현실 비판이든 인문적 가치의 강조든, 모름지기 중국의 당대적 현실, 구체적이며 일상적인 현실을 떠나서 논쟁을 전개하는 것은 무의미하다는 것과, 새로운 삶의 양식은 새로운 인문정신의 창조를 요구하고 있다는 것에 대체적으로 의견을 같이 하고 있는 것으로 보인다.

---

28) 시장경제체제에서의 지식인 문제 참조. 柳世熙·李熙玉,〈개혁개방 이후의 지식인 문제〉,〈中蘇問題〉 65호(1995년 봄호, 한양대 중소문제연구소).
29)《人文精神尋思錄》, 273쪽.

인문정신 논쟁의 의의 및 이것을 정리하면서 든 몇 가지 생각—주로 인문정신 논쟁의 한계—을 정리하면 다음과 같다.

첫째, 논쟁이 지나치게 사변화, 추상화 경향을 띠었다. 논쟁의 출발은 앞에서 살펴본 대로 문화계의 구체적인 현상에서 출발하였다. 또한 논의 내용이 두리뭉실한 듯한 인상을 주는 것은 '인문' 및 인문정신의 함의가 갖는 철학적 성격에서 비롯하는 것이라고 할 수 있다. 그들 스스로도 지적하고 있다시피, 구체성과 현실성이 없는 논의였기 때문에 구체적인 소득은 없다. 이를테면, 지식인의 하해를 어떻게 볼 것인가, 뿌리찾기 문학〔尋根文學〕의 어떤 측면을 긍정하고 어떤 측면을 비판할 것인가, 왕삭과 그의 소설에서 어떤 면이 반인문적이고 '폐허'적이었나, 하는 식으로 논쟁이 심화되었어야 했다.

둘째, 논쟁을 논쟁의 주체 문제, 즉 지식인 문제로 환원시켰기 때문에 심화된 인문정신 논쟁의 가능성을 멀어지게 하였다. 물론 이것은 논쟁 당사자들에게는 매우 민감한 정치적 문제였기 때문에 피할 수 없는 한계였기도 하다. 왜 그들이 그렇게 민감했고, 그와 관련하여 어떤 논쟁이 오갔는가를 심층 분석하는 일은 현중국 문화계의 맥락을 파악하는 주요한 고리가 될 것이다.

셋째, 논쟁 과정에서 사용되고 있는 개념의 문제이다. 그 개념이 가리키고 있는 내용의 층위가 서로 다른 것인데도 함께 논의됨으로써 논쟁의 명료성을 잃었다. 예를 들면, "시장경제가 인문정신을 몰락시켰다"나 "시장경제 이전에는 인문정신다운 인문정신이 있었는가?"와 같은 쟁점에서 인문정신이 지칭하는 구체적인 함의는 다른 층위의 문제라고 할 수 있다.

넷째, 논쟁의 주체들이 지식인의 사회적 역할 가운데 하나로서 대체적으로 현실 비판 문제를 거론하고 있는데, 그들이 비판하는 대상은 모두 문화현상에 한정되어 있다. 현중국이 당면한 사회 문제 가운데 가장 심각한 문제로 파악되는 당(黨)과 국가에 의해 주도되고 있는 매우 제한적인 민주주의와 당의 관료주의에 대한 비판, 즉 비민주적이고 권위주의적인 정치현실에 대한 비판은 전혀 없다. 시장경제가 가져다준 폐해를 지적하면서도 시장경제체제 자체에 대한 비판 역시 전혀 없다. 이는 언론과 표현의 자유가 매우 제한적으로 허용되고 있는 현중국사회를 반증하는 것이다. 그러므로 권력에 의해 허용된 제한된 담론의 장에서의 논쟁이란 처음부터 그 한계성을 지닐 수밖에 없는 것이다. 문화대혁명에 대한 중국 지식인들의 참회나 객관적인 비판이 아직도 거의 없는 상태 역시 같은 맥락에서 이해될 수 있다.

인문정신 논쟁은 이와 같은 한계를 분명히 지니고 있는데도 1990년대 중국의 사회 문제, 문화계의 현상, 지식인계의 고민을 드러낸 역사적 사건으로의 상징적인 의미를 지니고 있다.[30] 인문정신 논쟁을 신랄하게 비판한 후현대주의자 역시 이 논쟁이 절대성·무한성·보편성의 성격을 띠면서 현실의 문화 문제를 초월해버렸지만, 그 나름의 "풍자적 의미를 지니고 있으며, 저절로 현재의 문화적 언어환경의 일부가 되었고, 전지구와 중국 사이에 복잡하게 뒤얽혀 있는 문화 문제의 상징이 되었으며, 순수와 초월을 진지하게 추구한 지식인들과 그들이 만들어낸 '지식'은 '후현대(後現代)'와 '후식민지'라고 하는 당대적 역사 속으로 들어가 그것의 없어서는 안 될 일부가 되었다"고 역사저

---

30) "1993~1994년에 극을 이룬 인문정신 논쟁은 문화 위기, 생존 위기라는 비탄에서 중국 지식계의 양지가 살아 있다는, 지식계의 사명감이 죽지 않았다는 상징적 의미를 지닌다." 樊星, 〈當代文論與人文精神〉, 〈當代作家評論〉(1995년 제1기), 110쪽.

의의를 정리하고 있다.[31]

  세기말 중국을 읽고 진단하는 데 반드시 점검해야 할 중요한 지점이라고 하겠다.

---

31) 張頤武, 앞의 글, 140쪽.

인문정신 논쟁과 90년대 중국사회의 정신적 풍경

심혜영(沈惠英)

심혜영
서울대 중문과를 졸업하고 동대학원에서 〈모순(茅盾) 초기 소설의 상징성 연구〉로 박사학위를 받았다. 인제대, 서울대, 경기대에서 강의를 하였다. 주요 논문으로는 〈주리돌림(示衆)의 세계에 관한 소고-《방황(彷徨)》기 작가의 현실인식을 중심으로〉 〈모순(茅盾)의 '動搖' 분석 시론〉 등이 있으며, 번역서로 《사상해방운동》(공역) 《변방의 도시(邊城)》 《붉은 수수밭》 등이 있다.

머리말

 사회주의와 자본주의가 공존하는 1990년대에 중국의 지식인들은 심각한 정신적 혼란과 정체성의 위기를 경험하고 있는 것으로 보인다. 한편으로 그들은 치유되지 않은 문혁의 상처에서 충분히 실현되지 않은 자유와 해방이 확대되기를 여전히 갈망하고 있지만, 다른 한편으로는 시장경제의 현실화와 그것이 초래한 개인주의 및 극단화된 이기주의 속에서 공동체적 가치의 붕괴를 우려하고 있다.
 새로운 사회에서 중국인들은 '볼 수 있고 만질 수 있는' 물질적인 여유와 '부강한 신중국 건설'이라는 화려한 꿈을 갖게 되었지만, 그 대가로 삶의 의미와 가치에 대한 확신을 상실하게 되었고, 공동체의 이상을 위해 헌신하는 '위대한 인간'에서 분절된 삶의 좁은 영역을 맴돌며 개체의 생존에만 충실한 '왜소한 개체'로의 추락을 감수하게 되었다. 새로운 사회에서 개인은 자신의 정체성을 확인해줄 새로운 가치의 준거를 찾지 못하고 있고, 개인과 사회, 개체와 공동체는 새로운 조화와 결합방식을 확립하지 못하고 있다.

1993년 상해의 한 비평가 모임에서 조촐한 좌담형식으로 시작된 인문정신 논의가 곧 북경, 남경, 장춘 등 중요한 문화도시들로 퍼져 나가고 중국 각지의 작가, 비평가, 인문학자들이 〈독서〉, 〈동방〉, 〈문예쟁명〉, 〈상해문학〉, 〈종산〉 등 영향력 있는 지성지 또는 문예지들을 통해 앞다투어 토론에 참여함으로써[1] 1990년대 지성계의 가장 뜨거운 쟁점 중 하나가 되었던 것은, 이러한 1990년대의 사회적·정신적 상황과 불가분의 관계가 있다.

인문정신에 관한 논의는 1990년대 대중문화에 대한 비판으로 시작되어 곧 지식인의 자기 반사로 이어졌고, 다시 지식인의 역할과 위상, 보편적인 규범 확립의 필요성과 위험성, 개인의 자유와 공동체적 이상의 충돌과 조화, 시장경제와 민주화, 대중문화와 엘리트문화 등등 1990년대의 문화 전반에 관한 광범위한 토론으로 확대되었다.

여기서는 이와 같은 인문정신 논의의 경과와 쟁점들을 소개함과 아울러, 그것이 사회주의적 정치체제 속에서 자본주의적 경제 성장을 추구함으로써 여러 가지 복합적이고 다층적인 모순을 낳고 있는 중국의 1990년대 현실에서 갖는 의미를 밝혀보고자 한다.

인문정신 논의의 출발

1990년대의 중국 지식인들이 바라보는 1980년대는 대개의 경우 무척 행복한 시기였다. 지식인들의 '계몽적 역할과 이데올로기가 사회의 정치·경제적 개혁과 발전을 이끌고 추동'[2]하는 힘으로 인정받았

---

1) 李書磊, 〈人文精神的眞實含意〉, 〈文藝爭鳴〉(1995년 제6기), 13쪽.
2) 許紀霖·陳思和·蔡翔·郜元寶, 〈道統, 學統與政統〉, 《人文精神尋思錄》(王曉明 編, 上海 : 文匯出版社, 1996. 2.), 48쪽.

던 1980년대에, 지식인들은 한편으로는 '등소평의 사회주의 개혁운동에 이론적 근거를 제공하면서'³⁾ 새로운 국가권력과 행복한 결합을 누릴 수 있었고, 다른 한편으로는 대중들의 충실한 대변인으로서 개혁 이념을 선전하며 대중들을 이끄는 '정신적 전위'로서 대중들에게 사랑과 존중을 받았다. 지식인들에게 1980년대는 낭만적 열정과 새로운 공동체의 이상과 유토피아적 비전이 모든 것을 하나로 감싸안았던 행복한 시대였다.

그러나 1989년 6월, 천안문사건으로 그런 '행복한 결합의 시대'는 마감되었다. 지식인들의 계몽기획과 국가의 사회주의적 근대화기획이 연합할 수 있었고, 심지어는 계몽 지식인들이 국가의 개혁 방향을 제시하고 주도할 수 있었던, 지식인과 국가권력의 밀월관계는 깨져버렸다.⁴⁾ 정치적 민주화와 경제적 근대화를 동시에 요구했던 지식인들의 개혁 프로그램은 위험한 것으로 부정되었고, 정치적 안정을 볼모로 하는 경제 근대화 일변도의 프로그램이 '중국식 특색을 갖춘 사회주의'의 근대화 방향으로 굳어지면서 지식인들의 참여는 제한되거나 배제되었다. 1989년 이후 수년 동안 중국 지식인들은 정치권력의 배신과 소외의 상처 속에서 외부를 향해 '말하려고 하지 않거나 감히 말하지 못하거나 혹은 고의로 말하기를 회피'해 왔다.⁵⁾

지식인들이 오랜 침묵을 깨뜨리고 말문을 열게 된 것은 또 하나의 소외, 즉 대중(大衆)의 배신 때문이었다. 현재 중국의 주요 모순을 '인민의 증가된 물질적 수요와 그것을 따라잡지 못하는 낙후된 경제적 현실'로 규정하면서 정치적 민주화 요구를 억압하는 한편, 경제적

---

3) 汪暉, 〈중국의 사회주의와 근대성 문제〉, 〈창작과 비평〉(1994년 겨울호), 61쪽.
4) Jing Wang, *High Culture Fever – Politics, Aesthetics, and Ideology in Deng's China* (Berkeley · Los angeles London : University of California Press, 1996), 2쪽.
5) 陳思和, 〈關于人文精神討論的兩封信〉, 《人文精神尋思錄》, 143쪽.

근대화를 집중적으로 추진해온 국가의 정책이 현실 속에서 가시적인 결과들을 드러내면서 대다수 중국인들은 '볼 수 있고, 만질 수 있는' 생활 수준의 향상을 통해 물질적인 여유를 누리게 되었다. 그리고 다른 한편으로는 국가권력이 제시하는 '부강한 신중국의 비전' 속에서 이념적인 부유함까지 누릴 수 있게 되었다. 이제 물질적인 여유와 국가권력이 선전하는 중국의 화려한 미래에 현혹된 대중들은 더 이상 지식인들의 추종자가 아니다.[6]

대중의 배신은 정치권력에서 소외된 것보다 더 뼈아픈 일이었다. 비록 한 순간의 화려한 기대와 처참한 좌절의 고통을 겪었지만 정치권력으로부터의 소외는 문혁을 겪은 그들에게 결코 낯선 것이 아니었고, 어떤 의미에서 그들은 그 익숙한 정치적 소외 속에서 자신들의 존엄성과 우월감을 더 깊이 확인할 수 있었다. '궁칙수기신(窮則修其身 뜻을 이루기 어려우면 자신을 수양하고), 달칙평천하(達則平天下 뜻을 얻으면 천하를 다스린다)'로 압축될 수 있는 전통적인 지식인의 처세법은 지식인이 자신의 가치를 인정해주는 정치권력의 동반자가 되거나, 물러나서 자기 수양에 힘쓰는 것을 모순되지 않는 것으로 해석해주었다.

그것은 둘 다 지식인의 지식인다움에서 비롯되는 것이며, 또한 지식인의 지식인다움을 지키는 방법이었기 때문이다. 정치권력이 그들을 배제할 때 개탄스러운 것은 외부의 현실이지 그들 자신은 아니었다. 그러나 대중의 배신은 그것과는 근본적으로 다른 것이다. 그것은 지식인의 존재 가치를 근본적으로 부정할 수 있는 것이다. 시장경제가 가져다준 물질적 혜택을 적극적으로 누리고 시장경제가 초래한 상업문화와 대중문화에 아무런 저항 없이 포섭되어가는 대중의 비속한

---

6) Jing Wang, *High Culture Fever*, 3쪽.

삶 앞에서 '지식인들은 일찍이 자신들이 이상적인 격정을 부여했던 자유, 평등, 정의라는 구호들이 도시 대중에 의해 세속적으로 해석되고, 가장 원시적인 배금주의와 개인주의 경향을 부추기는'[7] 변질된 결과를 낳게 된 것을 발견하였다. 고상했던 '사상해방운동'의 이념이 '비속화된 사회적 실천으로 현실화'된 것이다. '사회의 근본적인 변화와 개혁개방의 수혜자들은 사상의 선구자들을 잊거나 방기'했고,[8] 이러한 상황에서 "지식인들의 '스승'으로서의 신분은 자동으로 소멸되었다."[9]

지식인들이 정신적인 영역에서 더 이상 대중의 스승 자리를 지킬 수 없는 '상실'의 씁쓸함을 맛보았다면, 물질적인 영역에서는 그보다 한층 더한, 대중을 교화시키는[化大衆] 자리에서 대중의 삶을 좇아가면서 대중에 의해 교화되는[被大衆化] 자리로 '전락'하는 현실의 고통을 맛보게 된다.[10] 지식인의 자화상은 '총체적인 위기에 직면'한 것이다.

지식인의 자기 반사

1990년대의 중국문화는 희극성으로 가득 차 있다. 한때는 비극의 무대장치이던 것들이 급속하게 희극의 도구로 바뀌어버렸다. 경제는 무제한의 해소력을 가지고 있고, 인민들은 가난에서 벗어나 부유해지

---

7) 허기림·진사화·채상·원보, 〈道統, 學統與政統〉, 《人文精神尋思錄》, 48~49쪽.
8) 斬大成·陶東風, 〈對人文精神尋思的尋思〉, 〈文藝爭鳴〉(1996년 제1기), 16쪽.
9) 허기림·진사화·채상·원보, 〈道統, 學統與政統〉, 《人文精神尋思錄》(王曉明 編, 文匯出版社).
10) 진사화 등, 〈當代知識分子的價值規範〉, 〈上海文學〉(1993년 제7기), 70쪽.

기를 갈망하며, 먹고사는 문제를 해결하고 더 잘사는 단계를 향해 달려가고 있다. …… 그들은 가라오케에 가고 음식점에서 맥주를 마시며, 가판대 위에 놓인 도색잡지를 보느라 정신이 없다. 그들은 텔레비전 앞에서 시간을 보내고 축구장의 관람석에서 열렬히 응원을 한다. …… 분명, 이것은 전형적인 태평성대(太平聖代)의 민속화이다. 그것은 동양적인 평범함과 만족으로 가득 차 있다.[11]

앞에서 살펴본 바와 같은 '상실'과 '전락'의 현실 앞에서 지식인들이 먼저 비판의 대상으로 삼은 것은 대중문화, 상업문화가 범람하는 외부적 현실이다. 최초로 인문정신에 대한 논의를 시작한 〈상해문학〉(1993년 제6기)의 좌담[12]에서, 논자들은 1990년대의 문학과 문화의 현황을 문학의 위기, 인문정신의 상실이라고 이름하였다. 무게 있는 잡지들은 속속 통속잡지로 전향하고, 고상한 정신의 수호자여야 할 작가들이 돈을 벌기 위해 생활전선으로 뛰어드는 현실에서 문학의 엄숙성과 신성성은 더럽혀지고, 인생의 엄숙함과 훼손할 수 없는 가치들은 가차없이 조롱당했다. '조소'와 '쾌락'의 문화를 전파하면서 대중과 어울려서 생존을 도모하는 타락한 문화의 생산자들은 신념의 대상이던 모든 정신적인 가치들을 부정하고 해체한다.

1990년대의 문학은 문학의 특권이던 인간과 삶에 대한 고뇌와 방황의 진지한 탐색을 포기하고, 대신 부정과 파괴와 기만적인 도피로 가득 차 있다. 모든 것이 부정되고 남은 것은 '폐허'의 정신으로 폐허의 현실을 부정하는 극단적인 가치 허무주의뿐이다. 이상주의는 후퇴하고 허무주의가 널리 퍼져 있다. 그것은 마치 기존의 모든 가치를 부정

---

11) 陳曉明,〈人文關懷――一種知識與敍事〉,《人文精神尋思錄》, 120쪽.
12) 왕효명 등,〈曠野上的廢墟-文學和人文精神的危機〉,〈上海文學〉(1993년 제6기).

하여 텅 비어 버린 '광야' 위에 파괴된 가치들의 잔재만이 남아 뒹구는 폐허와 같다. 인문정신에 관한 논의는 비감(悲感)하게 시작된다.

그러나 폐허가 된 세상의 모습을 통탄하며 비감하게 시작된 인문정신 논의는 곧바로 지식인들의 자기 성찰과 자기 반사로 이어진다.[13] 국가권력에서 배제되고 대중에게 외면당하는 이중적 소외의 현실 앞에서 지식인들은 곧 자신들이 겪게 된 '당혹감과 위기감'의 원인이 타락한 외부 현실에만 있지 않다는 사실을 발견하게 된다. 더 근본적인 원인은 오히려 그런 외적인 상황의 변화를 곧바로 '생존의 위기'로 받아들일 수밖에 없는 내적 주체의 취약함에 있었다. 자신들을 소외시키는 외적 현실을 비판하다가 그런 외적 현실의 변화 앞에서 너무나 무기력한 자신들의 실존을 돌아보게 되고, 다시 자신들 내부에 자기 존재의 의미와 가치를 확인시켜줄 어떤 주체의식도 확립되어 있지 못함을 깨닫게 된 것이다.

이러한 발견과 깨달음은 초기의 인문정신 논의에서 인문정신의 위기가 지식인의 생존 위기와 동일시되고, 인문정신이 상실된 원인의 탐색과 재건의 모색이 지식인의 자기 반성과 역할 찾기라는 자기 확인 과정으로 길잡아가게〔定向〕하는 정신적 배경으로 작용한다.

지식인의 자기 정체성 확인 작업은 반성과 새로운 역할 찾기를 내용으로 한다. 진사화는 반성의 실마리를 지식인의 독자적인 '자본', 즉 지식의 부재와 사회적 책임감의 상실에서 찾는다.[14] 그에 의하면 5·4 이후로 1980년대까지 중국의 지식인들은 '지식은 없고 책임감

---

13) 허기림은 1990년대 초반에 시작된 인문정신 논쟁을 1980년대 중반의 '文化熱'에 이어 중국의 지식인들이 두 번째 맞는 자기 반사라고 부른다. 그는 이 두 번의 자기 반사를 비교하면서 "1980년대의 지식인들은 엘리트의식을 강조하면서 각성하기 시작했는데, 1990년대의 지식인들은 그 엘리트의식의 허위성을 질문하면서 자기 확인을 하기 시작했다"고 말한다. 앞의 〈道統, 學統與政統〉 참조.
14) 진사화 등, 〈當代知識分子的價値規範〉, 〈상해문학〉(1993년 제7기).

만 있는', 즉 사회적 책임감 속에서만 자기 확인을 해온 셈인데, 경제적인 것이 모든 것을 지배하게 된 1990년대의 현실에서 그 책임감마저 상실하게 되자 '아무것도 아닌 존재'로 전락하게 된 것이다. '아무것도 아닌 존재'로 전락한 지식인이 다시금 자기 정체성을 확보할 수 있게 되는 것은 지식인의 고유한 역할인 '사회적 책임감'의 회복을 통해서 가능하다. 그리고 그것은 바로 '자기 자신에게 돌아가는 것', 즉 전통적인 '지식인의 가치관'을 회복하는 것이기도 하다.

전리군(錢理群, 치엔리췬) 등은 중국이 '경제홍국(經濟興國)'의 길을 택하고, 그 속에서 자연과학이나 사회과학과는 달리 실용적 가치가 크지 않고 상품적 가치로 전환하기도 쉽지 않은 인문학이나 인문학자가 '주변화'와 '소외'의 '운명'에 처하게 된 것은 '역사적 필연'이라고 해석한다. 그리고 다른 한편으로는 지금까지 중국의 지식인이 사회와 문화 속에서 중심적인 역할을 할 수 있는 것처럼 여겨온 것은, 체제가 그들에게 부여한 '착각'이거나 역사가 그들에게 씌워놓은 '환각'에 불과한 것이라고 말한다.[15] 이러한 착각이나 환각으로 자기 정체성 확인을 대신해온 지식인의 허위의식이 반성의 출발점이 되어야 하는 것이다.

그러므로 이제 그들이 '선택'할 수 있는, 혹은 선택해야 하는 길은 정치에 예속되지 않고 상업에도 예속되지 않는 순수한 학술문화를 확립하는 일이다. 학자가 '거리'에서 '서재'로 돌아오고, 학문이 현실을 '초월'한 '추상'의 영역에서 탐구에 몰두하는 독립된 학술 전통을 수립하는 것이 지식인이 자기 정체성을 회복하기 위한 '긴요한 과제'라는 것이 그들의 인식이다.

---

15) 陳平原·錢理群 등,〈人文學者的命運及選擇〉,〈상해문학〉(1993년 제7기),

인문정신 '상실'론

〈상해문학〉에서의 좌담이 인문 지식인의 자기 반성과 새로운 역할 찾기를 시도하는 데 초점이 맞추어져 있던 것에 비해, 특별히 '인문정신심사록(人文精神尋思錄)'란을 개설하고 제3기에서 제8기까지 인문정신에 관한 일련의 좌담들을 연재했던 〈독서〉에서는 논의의 주제가 인문정신에 대한 개념 규정과 인문정신을 상실한 원인에 대한 탐색으로 확대된다. 〈독서〉를 통해 진행된 논의들을 정리해보면 다음과 같다.

인문정신에 대한 규정은 논자들에 따라 다양하지만 크게 세 가지 정도로 분류할 수 있다. 하나는 인문정신을 '지식인의 행위규범'이나 실천원칙 등으로 파악하는 경우이다. 진사화가 이러한 입장을 대표한다. 진사화는 〈인문정신, 어떻게 가능한가〉에서 지식인들이 '자기 자신의 학술사상과 학술 전통을 가지고 현실 정치에 참여하여 통치자가 무엇을 원하는가에 개의치 않고 오직 통치자에게 어떻게 해야만 하는가를 요구'할 수 있었던 공맹(孔孟)시대를 인문정신이 구현되었던 시대로 파악한다.[16]

여기에 명시되어 있지는 않지만 진사화가 '지식인의 도통' '지식인들이 자기 행위의 절대적인 준칙으로 삼을 수 있는 정신적 전통'이라고 부르는 것은 대체로 그가 이해하는 인문정신으로 볼 수 있다. 〈도통, 학통과 정통〉에서 진사화는 '인문정신이란 처세의 태도이며, 지식인이 세계와 사회에 대해 가지고 있는 독특한 이해방식과 참여방식'이라고 규정함으로써, 인문정신의 문제를 지식인의 문제와 동일시하

---

16) 장여륜 · 왕효명 · 주학근 · 진사화 좌담, 〈人文精神—是否可能與如何可能〉,《人文精神尋思錄》21쪽.

는 자신의 관점을 더욱 분명하게 밝힌다. 이러한 관점은 진사화에게 일관되게 나타나며,[17] 〈독서〉의 좌담에 참석했던 여러 논자들에게도 공유되고 있다. 왕간(王干, 왕깐), 비진종(費振鐘, 페이진종) 등은 인문정신의 문제를 지식인의 생존 문제로 규정했고,[18] 노영평(盧英平, 루잉핑)도 '인문정신이란 곧 지식인이 학문을 하고 세상을 살아가는 원칙과 정신'이라고 말한다.[19]

여기에서 한 가지 주목할 것은, 진사화 등이 이처럼 인문정신의 문제를 지식인의 문제와 동일시하는 데는 '인문적 관심'을 지식인만의 몫으로 여기고, 암암리에 지식인을 전통사회의 군자나 성인과 동일시하는 그들의 지식인관 혹은 엘리트의식이 영향을 미치고 있다는 점이다. 진사화는 "미래에는 지식이 갈수록 더 많이 보급되어 장사를 하는 사람이나 관료나 여러 직업에 종사하는 사람들이 모두 비교적 높은 학력을 가질 수 있지만, 세계에 대한 인문적 관심은 누구나 가질 수 있는 것이 아니다"라고 말한다.

왕빈빈, 비진종 등의 입장은 조금 더 극단적이다. 이들은 인문정신의 핵심적 내용을 '비판과 부정의 정신'으로 파악하면서 "그렇다면 인문학자, 지식인은 반드시 현실의 반대편에 서야 하며…… 반드시 동일한 하나의 가치의 출발점을 가지고 있어야 하는데, 그 가치의 출발점이란 세속적이거나 경험적인 것이어서는 안 되고 반드시 신성하고 초험적인 성격을 갖는 것이어야 하며, 따라서 그것은 궁극적으로

---

17) 〈關于人文精神討論的兩封信〉에서도 진사화는 인문정신을 '지식인으로서 자신이 감당할 수 있는 사회적 책임과 전문적인 자리를 어떻게 결합시켜야 할 것인가에 대한 총체적인 사고'이며, 현실의 여러 가지 압력들에 대항하는 '현실 전투정신' 등으로 규정하고 있다.
18) 좌담 〈我們需要怎樣的人文精神〉에서 왕간은 "인문정신의 위기는 결국 지식인의 생존 위기이다"라고 말했고, 비진종은 "인문정신의 재건이란…… 오늘날 지식인의 자기 구제의 길이며, 재생의 길이다"라고 말했다.
19) 盧英平, 〈立法者, 解釋者, 游民〉, 《人文精神尋思錄》 181쪽.

종교적인 성격을 갖는 것일 수밖에 없다"[20]고 말한다. 지식인과 인문학자의 입지점을 신성한 곳, 종교적인 곳에 두어야 한다는 것이다.

이러한 관점은 인문정신을 '자기가 속한 환경을 초월해서 전체 인류의 상황 속에 적극적으로 뛰어드는 정신'으로 규정하고, 그 인문정신의 유무가 '지식인과 지식을 가진 보통사람을 구분하는 표지'라고 말했던 장신영(張新潁, 장신잉)이나, 지식인에게는 지식인다운 '존엄한 인격'과 '지식에 대한 경의와 경건'이 있어야 한다고 주장했던 엄봉(嚴鋒, 옌펑) 등에 의해서도 표명된 바 있다.[21]

인문정신에 대한 또 하나의 규정은 '사회공동체가 오랫동안 역사와 문화와 전통 속에서 이룩한 가치 판단의 기준', 혹은 인간이 인간다운 삶을 살 수 있도록 하는 '보편적인 원칙'이다. 이러한 입장은 장여륜에 의해 대표되는데, 그것은 자발적으로 '자연상태를 벗어난' 인간에게 비로소 가능한 '삶의 형태이며 이상적인 삶의 목표'이다. 이러한 인문정신은 '살신성인(殺身成仁), 사신취의(舍身取義)' '자신의 개인적인 이익을 희생하는 순교자 정신[殉道精神]'을 통해서 구현되는데, 이러한 초개인적인 행위는 '자연상태를 벗어난', 교양화되고 문명화된 인간에게서만 가능하기 때문이다. 그런 인간다운 인간만이 스스로 물질적인 생명을 포기하고, 보이지 않는 정신적인 이상을 이루고자 할 수 있다. 여기에서도 인문정신의 실천성이 강조된다. '인간이 인간인 근거'가 '자발적이고 구체적으로 초개인적인 보편원칙을 실천함으로써 자신의 인성을 완성하고, 승화시킬 수 있다'는 데 있다면, '인문정신'이란 바로 그러한 목표를 향한 '인간의 시속적인 실천과 노력 속에서만' 구현되는 것이기 때문이다.

---

20) 좌담〈我們需要怎樣的人文精神〉,《人文精神尋思錄》 61~62쪽.
21) 진사화 등 좌담〈當代知識分子的價値規範〉,〈상해문학〉(1993년 제7기).

인문정신의 상실과 재건을 주장하는 대부분의 인문정신 논자들은 인문정신을 지식인의 처세규범으로 규정한 진사화 등의 입장과, 인간다운 삶을 위한 보편원칙으로 규정한 장여륜의 입장을 구별 없이 받아들이고 있다. 실제로 이 둘은 구체적인 내용의 차이에도 불구하고 몇 가지 근본적인 사고에서 일치한다. 그것은 이들의 인문정신에 대한 규정이 모두 '인간다운 인간'이라는 동일한 인간의 이념에 기초하고 있다는 것이다. 이들에게 인간이란 '자연적으로 소유하게 되는 성질에 추가되어야 하는 잉여의 특질, 그래서 기존의 인간을 더욱 인간적이게 하는' '인문주의적 인간성'을 갖춘 인간이다.[22] 이러한 이념적 인간은 '지사인인(志士仁人)' '극기복례(克己復禮)'와 같은 전통 유가사상의 인간 이념과도 일치한다.

이 외에도 원진(袁進, 웬진) 같은 이들은 인문정신을 '인간의 존재에 대한 사고이며, 인간의 가치, 인간 삶의 의미에 대한 관심'이나 '인간의 운명과 고통과 해방에 대한 생각과 모색'이라고 규정하면서 그것이 도덕적 가치와 구별되는 '형이상학적이며 인간의 궁극적인 관심에 속하는 것'임을 강조하기도 한다.

인문정신에 대한 이와 같은 이해에 기초하여 논자들이 지적하는 인문정신 상실의 원인을 살펴보면, 다음과 같다.

논자들은 인문정신 상실의 원인을 오랫동안 수입 지식에만 의존해 온 학술 전통과 그것에서 비롯된 분석·비판 능력의 상실에서 찾는다.[23] 중국의 지식인들이 근대 이후로 모든 전통적인 학술 전통을 부정하고 서양의 학문만을 지적 '참조'체계로 삼게 된 것이 지식인들이 '초월'적인 위치에서 '세속적인 것들을 비판할 수 있게 하는 독자적

---

22) 김상환, 〈해체론 시대의 인문주의〉, 《해체론 시대의 철학》(서울 : 문학과 지성사), 325쪽.
23) 좌담〈人文精神－是否可能與如何可能〉, 《人文精神尋思錄》.

인 정신의 척도', 즉 지식인들의 '독립적인 서사'를 갖지 못하게 함으로써, 현재 인문정신의 위기라는 지식인의 생존 위기를 초래했다는 것이다.[24]

독자적인 학술 전통의 부재(不在)를 인문정신 상실의 근원으로 파악하면서 그 독자적인 학술 전통의 부재 원인을 중국의 학술 전통 속에서 찾는 견해들도 있다. 허기림(許紀霖, 쉬지린)은 〈대학(大學)〉의 여덟 가지 조목인 '격물(格物)·치지(致知)·성의(誠意)·정심(正心)·수신(修身)·제가(齊家)·치국(治國)·평천하(平天下)'로 전통사상을 개괄하고, 여기에서 '성의·정심·수신' '제가·치국·평천하' '격물·치지'를 각각 도통, 정통, 학통의 핵심적인 내용으로 설명하면서 전통문화 속에서는 이들 사이에 '도통(體)과 정통(用)과 학통(文)의 위계질서가 성립'되어 있었으며, 이러한 위계질서에서 도통이 정통뿐만 아니라 학통에 대해서도 절대적인 지배력을 행사함으로써 학술을 구도의 도구로만 여겨 독자적인 학술 전통이 발전되지 못했다고 주장한다. 여기에서는 '학술을 이데올로기의 속박에서 해방'시켜 '학술의 독립성을 확보하고' '인문정신으로 하여금 정치적 기능을 초월한 독립적인 의미를 갖추게 하는' 것이 인문정신을 재건하는 방법이 된다.[25]

또 다른 논자들은 오히려 '인간의 운명에 대한 관심과 인간의 본질에 대한 사고'로서 인문정신이 전통문화 속에서는 비주류로나마 명맥을 유지해오다가 만청시대에 이르러 '구국의 열정 속에서 현실적이고 공리적인 고려가 모든 것을 압도하면서' '급격한 몰락'을 맞게 되고, 그러한 문제가 사회주의 시장경제를 추구하는 당대로 오면서 더

---

24) 좌담〈我們需要 樣的人文精神〉,《人文精神尋思錄》.
25) 진사화,〈道統, 學統與政統〉,《人文精神尋思錄》.

욱 심화되었다고 설명한다. 즉, 전통사상 속에는 유가사상에 기반한 주류 문화와 거기에 포섭되지 않고 인문정신을 담지한 비주류 문화가 존재해왔는데, 시종일관 주류 문화에 의해 '배제'되고 '은폐'되는 처지에 있던 비주류 문화 속의 인문정신이 만청시대에 이르러 '민족 모순이 갈수록 첨예해지면서 실용성을 중시하는 경세치용과 구국사조가 주류가 되고 형이상학적인 관심들이 쓸모 없는 공허한 이야기로 치부당하는' 정신적 상황 속에서 몰락의 운명을 맞게 되었다고 한다.

더 나아가 '돈이 모든 것을 재는 가치의 척도로 변하고, 고급 기술의 발전으로 싼 가격에 많은 사치품을 생산해내어 삶의 질량이 삶의 수량으로 바뀌고, 수량을 추구하는 것이 삶의 의미로 바뀌고, 욕망의 만족이 의미의 추구를 대신하게 된' 당대의 현실은 인문정신의 상실을 부추기는 여건으로 작용하게 되었다는 것이다.[26]

또한 1949년 이후의 지식인의 생존조건이 인문정신을 상실하게 된 원인으로 지적되기도 한다. 채상은 인문정신의 상실이 1949년 이후 지식인의 생존조건과도 관련이 있다고 본다.[27] 사회주의 중국에서 지식인들은 한편으로는 체제의 수혜자로, 다른 한편으로는 사상 개조의 대상으로 체제에 의해 서서히 길들여지면서 점점 체제 의존적인 존재로 바뀌게 되었고, 그런 조건에서 체질화된 의존성과 엘리트의식이 지식인들로 하여금 시장경제의 새로운 현실 앞에서 '밖으로 뛰쳐나갈 용기와 능력을 잃게' 하고, 평범한 '대중'의 역할을 받아들일 수 없게 했다는 것이다.

〈독서〉를 통해 진행된 이와 같은 논의들에서 인문정신을 상실하게 된 원인을 탐색하고 재건방법을 찾고자 하는 모색은 모두 전통에 대

---

26) 〈人文精神尋踪〉,《人文精神尋思錄》.
27) 진사화, 〈道統, 學統與政統〉,《人文精神尋思錄》.

한 반사형식으로 이루어지고 있다. 그런데 그 반사에서 인문정신의 상실 기점이 만청시대 혹은 5·4 시기로 설정되어 있다는 것은 주목해볼 만하다. 만청시대 혹은 5·4 이전 시기는 오히려 상실된 인문정신을 재건하기 위해 의지해야 할 뿌리로서 인식되고 있다.[28]

▌'상실'론에 대한 반격

〈상해문학〉에서 시작되어 〈독서〉로 이어진 인문정신 논의들이 대체로 인문정신의 위기 혹은 상실이라는 현실 진단에 동의하면서 상실된 인문정신을 재건할 필요성과 당위로 논의의 초점을 모아가고 있을 때, 1990년대 대중문화를 대표하는 일군의 작가들, 이른바 시장경제 하에서 성공한 젊은 '하해'[29] 작가들측에서 인문정신 상실론에 대한 반박이 터져나온다.[30] 이들은 '선택의 자유'와 '서로 다른 개성의 평등한 공존'을 내세우면서 '여전히 과거의 기준으로 지금의 문학을 평가'하는 비평의 낙후성과 '자신들의 생각으로 작가들을 재단하고, 그것을 작가들에게 요구'하는 비평가들의 독단을 비판한다.

인문정신 논자들에게 비판의 초점이 되었던 왕삭은 '어떤 이들이 크게 떠들어대는 인문정신 상실이란, 사실은 자신들이 과거처럼 사회의 관심과 주목을 받지 못하게 된, 그들에 대한 관심의 시선을 상실한 것이고 그들에 대한 숭배의 눈길을 상실한 것'이라고 인문정신 논자

---

28) 曠新年,〈對人文精神的一点考查與批評〉,〈문예쟁명〉(1995년 제6기).
29) 사전적인 의미로는 본래의 업무를 포기하고 상업에 종사하는 것을 뜻하는데, 여기에서 '하해작가(下海作家)'란 작가이면서 기업을 경영한다든가, 기타 영리를 목적으로 하는 활동에 종사하는 사람을 말한다.
30) 왕삭 등,〈選擇的自由與文化態勢〉,〈상해문학〉(1994년 제4기).

들을 신랄하게 비난하였다.

  왕삭 등의 비판에 이어 저명한 작가 왕몽이 다시 인문정신 상실론에 대한 강력한 반격을 편다.[31] '칼같이' 신랄한 논조로 일관한 왕몽의 비판은 인문정신에 관한 토론을 논쟁으로 비화시키면서 문단에 적지 않은 파장을 불러일으키게 되는데, 그 내용은 크게 세 가지로 정리할 수 있다.

  하나는 인문정신 논자들이 문학의 엄숙성과 신성성을 잣대로 왕삭 등의 '통속적 대중문학'을 비판한 것에 대해 재비판한 것이다. 왕몽은 "문학에서 최소한의 유머조차 인정되지 않는다면 거기에 무슨 인문정신이 있겠는가?"라고 반문하면서, 노신이 비록 위대하지만 문단에 만일 똑같은 노신이 50명이나 있다면 그것은 끔찍한 일이며, '중국인이 모두 공자가 되거나 모두 아Q가 되는 것 또한 똑같이 무시무시한 일'이라고 말한다. 왕몽은 같은 맥락에서 다양한 작가들을 모두 같은 잣대로 비판하는 것은 '잠재적인 문화전제주의'를 표현하는 것이며, '인문정신을 신성화·절대화하는 것은 다른 어떤 추상적인 개념이나 교조를 절대화하는 것과 마찬가지로 자승자박이 될 것'이라고 경고한다.

  왕몽의 또 다른 비판은 인문정신 논자들의 '인문정신'이 전통사상이나 계획경제 정신 사이에서 드러내는 친연관계(긴밀한 연관성)에 대한 것이다. 그것은 무엇보다도 인문정신 논의의 전제가 되는 '인간'에 대한 이해 혹은 규정에서 나타난다. 왕몽에게 '인문정신'이란 서구에서 발원한 '휴머니즘'과 다르지 않다. 그것은 '인간을 주체로 하고 인간을 대상으로 하는 사상'이며 '인간에 대한 관심'이다. 여기서 인간에 대한 관심이라고 할 때, 거기에는 '인간의 물질적인 생활조건

---

31) 왕몽, 〈人文精神問題偶感〉, 《人文精神尋思錄》.

을 개선하는 일에 대한 관심'도 당연히 포함된다. 그러나 인문정신 논자들은 인간의 정신적인 요구와 물질적인 요구를 나누어 대립시키고, '정신'에게 '눈에 보이는 어떠한 물질적인 유혹도 거절'할 것을 요구한다.

…… 우리가 인문정신이라는 것이 일종의 '정신'임을 강조할 때는 옛날부터, 그리고 지금은 더더욱 열렬하게 선전되는, 의를 중히 여기고 이익을 하찮게 여기며〔重義輕利〕, 가난을 마다하지 않고 도를 즐기며〔安貧樂道〕, 하늘의 도리를 보존하고 인간의 욕망을 억누르며〔尊天理, 滅人欲〕, 대의를 위해 목숨을 아끼지 않고〔舍生忘死〕, 정신을 물질이나 심지어는 육체적인 생명과도 대립시켜온 전통사상이 그 속에서 영향력을 행사하기 시작한다.[32]

그것은 또한 모택동 시대에 선전했던 '해방군 전사들이 사과를 먹지 않았던 정신'과도 통한다. 그 시대는 '인간에게 오랫동안 허리띠 졸라매고 바람만 마시게 하면서 그런 상황을 억지로 미화시키는 이론으로 인문정신을 선전'했던 것이다. 왕몽은 이어서 인간의 정신과 물질을 분리하고 대립시키는 관점에서는 '계획경제가 시장경제보다 더 인문적'일 것이라고 말한다.

인문정신 논자들의 인간에 대한 왜곡된 이해를 예로 들며 그들의 인문정신과 전통사상의 긴밀한 연관성을 드러내어 공격한 왕몽은, 한 걸음 더 나아가 중국의 전통사상 속에는 "인문정신이 있어본 적이 없다"는 주장으로 '인문정신 상실론' 자체를 부정한다. 중국에 있었던 것은 '투쟁정신, 희생정신, 집단을 위해 무조건 개인을 억압하는 이타

---

[32] 왕몽,〈人文精神問題偶感〉,《人文精神尋思錄》, 107쪽.

정신일 뿐 인문정신은 아니라는' 것이다. '인류의 륜을 사람보다 더 중히 여기는 특이한 문화적 전통을 가지고 있고', '인도주의나 인간 본질론, 인간미 같은 것이 때때로 허구적인 위인(僞人)이나 위의(僞義)와 한데 섞이며, 심지어는 우리 편의 투쟁의지를 와해시키려는 적의 계략으로 취급되어온' 중국에서 인간에 대한 관심이나 사랑, 존중 같은 이야기들은 발붙여본 일이 없다. 그러니 "한 번도 가져보지 못한 인문정신을 어떻게 상실할 수 있겠는가?"라고 왕몽은 반문한다.

인문정신 논자들에 대한 왕몽의 또 다른 비판은 시장경제에 대한 관점과 관련된다. 왕몽은 '부유는 문명의 굴레가 아니라 열매'이며 시장경제의 발달은 '인간에 대한 관심을 구두선에 머물지 않고 현실로 바꾸어주는' 물질적 토대라고 주장한다. 시장경제는 무엇보다도 살아 있는 진실한 인간의 욕망과 욕구를 긍정하는 데서 출발하는 것이다. 그것은 군자나 영웅 같은 '크게 쓰여진 인간〔大寫的人〕' '대공무사'의 이념적 인간이 살아 있는 인간의 욕망과 수요를 말살하는 계획경제의 거짓 인문정신과는 본질적으로 다르다. 시장경제를 통해 발전된 경제, 교육과 문화의 토대 위에 선 진정한 인문정신이란 '인간의 차이를 인정하지만 또한 평등도 인정하고, 인간의 능력을 인정하는 동시에 인간의 약점도 인정하며, 소수의 거인을 존중하지만 마찬가지로 인간의 합리적이고 심지어는 통속적인 욕망까지도 존중하는 것'이다.

인문정신론에 대한 비판은 후현대주의자들에게서도 나온다. 곡위국(曲衛國, 취웨이꾸어)은 인문정신을 하나의 실체로 여기고, 그것의 상실을 기정 사실화하면서 상실의 원인을 전통이니 계획경제니 시장경제니 하는 외부적인 것들에서 찾아온 지금까지의 논의들에 대해, 인문정신이란 실체가 아니라 특정한 문맥에서 형성된 하나의 '해석'에 불과하다는 해체론적 입장에서 문제를 제기함으로써 '인문정신 상실론'에 근본적인 반론을 제기한다. 곡위국은 '인문정신의 상실이니 은폐니 하는 것은 사실은 일정한 문맥에서 어떤 주도적인 위치를 차지하던 해석이 존재의 근거와 권위를 잃게 되었다는 것'에 불과하며,[33] '어떤 주도적인 해석이 쇠락하게 되는 것은 그 자체가 사회발전의 결과'라고 설명한다.

왕일천(王一川, 왕이취엔)은 1990년대의 문화적 현실을 그것의 경제적 토대와 연결시키면서 "경제의 다원화와 사회구성의 다층화는 1980년대의 심미문화와 계몽정신을 지탱해주던 경제형태의 일원화와 사회 구성의 평균화가 무너졌음을 선언하는 것이며, 그로 인해 심미문화가 분화하는 데 물질적 기초를 마련해놓았다"고 분석하고, '계몽정신 쇠락의 필연성'을 역설한다. 왕일천은 이러한 인식에서 1980년대의 계몽을 대체하는 소통을 '1990년대에 구현될 인문정신의 구체적인 내용'으로 제시한다.[34]

대표적인 후신시기론자이며 후식민론자인 장이무는 "후신시기의 문화적 맥락 속에서 인문정신은 이미 하나의 거대한 신화, 어디에나 존재하는 중심어, 최신의 문화적 유행이 되었으며, 또한 윤리적인 판단의 전제와 조건이 되었다"고 비판하면서, 인문정신을 외치는 것은 '5·4 이후 지식인들의 구체적이고 세속적인 현대성 목표를 포기하는 대가로 어떤 초험적이고 파악할 수 없는, 더 환상적인 현대성 목표를 슬그머니 환기'시킴으로써 '지식인이 계몽의 대리자라는 담론의 중심적 위치를 유지하기 위한 합법적인 전제'를 마련하려는 것이라고 비판한다.[35]

---

33) 曲衛國, 〈危機? 進步?〉, 〈독서〉(1994년 제8기), 101쪽.
34) 王一川, 〈從啓蒙到溝通 – 1990年代審美文化與人文精神轉化論綱〉, 《人文精神尋思錄》.
35) 張頤武, 〈人文精神–最後的神話〉, 《人文精神尋思錄》.

이와 함께 장이무는 인문정신과 세속문화를 구분하는 인문정신 논자들의 귀족적 우월주의에 대항하여 다양하고 복합적인 문화의 공존을 옹호하며, 대중문화와 후현대·후식민 이론의 결합 속에서 새로운 문화적 가능성을 모색할 필요가 있다고 주장한다.

▎'이왕지쟁'과 그 해석

왕몽과 후현대주의자들의 비판으로, 애초에 지식인의 사회적 책임감과 비판의식의 회복을 주장하면서 진보의 입장을 자처했던 인문정신 논자들은 졸지에 문화전제주의, 전통 수호주의, 현실의 발전 방향에 역행하는 보수주의자로 몰리게 되었다. 특히 같은 엄숙문학 진영에 속해 있다고 믿었던 왕몽의 비판은 일종의 배신감을 안겨주는 것이었다. 왕몽의 비판 중에서 인문정신 논자들이 가장 강렬하게 반발한 것은, 왕몽이 '룸펜작가'이며 '통속작가'인 왕삭을 두둔하고 나온 점이었다.

〈조직부에 새로 온 젊은이(組織部來了個年輕人)〉를 발표해서 '숭고한 이상주의의 격정'으로 1950년대의 청년들을 깊이 감동시켰던,[36] 이후에도 줄곧 '작가와 작품의 인격적인 역량과 도덕적인 정조의 중요성'을 강조하면서 '문학의 신성한 사명을 스스로 짊어졌던' 왕몽이, 문학의 엄숙성과 신성성을 주장하는 인문정신 논자들을 비판하고 오히려 문학의 신성성을 조롱하는 통속작가 왕삭을 옹호한 것은, 그 주장의 객관적 타당성을 논하기에 앞서 감정적인 반발을 불러일으키기에 충분했다.

---

36) 余開偉,〈王蒙是否轉向〉,〈문예쟁명〉(1995년 제3기).

또한 전통사상과의 친화성이나 시장경제에 대한 소극성 등을 비판한 부분과는 달리, 왕몽의 왕삭에 대한 옹호는 상대적으로 명분이 약했다. 왕몽의 지금까지의 행적을 돌아볼 때, 그것은 엄숙문학에서 통속적 대중문학으로의 '전향'이라고 해석될 수 있는 여지가 있었기 때문이다.

　왕빈빈은 왕몽이 왕삭을 옹호한 것은 '시류에 너무나 민감하고 처세술에 밝은 과잉 총명'이라고 비난했고,[37] 이에 대해 왕몽은 〈상해문학〉 등을 통해 왕빈빈을 '글 하나 제대로 발표하지 못하는 문학청년'이라고 인신 공격적인 비난을 퍼부었다.[38] 여기에 대해 왕빈빈은 또다시 자신의 비판 앞에서 "관용의 가면이 벗겨지고, 유머도 완전히 종적을 감추어 버렸다"고 왕몽을 반격한다.[39] 적지 않은 논자들이 왕몽과 왕빈빈 사이의 설전 '이왕지쟁'에 가세하면서 인문정신에 관한 논쟁은 감정적이고 인신 공격적인 비난 차원으로 격화되었다.[40]

　'이왕지쟁' 구도를 형성하면서 서로간의 감정적인 비난으로 격화되었던 인문정신 논자들과 왕몽 사이의 논쟁은 도동풍(陶東風, 타오동펑)의 〈왕몽현상에서 문화 가치의 건설로〉를 통해서 일단락된다. 도

---

37) 왕빈빈, 〈過于聰明的中國作家〉, 〈문예쟁명〉(1994년 제6기).
38) 도동풍, 〈從王蒙現象談到文化價值的建構〉, 〈문예쟁명〉(1995년 제3기).
39) 왕빈빈, 〈再談過于聰明的中國作家及其他〉, 〈문예쟁명〉(1995년 제2기).
40) 인문정신 논자들에 대한 왕몽의 비판 이후로 〈문예쟁명〉이 인문정신에 관한 토론의 새로운 장으로 등장한다. 1995년 〈문예쟁명〉 제2기에는 왕빈빈의 〈再談過于聰明的中國作家及其他〉와 함께, 이와 정반대 입장에서 왕몽의 입장은 "현실감과 인정 세태에 대한 통찰이 있는 '지인론세'이 총명함이며, 이것은 이상을 논하고 지조를 지키는 태도와 모순되지 않는다"고 왕몽을 옹호하는 증진남(曾鎭南)의 〈知人論世的聰明〉이 나란히 실렸다. 같은 해 〈문예쟁명〉 제3기에는 '이왕지쟁'에 대한 이성적 반사로 볼 수 있는 도동풍과 기술유(祁述裕, 치슈위)의 글 외에, 왕몽의 태도를 '전향'으로 비난하는 여개위(余開偉, 위카이웨이)의 〈王蒙是否轉向〉과, 왕몽에 대한 비판의 강도를 낮추지 말 것을 촉구하는 웅원의(熊元義, 슝웬이)의 〈反抗妥協〉이 실렸다. 또한 같은 해 〈문예쟁명〉 제6기에는 '1995-문화논쟁의 검토와 반응'이라는 제목으로 인문정신 논쟁 특집이 마련되고, 입장이 다른 여러 논자들이 참여한 6편의 글을 싣기도 하였다.

동풍은 왕몽에 대해, 왕몽이 왕삭 등으로 대표되는 '룸펜문학'과 '유희문학〔玩文學〕'이 극좌의 정치노선과 문화전제주의를 해체하는 적극적인 기능을 가지고 있다는 점에 대하여 긍정적인 태도를 취하는 것 자체는 문제삼을 것이 없지만, '정치문화가 인위적으로 조작하는 거짓 숭고와 현재 인문 지식인들이 토론하는 인문정신이나 궁극적인 가치를 한데 묶어서' 비판하고 조소하는 것에는 문제가 있다고 지적하고, 그 결과로 왕몽은 '좌파'에게도 미움을 받고 '인문정신 수호자들'에게도 버림을 받아 "양쪽 모두에서 싫어하는 운명에 처하게 되었다"고 말한다.

도동풍이 이 글에서 특별히 부각시키고 있는 것은 문혁이라는 문맥이다. 도동풍은 인문정신 논자들에 대해서는, 그들의 왕몽에 대한 비판이 '왕몽이 중국의 정치적·문화적 전제에 대해 가지고 있는 두려움과 경계의 깊이를 알지 못하는 데서 비롯된' 것이라고 지적한다. 이러한 '오해' 때문에 그들은 왕몽과 왕삭 사이에 존재하는 넘어설 수 없는 '근본적인 차이'를 보지 못하는 것이다. 그 근본적인 차이는 왕몽이 '극좌노선'의 피해자로서 가지고 있는 개인적인 악몽 체험과 그것이 남긴 '풀리지 않는 한'에서 비롯된다. 왕몽에게는 극좌노선의 '해악'에 대한 '골수에 사무친' 경각심과 그것을 '청산'하려는 열망이 있지만, 왕삭에게는 그런 것이 없다.

그(왕몽)가 보기에 현재 시장경제가 유발한 시민문화, 대중문화, 평민문화 사조의 흥기는 극좌의 정치문화를 해체하는 유력하고 가장 현실적인 무기이다. 이 때문에 시민문화, 대중문화, 평민문화에 대한 옹호와 문화의 시장화·상품화에 대한 동의〔認同〕는 그에게는 특수한 전략이다. 왕삭에게 정치나 관방의 이데올로기를 조롱하는 것이 가벼운 유희로서 진지할 필요가 없는 것이라면, 왕몽에게는 정치를 조소하는 것이 한바탕의 전투, 그것

도 특별한 전투인 것이다.[41]

도동풍은 인문정신 논자들이 "이 점을 이해하지 못하면 왕몽을 진정으로 읽어낼 수 없다"고 말한다. 또한 그는 인문정신 논자들에게 왕몽이 개인적인 체험을 통해 가지고 있는 전제주의에 대한 두려움의 깊이를 이해하면서, 왕몽의 글 속에서 '아직까지 주목받지 못했지만 정말로 중요한 것'을 읽어낼 수 있는 '방법과 각도의 전환'을 요구한다.

그리고 다른 한편으로는 왕몽에게 인문정신 논자들의 '궁극적인 것에 대한 호소와 초월적인 것에 대한 지향'이, '역사적으로 존재했던 정치 실용주의와 현재의 경제 실용주의가 야기해낸 가치 허무주의 및 극단적인 상대주의' 속에서 '문화 가치가 규범을 잃게 된' '당대의 문화적인 문맥에 대한 또 다른 대응'이며, 왕몽이 비난한 것처럼 '구름 위의 공담'은 아니라고 설명하면서 쌍방의 화해를 종용한다.

인문정신 논자들과 왕몽 사이에서 서로에 대한 오해 때문에 생긴 거짓 대립을 해소하고 진정한 이해를 촉구함으로써 감정적인 공격으로 비화된 논쟁을 종결짓는 것 외에도, 도동풍의 이 글에서 각별히 중요하게 생각되는 것은 이 둘의 대립에 문맥을 부여하고 있는 다음과 같은 언급이다.

역사의 유물로 남겨진 정치화된 문화전제주의와 사회체제의 변화가 파생시킨(만들어낸) 문화적 가치규범 상실이 현재의 중국에 동시에 존재하며, 지식인들의 가치 선택의 갈래〔分岐〕는 대부분 이런 모순된 문화적 상황에 대한 서로 다른 대응방식이다. 이러한 서로 다른 대응방식이 1990년

---

41) 도동풍, 〈從王蒙現象談到文化價値的建構〉, 〈문예쟁명〉(1995년 제3기), 7쪽.

대 인문 지식인인 엘리트 집단의 분화를 나타내주는 근본적인 표지이다.[42]

여기에서 '역사의 유물로 남겨진 정치화된 문화전제주의'와 '문화적 가치규범의 상실'을 초래한 '사회체제의 변화'란 아직도 각각 명료하게 청산되지 않은 문화대혁명의 잔재와, 본격적인 가동 단계로 들어선 시장경제의 현실을 말한다.

왕몽의 비판에서 시작되어 격렬한 인신 공격으로까지 비화되었던 인문정신 논쟁은 도동풍의 이 글을 계기로 1990년대의 현실에 대한 새로운 인식과 결합되면서 또 다른 차원으로 옮겨진다.

▌인문정신 논쟁이 얻은 것—문맥의 발견

인문정신 논쟁이 왕몽의 비판을 거치면서 얻게 된 가장 큰 수확은, 무엇보다도 감추어져 있던 문맥을 발견해낸 것이다. 그 문맥이란 바로 문화대혁명의 유산과 시장경제의 현실, 그리고 1980년대의 계몽담론이 복잡하게 얽혀 있는 1990년대 중국의 정치·경제적 현실이다.

1) 미완성의 근대화, 인문정신이 은폐하는 것

〈왕몽현상에서 문화 가치의 건설로〉를 통해 중간자적 입장에서 왕몽과 인문정신 논자들 사이의 화해를 주도했던 도동풍은, 〈인문정신 논쟁에 대한 성찰〉에서는 인문정신론을 비판하고 시장경제를 적극적으로 옹호하는 쪽으로 입장을 바꾼다.

---

42) 도동풍, 앞의 논문, 9~10쪽.

도동풍의 1990년대 현실에 대한 진단은 두 가지로 요약할 수 있다. 하나는 1990년대의 현실은 기본적으로 1980년대에 계몽 지식인들이 요구했던 근대화 실현 과정의 연장선상에 있으며, 따라서 1990년대의 과제는 아직 불완전하게 실현된 '1980년대의 사명을 완성'하는 것이라는 점이다. 1980년대에 '사상해방'이라는 구호 아래 그들이 요구했던 것이 정치의 민주화와 경제의 자유화, 문화의 세속화를 핵심 내용으로 하는 '근대화'라고 할 때, 시장경제로의 전환은 바로 경제의 자유화를 갓 실현하는 단계에 들어섰다는 표지이며, 문화의 세속화는 그런 경제 자유화 과정의 자연스러운 부산물이다. 1990년대의 현실 속에서 여전히 억압되어 있고 현실화되지 못한 것은 정치의 민주화와 언론의 자유 등의 영역이다.

현재 중국사회의 문제는 경제 자유화의 자연스러운 귀결인 '문화의 세속화'에 있는 것이 아니라, '아직도 너무나 많이 남아 있는 전근대적이고 정치·사회적인 속성'에 있으며, '구체제의 권력구조가 여전히 새로운 체제의 수립을 저해함으로써 시장활동과 세속적인 현실에서 정상적인 규범의 확립을 어렵게 하는' 현실에 있다.

그러므로 경제적인 영역에서 1990년대의 과제는 정치적인 규제 속에서 아직 '충분히' 실현되지 못한 경제의 자유를 마저 실현하는 것이며, 정치·사상의 영역에서는 여전히 소멸되지 않고 있는 '1980년대의 적'들과 '좌파적인 것들', '문화전제주의'의 위협과 투쟁하는 것이다. 그가 특별히 우려하는 것은 정치와 사상 영역에 여전히 남아 있는 '좌파적인 것들'의 영향력이다.

이런 현실 인식을 바탕으로 도동풍은 인문정신을 제창하는 사람들이 '문제의 본질'에 대한 정확한 인식 없이 마치 '중국사회가 이미 충분히 상업화·세속화되었다'는 듯이 '비판의 창끝을 대중화와 상업문화, 문예의 시장화로 돌리고', '도덕의 타락'이라는 문제를 '소리 높여 외치는'것은 '인문적인 격정이 과학적인 이성을 삼켜버린 결과'이며, 1990년대 현실의 근본적인 문제를 '은폐'하는 행위라고 비판한다. 도동풍은 이제 시장경제나 상업문화에 대한 태도가 보수와 진보를 가르고, 지식인들 사이의 분화를 나타내는 표지가 되었다고 말한다.[43]

도동풍의 시장경제체제에 대한 옹호는 "시장에서 확보된 경제적 자유는 정치적 자유의 전제조건이 된다"는 '고전적인 자유주의의 신념'[44]에 바탕을 두고 있는 것으로 보인다. 도동풍은 계획경제체제는 반드시 전제적인 정치제도와 일원적인 정치문화를 동반하며, 시장경제체제는 반드시 민주적인 정치제도와 자유롭고 다원적인 문화 가치를 동반한다고 말한다. 때문에 '문화에서의 다원화와 자유화를 부정하는' 인문정신 논자들의 태도는, 사실 정치의 민주화와 경제의 시장화를 부정하고 현대화 자체에 반대하는 태도라는 것이다.

도동풍의 이런 진술은 정치와 경제와 문화가 각각 별개의 다른 것일 수 없다는 원론적인 인식을 확인하고 있는 것처럼 보이지만, 오히려 그들 사이에 교묘하게 왜곡된 야합도 가능하다는 사실을 간과하고 있다.

시장경제의 발전이 자연스럽게 민주적인 정치제도와 자유롭고 다원적인 문화의 성숙을 가져올 것이라는 기대는, 물질적인 영역의 발전이 자연스럽게 정신적인 영역의 모든 문제들을 해결해줄 수 있을

---

43) "우리는 문화와 문예의 시장화에 대한 태도가 오늘날 지식인들 진영 내부에서 그 분화의 분수령이 되어 있음을 알 수 있다. 1980년대에 우리는 어떤 사람이 진정한 지식인인가를 알려면 주로 구체제와 주류 문화에 대한 그의 태도를 보았다. 그러나 오늘날 이 기준은 많은 사람들에 의해 폐기되었으며, 그 자리를 지식인의 상업문화에 대한 태도가 대신하게 되었다." 靳大成·陶東風, 〈對人文精神尋思的尋思〉, 〈문예쟁명〉(1996년 제1기).
44) 김완진, 〈시장과 자유주의〉, 〈사회비평〉 제16호(나남출판, 1996) 참조.

것이라고 믿었던 소박한 유물론의 낙관주의와 다르지 않다.[45] 이런 소박한 관점에 서면 소비적인 대중문화와 관방 이데올로기의 결탁 속에서 지배 이데올로기가 '재창조'되는 복잡한 관계들을 보아낼 수 없는 것이다.

2) 인문정신론의 변화와 문혁에 대한 재반사

왕몽과의 논쟁과 이어진 일련의 비판들은 인문정신론이 1980년대 사상해방운동의 결실로 얻어진 개인의 자유와 문화의 다원화를 부정하며 전통사상이나 문화전제주의와 긴밀한 연관성의 혐의가 있다는 것, 그리고 무엇보다도 시장경제라는 새로운 현실에 대한 올바른 인식이 결여되어 있다는 것들이었다. 이러한 비판은 인문정신 논자들에게 여전히 '공동체적 이상'의 필요성과 '신성하고 숭고한 이상주의'를 포기하지 않으면서도 전통사상과의 경계를 분명히 하고, 그것에 당대적 의미를 부여하려는 의도적인 노력을 하게 한다. 그러한 노력은 우선 자신들이 제창하는 인문정신이 전통사상의 인문정신과는 분명하게 구별되는 것이라는 점을 강조하고, 시장경제와 개인의 자유를 긍정하는 것 등으로 나타난다.

맹번화(孟繁華, 멍판화)는 '전통적인 도덕적 가치관이 옹호되거나 견지될 가치가 있는가의 여부는 이미 토론할 필요가 없는 문제'이며, '새로운 이상주의'는 '전통적인 이상주의와는 완전히 다른 것'이라고 강조한다.[46]

그것은 '일체화의 패권성과 정신 통치의 가공성'을 충분히 경계하면서 '가치의 다원성(多元性)'을 적극적으로 긍정하는 전제 위에서

---

45) 洪子誠, 〈人文精神與文學傳統〉, 〈문예쟁명〉(1995년 제6기).
46) 孟繁華, 〈新理想主義與知識分子意識形態〉, 《人文精神尋思錄》, 250~253쪽.

주장되는 '새로운 이상주의'이다. 시장경제 하에서도 '전체 사회가 공동으로 추구하는 이상'으로의 인문정신이 여전히 필요하다고 주장하는 기술유도, 그러한 인문정신이란 '개체 간의 차별성을 인정'하고 '개인 행위의 자유를 충분히 존중'하면서 시장경제에서도 필요한 사회의 '정화제'나 '경계체제'로서의 비판적 사명을 감당하는 '새로운 인문정신'이라고 강조한다.[47]

결국 이러한 인문정신이란 자유주의와 공동체주의의 결합, 즉 '자유주의의 성취물인 개인의 자율성을 결코 포기하지 않으면서도',[48] '선한 삶에 대한 어떠한 합의도 존재하지 않고 단지 개인적인 욕망만이 지배하는' 사회를 방지할 새로운 공동체적 가치와 질서 수립을 목표로 하는 것이다.

왕몽과의 논쟁을 거치면서 인문정신파가 발견한 또 한 가지 사실은, 1990년대의 현실에서 '문화대혁명'이라는 역사적 체험이 갖는 역작용이다. 도동풍은 인문정신 논자들과 왕몽 사이에 있었던 논쟁의 종결을 주도하면서 인문정신 논자들에게 문혁의 체험이 남긴 깊은 상처에 대한 이해를 촉구했는데, '이왕지쟁'의 한 당사자였던 왕빈빈은 '문혁의 체험'이 1990년대의 현실에서 비판적 담론으로 제기된 인문정신을 어떻게 왜곡시키는가에 대한 성찰로 밀고 간다. 그는 "인간이 비록 신성과 숭고와 이상의 이름으로 악을 행하기도 하지만, 인간은 모든 신성과 숭고와 이상이 짓밟힌 상황 아래에서, 최소한의 도덕의식이나 인격적인 추구가 사라져버린 상황에서 더 많이 악행을 저지를 수 있다"고 말한다.[49]

---

47) 祁述裕, 〈無法回避的崇高－關於建設新的人文精神的爭論及其評價〉, 〈문예쟁명〉 (1995년 제3기).
48) 서영조, 〈공동체주의와 자유주의 비판〉, 〈사회비평〉 제16호(나남출판, 1996), 149쪽.
49) 왕빈빈, 〈錯開的藥方〉, 〈문예쟁명〉(1996년 제1기).

왕빈빈은 '신성과 숭고와 이상'을 옹호하는 것이 마치 전제주의적인 발상의 표지처럼 해석되고 금기시되는 것은, '문혁'에 대한 반사 과정에서 반사자들이 문혁이라는 '재난'이 발생한 것을 '이상과 격정의 책임으로 돌리고, 신성감과 숭고감의 책임으로 돌린' 데 원인이 있다고 파악한다. "이상, 격정, 신성, 숭고가 문혁이라는 재난을 초래했다"고 해석하기 때문에 그런 재난을 방지하기 위해서는 거창한 것들은 이야기하지 말고 사소한 것들만을 작은 목소리로 말하는 '저조주의'를 처방으로 제시해내고 있다는 것이다.

그러나 과연, 이러한 해석과 처방이 타당한가? 왕빈빈은 '신성과 숭고, 이상과 격정'의 차원에서 이루어진 '문화대혁명에 대한 1990년대적 반사'가 결과적으로 '저조주의'를 처방으로 내세우며 모든 신성과 숭고를 부정하고, 일체의 이상과 격정을 포기하라고 주장하는 것은 1980년대에 이루어진 문혁에 대한 역사·문화적 차원의 반사가 결과적으로 전통문화에 대한 '일체의 부정〔全盤否定〕'으로 극단화된 것과 마찬가지로 '잘못 내려진 처방'이라고 비판한다.

'문화대혁명에 대한 1990년대적 반사'[50]에 대한 재반사라고 부를 수 있는 왕빈빈의 이러한 인식은 일차적으로 신성과 이상과 숭고의 명예를 회복시킴으로써 인문정신론에 씌워진 잘못된 누명을 벗기려는 의도를 띠고 있는 것이지만, 그 인식이 도달한 곳은 그러한 의도를 넘어서 있는 것으로 생각된다.

---

50) 왕빈빈은 1970년대부터 1990년대까지 문화대혁명에 대한 세 번의 서로 다른 성격을 가진 반사가 있었다고 주장한다. 첫번째는 1970년대 말에서 1980년대까지 주로 정치·사회적 차원에서 진행되었고, 두 번째 반사는 1980년대 중반의 문화열로 역사·문화적 차원에서 진행되었으며, 세 번째 반사는 1980년대 말부터 1990년대 초까지 이루어진 것으로 주로 이상과 격정이라는 측면에서 진행되었다고 분석한다. 왕빈빈, 앞의 글, 9~10쪽 참조.

지금 사람들이 '문혁'에 대해 반사할 때는 의식적이든 무의식적이든 문혁을 하나의 '반면(反面)'으로 삼아 현실을 재는 척도로, 그것도 거의 유일한 척도로 삼는다. 현재를 문혁 시기하고만 비교해서 지금이 문혁 시기보다 낫기만 하면, 현재의 모든 것을 충분히 긍정할 이유가 있다고 생각하는 것이다. 또 바로 이러한 이유 때문에 현재의 상황에 대한 어떤 불만이나 비판도 해서는 안 되는 일로 여긴다.[51]

여기에서 특별히 중요하게 생각되는 것은, 1990년대의 현실에서도 '문화대혁명'은 아직 명료하게 해석되지 않은 역사적 사건으로 남아 있다는 사실이며, 또한 그렇게 정리되지 않은 문혁이 개별적인 역사적 체험을 통해 1990년대 현실에서 현실에 대한 올바른 인식을 방해하는 하나의 질곡으로 작용하고 있다는 사실이 밝혀지고 있는 점이다.

왕몽을 비롯한 인문정신 반대론자들의 관심은 1990년대적 현실에서 어떻게 하면 아직도 완전히 사라지지 않고 있는 문화대혁명〔文革〕의 잔재들이 소생하는 것을 막을 것인가, 즉 어떻게 이 현실을 문혁으로부터 지킬 것인가에 집중되어 있다. 그 때문에 그들은 '좌파적인 것'의 해악에 대해서는 예민하지만, 그런 '좌파적인 것'의 토대를 해체할 수 있을 것이라고 생각되는 시장경제에 대해서는 무조건 긍정하는 인식의 편향을 범하는 것이다. '좌파적인 것'에 대한 두려움이 '좌파적인 것'과 '우파적인 것' 모두에 대한 냉정한 인식을 방해하는 것이다.

왕빈빈의 이 글은 문혁에 대한 지나친 경계가 그러한 태도에 대한 근본적인 반성의 여유를 빼앗음으로써 또 다른 이념적 질곡으로 작용할 수도 있다는 사실을 지적해준다.

---

51) 왕빈빈, 앞의 글, 〈문예쟁명〉(1996년 제1기), 10쪽.

3) 계몽담론의 비판력 상실

〈문예쟁명〉 1995년 제6기에 실린 광신년(曠新年, 쾅신니엔)의 〈인문정신에 대한 고찰과 비판〉[52]은 한편으로는 인문정신론의 근본적인 한계를 지적하면서, 동시에 왕몽 등이 상업문화로 '타락'하는 것을 비판하고, '계몽적 가치의 수호'를 주장하면서 마르크스주의와 사회주의에 대해 재평가할 것을 조심스럽게 제안한다.

앞에서 후현대주의자인 장이무 등이 인문정신 논자를 비판하는 대열에 참여한 것을 살펴보았는데, 광신년은 1990년대 문화의 가장 큰 특징을 후현대주의의 '천하 통일'과 계몽담론의 입지 상실로 본다. 후현대주의는 '계몽의 신화를 만신창이로 만들면서 언어와 욕망의 신화, 현실과 시장의 신화를 세워' 천하를 통일했으며, 그 결과 '실용주의가 우리 문화의 영혼을 지배하게 되었다.' 그 속에서 "1980년대의 이른바 '사상 엘리트'였던 이택후나 왕몽 등의 대가들은 모두 '타락'하여 시장의 신화와 현실의 신화를 만들어내고, 상업 이데올로기와 세속 신화와 숭배를 만들어 현실에 대해 전방위적인 공감과 동의를 표하게 된다."

그들은 스스로 '지식인'에서 '문화직업인〔文化白領〕'으로 전향하였고, '후현대주의 환락송을 합창하는 데 참여하게' 된 것이다. 이러한 현실을 광신년은 '진흙탕'이라고 부른다. 1990년대의 지식인들은 모두 후현대주의의 진흙탕 속에 빠져 있다. 그들 앞에는 상업주의의 도도한 물결과 물질주의의 거대한 압력이 있고, 뒤에는 지식의 붕괴와 정신의 함몰이라는 어두운 황원이 놓여 있는 것이다. 그들은 '거대한 실패'에 맞닥뜨리고 있다. 지식인들이 인문정신을 제창한 것은

---

52) 曠新年, 〈對人文精神的一点考查與批評〉, 〈문예쟁명〉(1995년 제6기).

이런 정신적 늪에서 벗어나려는 시도로서의 의미를 갖는 것이었지만, 그들은 '중국의 현실이 어떠한지에 대해 제대로 알지도 못하고 알려고도 하지 않은 채' 인문정신을 '도덕'이니 '이상주의'니 '종교정신'이니 하는 공허한 주장들로 만들어버리는 무지와 오류를 범했다.

이제 '1980년대의 계몽 이상이 1990년대의 세속적인 현실로 전락해서 돈에 대한 욕망과 물질주의의 희생물이 되고', 문화산업이 '시장(市場)이라는 천당과 부유(富裕)라는 신화의 조작'으로 천하를 지배하는 것에 맞서 '계몽 이성을 수호할' 어떤 정신적인 힘도 사상적인 근거도 남아 있지 않다. '1990년대는 비판능력이 완전히 마비상태에 빠진' 시대라는 것이다. 이런 진단에서 광신년은 왕안억(王安憶, 왕안이. 중국의 여류 소설가 : 역주)의 작품 《유토피아 시편》에서 주인공이 쓴 편지 내용의 일부를 인용하는 형식을 통해 사회주의와 마르크스주의에 대한 새로운 평가를 제의한다.[53]

대륙 지식인들의 서양에 대한 찬미는 너무 얕고 경솔하며, 서구 자본주의에 대해서는 너무 무지하고, 중국의 개혁개방에 대해 체계화된 세계 자본주의라는 세계적인 배경이 부여하는 한계에 대해서도 너무 무지하다. 그들은 중국의 사회주의는 너무 낮게 평가하고, 마르크스주의에 대한 비판은 너무 경솔하다.[54]

1990년대의 현실에서 인문정신론도, 그것을 비판하는 주장들도, 모든 비판적인 담론들이 그 비판력을 상실했다는 호소는 무엇을 의미하

---

53) 1990년대 계몽담론의 비판력 상실과 마르크스주의에 대한 새로운 모색에 관한 광신년의 입장은 〈창작과 비평〉 1994년 겨울호에 실린 〈중국의 사회주의와 근대성 문제〉에서 나타나는 汪暉의 입장과 유사하다.
54) 광신년, 〈對人文精神的一点考査與批評〉, 〈문예쟁명〉(1995년 제6기), 22쪽.

는 것일까. 1993년에 시작되어 근 3년 이상 중국 문화계와 사상계의 관심을 모았고, 지금도 여전히 끝나지 않은 화제로 남아 있는 인문정신 논쟁이 남겨 놓은 것은 전통사상과 근대화 이론과 마르크스주의가 복잡하게 얽혀 한 덩어리를 이루고 있는 1990년대 중국 현실에 대한 총체적인 질문이다.

맺음말

'사회주의적'인 정치와 '자본주의적'인 경제를 결합하려는 등소평 사회주의 개혁프로그램은 무수한 이론적·실천적 딜레마들을 내포하고 있고, 이것이 야기하는 정신적·사회적 혼란 속에서 기존의 사고 틀과 가치 판단의 기준들은 유효성을 상실해가고 있다. 아시아의 신흥 자본주의국가들이 중국이 참조해야 할 의미 있는 근대화 모델로 받아들여지면서 전통 유가사상은 더 이상 근대화에 대립적인 이데올로기가 아니게 되었고, 시장경제의 개혁을 통해 '세계 자본주의체제 속으로 편입'하는 것을 자발적인 목표로 하는 1990년대의 현실에서 '반봉건' 근대화의 1980년대적 기획들은 비판적 담론의 유효성과 힘을 크게 상실하게 되었다. 민족주의가 애국정신과 단순하게 동일시될 수 없고, 반근대·반자본주의의 이념적 본질을 간직한 고전적 마르크스주의는 사회주의 중국에서 설자리를 잃어가고 있다. 한때는 명료했던 모든 이념들이 역사와 현실의 복잡한 문맥 속에서 얽히고설킨 채 이념적인 변질을 겪고 상호 모순적인 기능들을 발휘한다. 명료한 것은 '부강한 신중국 건설'의 열망뿐이다.

인문정신에 관한 일련의 토론들은 1990년대 중국사회의 이러한 정신적 풍경을 그대로 담고 있다. '과학기술과 자본주의의 확산, 그리고 도구적 이성의 팽창으로 파생되는 물신 숭배와 인간의 사물화에 저항하는 대항담론'[55]으로서 당대적 진보성을 갖는 인문정신이 전통 이데올로기의 부활이나 개인을 억압하는 전제주의적 의도와 혼동되고, 시장경제 발전의 물적 토대 위에서 인간의 자유와 권리를 확대하고 정치권력의 전제주의적 권력 남용을 견제하면서 정치적 민주화의 실현을 의도하는 계몽담론은, 주로 단계론적 현실론의 형태로만 표현됨으로써 '근대화의 지속적 추진'을 절대 목표로 삼는 당 지도부의 정책에 흡수되면서 비판이념의 기능을 수행할 수 없게 된다.

탈근대 담론인 후현대주의는 중국에서 민족주의와 결합하여 중화성을 주장하는 것으로 귀결되었고, 계몽담론의 무력화와 '역사의식이 결여된' 후현대주의의 부정적인 영향을 우려하는 사람들에 의해 대안적 사고로 내세워진 새로운 마르크스주의는 좌파적이라는 혐의 속에서 '설자리를 잃어가고 있는' 형편이다.

인문정신에 관한 토론이 1990년대 지성계에서 갖는 의미는 여러 가지로 꼽을 수 있다. 그것은 1989년 이후 오랜 침묵기로 접어들었던 지식계가 '1990년대 이후 처음으로 광범하고 열렬하게 호응한 화제'[56]였다든가, '권력의 개입이나 간섭 없이 순수하게 민간에서 자발적으로 일어난, 반세기 동안 중국에 있어본 적이 없는 기념할 만한 사건', 또는 '민주주의의 맹아' 등으로 평가되고 있다.[57]

그러나 무엇보다도 1990년대의 현실에 대한 지식인들의 자기 우려나 대중문화에 대한 저항감의 표현 등 즉자적 반응으로 시작되었던 논의가 서로 다른 입장의 논자들 사이에서 반박과 또 다른 반박을 거듭하는 과정을 거치면서, 그 현실의 심층에 복잡하게 얽혀 있으면서

---

55) 이승환, 〈1990년대 중국 학술계의 동향에 대한 논평〉, 〈현실과 철학〉(1997년 여름).
56) 왕효명, 〈編後記〉, 《人文精神尋思錄》.
57) 謝冕, 〈值得紀念的一个事件〉, 〈문예쟁명〉(1995년 제6기).

자신들의 삶을 규정짓고 자신들의 논의를 왜곡시키는 역사적·현실적 문맥들을 드러내는 데까지 이르렀다는 점에 가장 큰 의미가 있는 것으로 생각된다.

인문정신 토론에 직접 참여했던 한 지식인이 고백하는 다음과 같은 정신적 혼란의 토로는, 비록 그것이 '혼란'의 모습을 띠고 있기는 하지만 현실의 표면을 넘어서서 그 심층에 놓인 복합적인 문맥들을 발견하게 된 '인식의 심화'를 보여주고 있다는 점에서 인문정신 논의가 맺은 소중한 결실의 하나가 될 것이다.

물질과 정신의 이중적 압박 속에서, 하나의 유혹과 상반되는 유혹의 동시적 충동 속에서, 세계체제와 민족체제 사이의 마찰과 접근 속에서, 인류의 정신 왕국의 일원으로서 갖는 역할과 자국의 국가 이익 수호자로서 갖는 역할 사이의 모순 속에서, 자신의 정서적·혈연적 근원인 중국문화와 자신의 사상적 원천인 서구문화 중 하나를 선택해야 하는 양자택일의 어려움 속에서, 현실적인 생존의 수요 때문에 현대화를 하지 않을 수 없지만 미래의 생존에 대한 우려 때문에 현대화에 반대하지 않을 수 없는 우왕좌왕하는 배회 속에서, 중국 지식인들의 영혼이 겪어야 하는 고난의 길도 막 시작되었다.[58]

---

58) 李書磊,〈人文精神的眞實含意〉,〈문예쟁명〉(1995년 제6기), 17쪽.

■ 참고문헌

- 〈讀書〉(中國 北京 : 1993년 제3기~제8기).
- 〈文藝爭鳴〉(中國 長春 : 1994년 제6기, 1995년 제2·3·6기, 1996년 제1기).
- 〈上海文學〉(1993년 제6~7기).
- 王曉明 編,《人文精神尋思錄》(上海 : 文匯出版社, 1996. 2.).
- 汪暉, 〈중국의 사회주의와 근대성 문제〉, 〈창작과비평〉(1994년 겨울호, 창작과비평사).
- 김완진, 〈시장과 자유주의〉, 〈사회비평〉 제16호(서울:나남출판, 1996).
- 서영조, 〈공동체주의와 자유주의 비판〉, 〈사회비평〉 제16호(서울 : 나남출판, 1996).
- 서영채, 〈위기의 담론-인문주의와 근대성〉, 〈세계의 문학〉(민음사, 1994).
- 서진영, 〈현대 중국정치론-변화와 개혁의 중국정치〉, 〈사회비평〉 제17호(서울 : 나남출판, 1997).
- 이성원, 〈자유론의 딜레마〉, 〈사회비평〉 제16호(서울: 나남출판, 1996).
- 이승환, 〈1990년대 중국 학술계의 동향에 대한 논평〉, 〈현실과 철학〉(1997년 여름).
- 전인초, 〈중국 전통사상의 인문주의적 이해〉, 〈연세대인문과학〉(연세대학교 인문과학연구소, 1994).
- 황희경, 〈1990년대 중국 학술계의 동향-인문정신 논쟁을 중심으로〉, 〈시대와 철학〉(1997년 여름).
- Jing Wang, *High Culture Fever- Politics, Aesthetics, And Ideology In Deng's China,* Berkeley · Los Aangeles London : Univrrsity of California Press, 1996.

인문정신이냐 포스트모더니즘이냐

백원담(白元淡)

백원담

연세대 중문과를 졸업하고 동대학원에서 〈중국 신시기 후현대주의(新時期後現代主義) 문학비평론 연구〉로 박사학위를 받았다. 연세대, 강원대, 성공회대에서 강의하고 있다. 주요 논문으로는 〈중국 1990년대 문학비평의 모색〉〈문학을 통한 역사읽기의 두 유형―진사화(陳思和)의 '新文學整體觀'과 여화(余華)의 '살아간다는 것(活着)'을 중심으로〉〈5·4는 반전통주의인가〉〈모택동(毛澤東) 연안문예강화(延安文藝講話)의 재음미〉 등이 있다. 번역서로 《살아간다는 것(活着)》 등이 있으며, 저서로는 《전환기의 중국문학》《중국철학 산책》(공편) 등이 있다.

90년대 중국 지식인의 곤혹과 모색

　한 세기의 막바지에 선 중국, 그것은 우리 앞에 또 다른 희망과 절망의 빛으로 명멸한다. 반자본주의적 근대 극복의 길을 걸어온 역사의 저력을 바탕으로 새로운 사회의 백년대계를 열어가는 것으로 보면 희망이지만, 광활한 자본주의 세계체제의 또 하나의 강권으로 보면 절망이다. 모택동식 사회주의의 실패에 대한 역사적 기회비용을 혹독하게 치러낸 중국은, 과연 어디로 갈 것인가?
　농민의 희생을 전제로 한 모택동식 중공업 위주의 성장전략으로부터 비교우위 생산으로의 전략 수정을 통해 이룩된 중국경제의 기적, 명멸하는 근현대의 중국을 점과 점으로 이어 그려낼 때 현재 도드라지게 상이 잡히는 것은 아마도 그것일 것이다.
　옐친의 러시아와는 달리 실사구시(實事求是)로 사회주의를 포기하지 않은 채 시장경제체제의 성공적인 결합을 통해 중국 특색의 사회주의 백년대계를 구도하는 나라, 물질문명과 정신문명의 건설로 집약되는 중국 특색의 사회주의는 1990년대의 오늘, 1400억 불(비공식

1800억 불)이 넘는 외환보유고와 미국의 대 중국 무역역조 500억 불이라는 자본의 위력으로 현재화되고 있다. 그리고 '인민의 물질적·문화적 수요'를 충족시키기 위해 역사의 새 장을 연다던 개혁 세력의 호언장담 속에 추진된 정치적 안정과 경제적 부 이면에는 대다수 인민의 상대적 빈곤감과 정신적 황폐, 그리고 지식인의 좌절감이 자리잡고 있을 것이라는 점 또한 선연하게 목도되고 있다.

그런데 바로 이 지점에서 동아시아적인 연계고리가 잡힌다는 것은 역설적이다. 동아시아적 모색의 현실적 지반은 바로 '자본주의 세계체제 안'에 있다는 실감 때문이다. 전세계에서 극빈층은 아시아에 집중되어 있고(10억), 그 중 중국, 라오스, 몽골, 베트남 등 신흥 경제지역에만 3억 5천만이 절대적 빈곤 속에 있다. 그런 가운데 단일 유럽통화 유로의 출범을 맞아 금융시장의 개편과 개혁이 급속히 이루지는 세계적인 금융빅뱅시대가 도래하여 정확하게 동아시아를 겨냥하고 있으므로, 동아시아는 금융 위기의 와중에서 국제통화기금의 통제 아래 밀어붙이기식의 금융시장 개혁과 개방을 맞고 있다.

우리 나라만 하더라도 IMF의 파고를 넘었다고는 하지만 올해 진행된 재벌 위주의 구조 조정과 한미통상협정 체결 과정에서 드러나고 있는 것처럼, 보다 긴 세계 자본의 터널 속으로 빨려들어가고 있는 실정이라고 해도 과언이 아니다. 아시아 금융 위기의 파고를 힘겹게 헤쳐가고 있는 중국 또한 일본 엔화 가치의 상승·하락에 따라 위안화 절하의 불안감이 급등하는 와중에 거듭 처해 있으며, 신자유주의의 공세가 아니더라도 중국은 자체 경제규모에서 국유기업 정리[1]와 대규

---

1) 지난 15차 중국공산당 전국대표대회에서 '소유제 개편 및 국유기업 개혁의 본격 추진'을 선언한 것을 계기로 중국 지도부는 2년 내에 낙후된 중대형 국유기업을 전면적으로 뜯어고쳐 자본주의 회사형태와 유사한 현대 기업제도를 갖추는 동시에, 국유기업 적자를 해소한다는 원칙 아래 경제부처와 기업들을 정신 없이 몰아붙이고 있다. 국유기업에

모 구조 조정을 감행해 나가고 있다.

이처럼 동아시아의 총체적 경제 위기는 가닥이 잡히지 않는 것이므로, 이것은 단지 동아시아적 위기가 아니라 세계적인 대공황의 징조로 해석될 수도 있다는 점에서 문제는 더욱 심각하다. 무엇보다도 이 총체적 위기는 동아시아의 대다수 민중에게 전가될 것이므로, 중국의 구조 조정에 따른 실업〔下崗〕인구가 작년도 8백만 명에서 1천만 명이었던 것이[2] 올 한 해 1천6백만 명에 이를 것이라는 예상은 이를 웅변으로 입증해준다.

동아시아적 연계 가능성은 바로 이러한 신자유주의 하의 보편적 피해 양상 속에서 찾을 수 있는 것이며, 동아시아 모델의 이른바 유교자본주의의 경쟁원리를 아래로부터의 연대원리로 획득해 나가는 데 관건이 있다. 한편으로는 상업주의의 거대한 흐름 속에서 극도의 정신 혼란상태에 처해 있고, 다른 한편으로는 돌아올 수 없는 자본주의의 다리를 건너가버린 중국에서 더 이상 보장되지 않는 밥그릇 걱정에 삶의 방향성을 상실한 채 부유하고 있는 대다수 중국민의 곤혹, 그것이 우리로 하여금 단지 우리 삶의 문제만이 아니라 전일적인 세계자본주의체제 하에서 보편적 삶의 문제를 앓고 있는 중국을 비롯

도 경영자 연봉제를 실시하는 것을 비롯하여, 한계기업에 대한 과감한 합병과 파산, 잉여 인원의 대폭 정리, 은행과 정부 융자금의 출자 전환을 통한 채무 경감 등, 지금까지와는 다른 강도의 개혁 조치가 잇따르고 있는 것이다. 중국이 국유기업 개혁에 국가발전의 명운을 거는 것은 중국경제의 골간(骨幹)은 여전히 국유기업이기 때문이다. 합자·합직·민독 투자를 통해 들어온 외자기업이 경제 전체에서 증가세를 보이고 있으나, 국유집체기업들은 생산·고용·재정 등의 분야에서 대들보와 같은 존재이다(국유기업은 1996년 국자 재정수입의 60%를 냈고, 도시 취업 인구의 70% 이상을 떠맡고 있다. 그러나 생산액이 전체 산업생산의 30%에 불과하므로 경영에서는 총체적인 위기 상황이다. 문제는 국유기업의 종업원 복지비용이 기업 총투자액의 15~20%, 기업이 모든 부담을 져야 하는 퇴직·휴직 종업원이 현직 종업원의 25%에 달하므로 이에 대한 대책이 시급한 실정이다.).
2) 〈중앙일보〉 1998년 6월 10일자.

한 동아시아민의 삶의 공감대 속에서 공통의 해결 대안을 모색하게 하고, 그런 점에서 동아시아적 시각 공유의 필연성을 인식하게 하는 것이다.

따라서 한편으로는 신자유주의로 현상하는 자본주의의 반민족적 · 반민중적 세계 지배구도에 원천적으로 저항할 수 있는 모든 역량을 조직해 나가는 작업이 절실하다. 그리고 다른 한편으로는 21세기 경제대국으로 떠오를 중국이 세계에 대한 패권주의적 관철로 또 다른 세계 분할구도를 가시화하는 것은 색다른 근대주의라는 사실을 십분 경계하면서, 민중 생존권 문제로부터 진정한 인간적 가치 구현을 위한 새로운 진보 지향의 문명적 대안을 구도해낼 수 있는 인식의 혁신을 촉발해야 할 것이다.

21세기 중국이 우리의 인간적 삶을 가로막는 또 다른 유물(有物, 형체가 분명한)의 진(陣, 진영)이 될 것인가, 투창과 비수를 든 전사가 될 것인가? 1990년대 중국 학계 및 문단의 열점 논쟁에 대한 관심은 여기에서 비롯된다.

1990년대에 접어들어 중국 지식인들은 또 한번의 자아 반사를 거친다. 문화대혁명 이후 '사회의 주변부로부터 중심으로 복귀한 지식인들'이 문화열(文化熱. 1980년대 중반, 민족과 사회주의를 동시에 살리기 위해 중국 지식계 전반에서 일어났던 문화 연구 : 역주)을 통해 과거의 형상들과 결별하고, 새로운 계몽과 구망(救國)의 사명을 담당하고자 행한 것이 1980년대의 그것이라면, 1990년대는 천안문사건이라는 정치적 격변 이후 중국사회의 급속한 상업화 추세 속에서 지식인의 사회적 지위와 역할이 급격하게 실추되는 가운데 더 이상 '계몽적 지도자'일 수 없는 현실감에 따라 지식인의 존재양식에 대한 규정과 변화된 사회 현실에 걸맞는 새로운 삶의 도정을 찾아나가려는 모색의 집중으로 현상한다.

1990년대식 문화열은 현상에 대한 해석 개괄과 자성을 통한 새로운 모색으로 특징지을 수 있는데, 그것은 크게 두 주류를 형성한다.

우선, 서구 포스트사조를 적극적으로 수용하여 그에 따른 현실 분석의 틀을 구축하고 다원성을 부르짖으며 정치담론, 상업담론의 지배 체제에 틈입하여 병존할 것을 기도하며, 선도적이면서도 책략적인 글쓰기를 시도하는 후현대주의자들을 꼽을 수 있다. 다음은 인문정신 주창자들로서, 이들은 한 부류가 아니라 초기 주창 당시부터 전사회적인 반향을 불러일으키면서 논의 초점의 변화와 함께 중국 지식계 전반을 아우르고 있다.

초기에는 주로 대중문화 비판 속에서 인문정신의 타락과 은폐라는 현상 폭로와 현실 개탄의 차원이었다면, 인문정신 논의가 쟁점으로 부각되면서부터는 그 진정한 함의에 대한 탐구와 토론, 그리고 지식인이라는 존재 자체에 대한 반사 속에서 사회적 지위와 역할의 재정립 문제, 새로운 가치규범의 확립 문제, 시장경제와 문화 문제 등 사회주의 시장경제제도 하에서의 문화 문제 전반에 걸친 논의로 확산되었다. 그리고 이들 후현대담론과 인문정신론은 상호 쟁점을 형성하면서 새로운 쟁점으로의 전환을 주도하고, 현대성 재평가 논쟁, 국학열 논쟁 등을 파생시킴로써 세기말의 전환기에 선 중국 지식계의 고민과 모색의 진면목을 목도하게 한다.

이 글에서는 인문정신 논자들과 후현대주의 논자들의 당면한 문학 및 문화현상에 대한 해석 개괄의 차이와 그 극복 대안들을 대비시키는 과정을 통해 1990년대 중국 문단 및 학계의 전체상을 그려보고, 그 논의 성과 및 한계 정리를 통해 세기말의 총괄과 21세기 중국 문화 및 문학의 발전 방향을 가늠해보고자 한다.

그런 점에서 이 글은 1990년대 중국 지식인의 곤혹과 모색에 대한 개괄이자, 그 문제의 지점에 대한 비판적 점검, 그리고 세기말이라는 동시대와 동아시아라는 동일한 공간에 펼쳐낼 21세기를 이끌 동역학의 상을 그리는 시도이자, 구체적 동력 형성 경로에 대한 고민의 편린이라고 할 것이다.

시기상으로 보면 후현대담론이 선도적으로 제기되었지만, 학계 전반의 자성적 흐름을 아우른다는 점에서 인문정신 논의를 중심으로 논의를 전개하고자 한다.

인문정신론

인문정신 논의는 초기부터 쟁점의 소지를 많이 안고 출발했는데, 그 이유는 대체로 두 가지로 집약된다. 첫째는 문학현상에 대한 비판이 작가들의 반발을 야기시키면서 지식인 논쟁으로 전화된 지점이다. 두 번째로는 인문정신 논자들이 오늘의 중국의 복잡한 문화현상이 현상하게 된 이론적 기초가 포스트모더니즘적 경향성에서 비롯되었다고 지적함에 따라 중국 후현대주의 논자들과 중국 문화현상에 대한 해석·개괄의 차이가 두드러지고, 그 극복 대안을 다르게 제기하고 있다는 점에서 쟁점이 부각된다.

1) 문학의 위기와 인문정신

인문정신 논의는 1993년 왕효명을 비롯한 상해 제5세대 비평가들의 좌담형식[3]으로 시작되었다. 이들은 1990년대 문학 및 문화현상에

---

3) 王曉明·張宏·徐麟·張寧·崔宜明,〈曠野上的廢墟─文學和人文精神的危機〉,〈上海文學〉(1993년 제6기).

주목하면서 이를 문학의 위기 및 인문정신의 위기 혹은 그것의 전면 상실로 진단한다.

오늘날 우리 사회에서 문학의 위기는 매우 분명하게 드러나고 있습니다. 문학잡지들은 잇달아 상업주의 쪽으로 방향을 틀고 있고, 새로운 작품의 질적 수준이나 양도 보편적으로 떨어지고 있으며, 감상력을 가진 독자 또한 나날이 줄고 있고, 작가와 비평가들은 때맞추어 직업을 잘못 선택했다는 사실을 발견하고는 '하해'하는 사람이 속출하고 있습니다.

저는 이전에는 문학이 우리 생활 속에서 매우 중요한 지위를 차지하고 있다고 생각했지요. 그런데 지금은 이러한 생각이 착각이었다는 것을 분명히 알았습니다. 문학이 가장 '요란한 효능〔轟動效應〕'을 지녔던 시절에도 대중들이 정말 관심을 가졌던 것은 문학이 결코 아니었지요. 문학이라는 껍질 속에 들어 있는 비문학적인 것들이었습니다. 안타깝게도 우리는 그러한 '요란함'에만 눈이 멀어 있다가, 그야말로 중국 특색의 '상품화' 흐름이 문학계를 거의 뿌리째 뽑아버리는 실정에 이르러서야 비로소 다급하게 깨달았지요. 우리 사회 대다수의 사람들은 이미 일찌감치 문학에 흥미를 잃어버렸다는 사실을 말입니다…….

오늘의 문학 위기는 눈에 잡히는 표지이며, 대중문화의 소양이 보편적으로 하락했음을 밝혀주는 것일 뿐만 아니라, 더욱이 몇 대에 걸쳐서 사람들의 정신적 소양이 지속적으로 악화되어 왔음을 실감하게 합니다. 문학의 위기는 실제로 우리 시대 중국인의 인문정신이 위기를 맞고 있음을 폭로하고 있으며, 전체 사회의 문학에 대한 냉담이 바로 측면적으로 실증해주고 있습니다. 우리는 이미 자신의 정신생활을 발전시키는 일에는 흥미를 잃었다는 사실을 말입니다.[4]

---

4) 왕효명 등 앞의 좌담에서 왕효명의 발언.

왕효명은 '중국 특색의 상품화 흐름'이 20세기 중국에서 대다수 중국민들의 정신생활을 발전시키는 주요 방식이었던 문학을 뿌리째 뽑아버리기에 이르는 문학의 위기를 야기시켰다는 것에 주목하면서, 이는 문제적 현상이지만 문제의 심연을 파고들어보면 대다수 중국민들이 자신들의 정신생활을 발전시키는 일에 흥미를 잃어버린 사회 전반에 걸친 인문정신의 위기에서 비롯된다는 점을 지적하고 있다.

또한 장평 등은 구체적인 문학현상, 곧 왕삭과 같이 세태에 부응하거나 자족적인 문학 행태들, '일체를 조롱'하고(장평의 말), '폐허로 폐허를 조소하는'(서린의 말) 문학 및 문화현상으로부터 문학의 위기를 가늠한다.

왕삭의 문학은 어떠한 외부세계도 지향하지 않는 텍스트 안에서의 조소로, 조소한 자 스스로가 폐허가 되는 자기 파멸 과정에 이르고 있는데, 이는 비단 문학뿐만 아니라 제5세대 감독 장예모의 영화에서도 집중적으로 표현된다는 점 또한 지적한다. 예컨대, 〈홍등〉은 동서양 사람들에게 상대방의 진부함을 상호 감상토록 한 작품으로, 장예모가 추구한 예찬정신은 바로 인문정신을 모두 상실한 것이라고 한다.

이들 좌담에서 가장 눈길을 끄는 대목은 오늘의 문학 위기는 "몇 대에 걸쳐서 사람들의 정신적 소양이 지속적으로 악화되어 왔음을 실감하게 한다"고 진단한 문제 제기자 왕효명의 지적이다. 여기서 몇 대란 이들이 이전에 행한 '문학사 다시 쓰기'[5]의 주장과 맥을 같이

---

5) 重寫文學史. 1985년 陳平原·錢理群 등 북경대 중국 현대문학 전공 교수들은 '20세기 문학론'의 기치를 들고 사회주의 시기의 중국문학사 서술은 전적으로 정치적인 규정을 받아온 것이므로 문학의 내재적 발전법칙에 따라 문학의 독자적인 발전 과정을 역사화할 필요성이 절실하다고 역설하고, 그 구체적인 작업을 진행하였다. 진사화·왕효명은 이에 호응하여 '문학사 다시 쓰기'를 주장했는데, 진사화의 신문학정체관은 이러한 문학사 다시 쓰기의 구체적인 작업 성과이다. 그러나 이들의 주장이 문학주의로 경사됨에 따라, 그러한 문학주의적 입장의 문학관이 팽배함으로써 1990년대 문학이 상업주의의 대세 속에서 문학 본연의 힘을 발휘해내지 못하고 있다고 보는 것이 글쓴이의 입장이다.

한다.

왕효명의 기본 관점은 중국 근현대사 및 근현대 문학사 전개에 대한 비판적 반추에 기초해 있는 것이다. 즉, 왕효명은 진사화가 항전기 문학을 전쟁문화의 지배적 대세로 인해 '묘당문화'가 궤멸된 왜곡된 문학사의 과정으로 평가한 바로 그 맥락에서, 오늘의 문학 위기는 '중국 특색의 상업화 흐름'으로 인해 전면화된 것이지만, 그것은 정신생활을 발전시키는 일에 등한한 중국 근현대사 역정에서 비롯된 결과라고 파악하는 것이다. "문학이 가장 요란한 효능을 지녔던 시절에도 대중들이 정말 관심을 가졌던 것은 결코 문학이 아니라, 문학이라는 껍질 속에 있는 비문학적인 것들이었다"라는 언명에서 분명하게 드러나듯이, 더 이상 정신 가치를 추구하지 않는 대중의 무지와 몽매는 대중 그 자체에게도 책임이 있지만, 그렇게 되도록 대중을 마비시킨 근현대사의 역정이 있었기 때문임을 은연중에 제기하는 것이다. 바로 이 지점에서 이후 인문정신 논의의 쟁점 하나가 이루어진다.

혁명 시기의 문학과 사회주의 건설 시기의 문학을 어떻게 볼 것인가, 비판적으로 대상화할 것인가, 역사적 경험으로써 안고 그 극복 지점들을 구체화시키는 가운데 새로운 활로를 모색해갈 것인가. 그러나 여기에 대한 근본적 성찰보다는 비판적 대상화 차원에서 문제인식의 다양한 갈래만이 나누어지고 있다.

한편, 5천 년 동안 지속되어왔던 중국 전래의 신앙과 신념이 회의와 조롱을 받지 않은 것이 없는데, 진정한 건설적 비판은 결여되어 있다는 것이 이들의 판단이다. 문학, 나아가 전체 인문정신 영역이 모두 쇠락한 형세를 드러내고 있고, 상업주의의 흐름 속에서 오직 배금주의만 추구되고 정신생활은 없는 상황이라는 것이다. 그러나 대다수의 대중과 지식인들은 여기에 대한 경계의식이 없다는 점이 더욱 큰 문제이며, 따라서 인문정신의 위기란 문제를 자각하는 일부 문화인의 위기에 지나지 않는다는 데 이들의 안타까움이 있다.

하지만 이들은 당대문학(當代文學. 사회주의 시기의 문학을 말함 : 역주)을 전개하며 이끌어온 유토피아정신을 해소하는 작업, 그것이 새로운 문학정신을 탄생시키는 출로가 될 수 있다고 판단한다. 이들은 이 점은 문학뿐만 아니라 전체 인문정신 영역 속에서 기왕의 과정을 되짚어보면 충분히 이해될 수 있다고 한다. 전통적 가치관념의 와해는 모든 유형·무형의 정신적 족쇄가 와해될 가능성을 열어놓은 것이고, 그런 가운데 새로운 생활을 실천하는 것은 새로운 인문정신의 탄생을 요구하고 있다는 것이다.

논자들의 표현을 빌리면, '모든 것이 급변하는 시대에 사람들의 마음속은 갈망과 요구로 충만해 있고, 신음과 초조감이 너무나 많이 누적되어 있는 실정'이다. '정감은 순식간에 변해버렸고, 의지는 상호 충돌하여 선택하기 어려우며, 이지(理智)는 황당하여 선택할 수가 없다. 세계, 생활 자아, 모두가 주마등처럼 어지럽게 바뀌고 있으니 도무지 파악할 수가 없는' 것이다. 그러나 '사람이라면 자기를 파악해야 하고, 이 세계가 도대체 어떠한 모습이며, 생활은 결국 무엇을 위해서인가를 확신할 필요'가 있다. 그때 비로소 '나의 세계와 나의 생활이 있을 수 있고, 내가 있을 수 있으므로'.

따라서 기존의 가치관념으로는 이러한 임무를 감당할 수 없으므로 새로운 인문정신을 창조해내야만 한다. 폐허를 거절할 수는 없지만 폐허를 인정해서는 안 되는 것이므로, '생활을 바라보는 시각을 조정하면 심령의 시계 속에서 요연히 타오르는 광야가 나타날 것이고, 그 속에서 새로운 생기를 잉태할 것'이라는 것이다.

한편, 이들 논자들은 오늘의 문학 문제를 논의하면서 지금 대다수의 중국민들이 문학에 던지는 요구를 다음과 같이 정리한다. 곧 대다수의 중국민들은 문학이 '그 속에서 약동하는 현실생활과 떠들썩한 심령세계에' 자기들의 생존상태를 드러내줄 것, 그리고 이로써 오늘을 살아가는 대다수 사람들의 현실생활에 대한 독특한 시각과 시야를 드러낼 것을 요구하고, 나아가서는 중국민들의 삶 속에 내재한 '생존지향〔生存意向〕'을 게시해낼 것을 요구하고 있다고 본다.

이러한 대다수 중국민들의 문학에 대한 요구에 입각해서 볼 때, 진정한 오늘의 문학이라면 감히 고통과 초조감에 직면해야만 하며, 무료한 조소로써 그러한 생존적 고통과 초조감을 해소시켜버릴 것이 아니라 보편적인 정신 몰락을 들추어내고 추궁〔追問〕해야 한다. 또한 후현대주의자들처럼 서구 이론으로 그것을 숨기거나 억지로 겉치장을 해서는 안 된다는 것이 이들의 입장이다.

현재의 문학 위기를 새로운 술어로 해석해내는 데 급급하고, 가치판단을 배제한 글쓰기와 해체적 글쓰기로써 문학의 위기를 오히려 가중시키고 있는 문단 및 학문 풍토를 개탄하는 이들은, 문학 존폐의 관건은 인문정신의 위기를 벗어나느냐 못 벗어나느냐에 달려 있다고 역설하였다.

요컨대, 문학 및 학문의 주체들에게 허무주의가 만연한 것에 대해 비판적 거리를 유지하면서, 이러한 폐허를 정신적 출로의 조건으로 삼아 새로운 인문정신을 창출해낼 것과, 특히 문학의 주체들에게 동시대인의 보편적 정신 몰락을 파헤치는 가운데 이들에게 새로운 생존적 지향을 찾아가게 할 것을 촉구하는 것이다. 그리고 이러한 문제적 전환의 계기는 인문 영역 선각자들의 '순도적' 자세임을 역설한다. 엄혹한 시대에 '도를 위해 죽는 순도자'의 자세로서 '죽음을 무릅쓰는 대오〔敢死隊〕', 도에 뜻을 두는 것을 국학으로 하는 중국에서 이러한 '감사대'에 의해 인문정신의 활력을 유지해야 한다는 것이 이들의 주장이다.

한편, 진평원은 상품경제의 거대한 흐름 속에서 인문 연구에 종사하는 학자의 운명 및 그 선택을 논하는 글에서, 전통적으로 인문학을 중시하고 그것을 학문의 중심으로 삼아온 중국이 이제 경제흥국의 길을 택함으로써 자연과학이나 사회과학의 입지가 넓어지고 있는 반면, 인문학은 그야말로 존폐 위기에 처해 있다는 학자적 현실인식으로부터 인문정신의 문제를 제기한다.[6]

진평원은 인문학자는 결코 영예로운 칭호가 아니라 일종의 직업적 선택일 뿐이라면서, 이미 '권좌에 있거나' 혹은 '하해'한 '이전 학자'가 아니라 현재 인문 연구에 종사하고 있는 학자의 운명 및 그 가능한 선택에 대한 사고를 진행하는 데 의도를 두고, 인문학자들의 당면 현실이 '곤혹과 미망에 빠져 있어 이해와 동정을 받을 가치가 있기 때문'에 이론적 분석이 아니라 현실에 대한 대책 논의에 중심을 두고 논의를 전개한다. 즉, '가행성 논증'의 색채를 띠는 글로서, 문화적 전환기에서 인문학자의 위상을 다시 새롭게 하고자 하는 것이다.

1990년대 중국에서 정국이 점차 안정을 찾고 상품경제의 거대한 흐름이 일어나게 됨으로써 지식인들은 신속하게 분화되었고, 각기 다른 직업 및 이익집단을 형성하게 되었다. 경제인 혹은 위정자와 교원서생은 가치관념상 아주 크게 차이가 나며, 또한 같이 학술 연구를 견지한다고 하더라도 학과의 차이로 인해 그 운명이 달라질 수 있다. 옛말에 "선비가 사흘을 서로 마주하지 못하면 눈을 세로 뜨고 서로를 바라본다"고 했는데, 오늘날 중국에서는 직업과 경우의 변화로 인해 도처에서 '환골탈태'하는 장거를 볼 수 있다. 오늘날 '지식인의 대우를 제고하거나 지식인의 입장을 견지'하는 일은 이미 큰 의미가 없어져버렸다. '지식인'의 정의를 다시 내리는 것을 제

---

6) 陳平原,〈當代中國人文學者的命運及選擇〉,〈東方〉(1993년 창간호).
   이 글은 필자가 스웨덴 스톡홀름에서 열린 '당대 중국인 심중의 국가·사회와 개인(當代 中國人心目中的國家, 社會與個人)' 국제토론회에 제출한 논문이다.

외하고는 말이다.

어제의 '지식인'은 시장 경쟁에서의 경우가 달라졌기 때문에 더 이상 상대적으로 통일된 입장을 갖기가 아주 어렵게 되어버렸다. 대학 교원을 예로 들면, 점점 실용성이 강해지면서 경제건설에 직접 복무하는 학과는 정부의 중시와 기업의 지지를 받을 수 있다. …… 모든 학과 중에서 가장 실용 가치가 없는 것은 고로한 '문(文)·사(史)·철(哲)'에 지나지 않는다. …… 이것은 중국에서 근 몇 년 동안 출현한 새로운 현상이다. 이 현상을 주의해야 하는 것은 그것이 작금의 중국 인문학자의 운명을 웅변으로 입증해주고 있기 때문이다.[7]

진평원은 정부와 기업이 모두 '두드러진 공헌이 있는' 과학 엘리트들을 장려하려 하고, 경제학자와 법률 전문가 또한 나날이 사회 각계의 예우를 받는데, 오직 인문학자만이 냉대를 받고 있다고 지적하는 한편, 이른바 '의식이 족하면 염치를 안다' '존재가 의식을 결정한다' '경제 기초는 상부구조를 결정한다' '경제성장은 필연적으로 체제 변혁을 가져온다' '경제의 자유화는 필연적으로 정치의 민주화를 가져온다' 는 등, 궁박한 중국인(정부에서 민간에 이르기까지)들은 보편적으로 경제발전을 이룰 수만 있다면 일체의 모순은 칼로 베듯 해결될 것이라고 믿고 있다고 개탄하면서, 그러한 현실에 어떠한 작용도 할 수 없는 인문학자로서의 무력감과 상실감을 토로하고 있다.

진평원은 인문학자의 주변화와 소외의 운명은 역사적 필연이라고 하면서, 그 근원에 대해 사고한다. 지식인들은 이제까지의 체제와 역사가 그들에게 부여한 중심적 지위의 환각을 통해 자기 정체성을 확인해왔다는 것이다.

---

7) 진평원, 앞의 글.

따라서 진평원은 인문 지식인들이 하루빨리 그러한 환각 혹은 착각에서 비롯된 허위의식을 버리고, 정치와 상업 그 어디에도 예속되지 않는 순수한 학술문화의 확립을 선택할 것을 제기한다. 인문학자들이 거리에서 서재로 돌아와 현실을 초월한 추상의 영역에서 탐구에 몰두하는 학술 전통[學統]을 수립하는 것, 그것이 바로 진정한 지식인의 자기 정체성 확인의 길이라고 역설하고 있는 것이다.

진평원은 학문에 대한 실용주의의 대세가 형성되고 있는 것에 대해 비판적 입장을 분명하게 가지고 있다. 그러나 그의 입장은 철저하게 학술주의에 입각해 있다는 점을 주의해서 보아야 할 것이다. 이것은 그와 그의 동료들이 1985년 '20세기 문학론'을 제기하면서 문학 자체로 돌아가자고 선언하고, 그러한 문학주의에 입각하여 중국 현대문학 재평가 작업 및 문학사 재편작업을 진행해온 지난 역정과 동일한 맥락이며, 바로 그 외연을 확대한 것이다.

문학주의와 학술주의, 그것은 문혁을 겪고 난 이후 신시기 중국에서 확실하게 당대적 의미를 갖는 측면이 있다. 문제는 이른바 '그 자체'라는 것인데, 문학과 학술이 그 어떤 사회적 연관 없이 생산된 것이 아님에도 불구하고, 전체적 연관 속에서 사고하고 돌파구를 찾기보다는 피해 망상증에 가까운 일련의 피해의식 속에서 현상 유지를 통한 현실 안주에 급급한 중국 인문 지식인들, 그들의 오늘의 자화상을 진평원은 있는 그대로 보여주고 있는 것이다.

2) 인문정신에 대한 본격 논의

이처럼 인문 영역의 지식인 모두에게 상실감과 위기감이 팽배한 가운데 인문정신의 개념 정립 문제와 인문정신의 상실과 재건, 지식인의 사회적 지위와 역할 및 지식의 존재양식에 관한 재정립 문제가

1994년 〈독서〉지 제3기에서 제8기까지 '인문정신심사록《人文精神尋思錄》'이라는 제목 아래 특집란을 통해 광범위하게 논의되었다.

인문정신에 대한 논의는 다양한 논자들을 포괄하면서 진행되었지만, 인문정신에 대한 개념 정의는 중국 전통의 인문정신을 유가적인 전통 인본사상에 입각하되 인문정신 상실을 바라보는 각각의 시각 차이에 따라 대개 세 부류로 대별한다.

우선은 유가의 전통적인 인본사상에 입각하여, 인문정신을 중국사를 관통하는 하나의 지식인적인 행위규범이나 실천원칙으로 파악하는 입장이다. 진사화, 왕효명, 최의명, 왕간 등이 그들이다. 다른 하나는 유가의 인문 전통에 입각하되 봉건시대의 인문정신이 지배 이데올로기가 되었던 역사를 비판하면서 본래의 순정한 도통, 형이상학의 영역을 엄수하면서 세속화된 사회에 초월적인 정신 및 도덕성 혹은 '세속의 사회적 공리에 대한 책임감'을 갖는 것으로 이해하는 입장이다. 허기림, 비진종, 왕빈빈 등이 그들이다.

한편, 장여륜이나 주학근처럼 동서양의 보편적 가치체계지만 그 실천 행위는 한 사회공동체의 역사, 문화 및 전통이 오랫동안 형성한 실천이성과 그 가치 판단의 기준을 가지고 있다고 보는 입장도 있다. 인문정신에 대한 개념 규정에는 편차가 있지만, 인간을 본위로 하는 전통적인 인본사상에 입각해 있다는 점에서는 동일하므로, 여기에서는 진사화 등을 중심으로 한 인문정신 개념 규정에 주목하기로 한다.

중국 고대 전적 중에서 '문명' '인문'이라는 개념은 《주역(周易)》· 〈단전(彖傳)〉에 처음 나온다. "문명(文明)의 상위는 인문이다. 천문을 보아 때의 변함을 관찰하고, 인문을 보아 천하를 변화시킨다"(《분괘(賁卦)》)라고 한 것이다. 여기에서 천문은 자연현상을, 인문은 인류의 정신생활의 각종 형식을 가리킨다. 유가는 바로 이러한 인문적 가치를 가장 높이 평가했다.

공자는 '인(仁)'은 애인(愛人)이라고[8] 하였거니와, 인의 본질을 파악하여 그 인문정신의 실체를 이해해본다면 '인' 자 자체가 '인(人)'과 '이(二)'의 합성어로서 두 사람이 서로 친한 관계로 설명된다.[9] 여기서 인은 예(禮)를 근간으로 하는 차등적인 사랑이지만, 기본적으로 인간과 더불어 '인(仁)'하고 사람들 속에서 그것을 실현해야만 함을 강조하고 있으므로, 이러한 '애인'이 바로 중국 고대 인문정신의 본질인 사회적 책임감이라고 하겠다.

"새와 짐승들과는 더불어 무리를 같이 하지 못할 것이니, 내가 이 사람의 무리와 더불지 않고 누구와 더불겠는가?"[10] 인격신의 존재를 부정했던 공자는 개인의 사회에 대한 책임을 '더불어 사는' 것, '친민(親民)'으로서 '지극한 선[至善]'에 이르는 것이라고 여겼다. 큰 배움[大學]의 도(道)란 바로 강한 사회적 책임감으로써 구현되는 것임을 강조했던 것이다.

진사화는 봉건시대 인문정신은 바로 이러한 도통을 체현하는 것이라고 이해하며, 인문정신을 '오직 시대와의 대화, 심지어 의견 충돌 속에서만 탄생할 수 있는 것으로서 지식인들이 배우고 사용하는 근본적인 도'[11]라고 규정한다.

그러나 도통이 체현된 봉건시대와는 달리 20세기 이후의 역사에서는 그렇지 못한 채 오늘의 문제로 집중되었다는 것이 진사화의 문제의식이다. 전반부는 지식인이 '묘당'과 새로운 학술 전통을 새롭게 소통시킴으로써 인문정신을 회복하려는 시도를 했지만 기본적으로

---

8) 《論語》, 〈顔淵〉 편.
9) 許愼, 《說文解字注》.
10) 《論語》, 〈微子〉 편.
11) 장여륜, 왕효명, 주학근, 진사화 좌담, 〈人文精神－是否可能與如何可能〉, 〈讀書〉 (1994년 제3기).

실패한 과정이고, 후반부는 지식인이 '자리를 피해 문자옥(文字獄) 듣기를 두려워하는' 실패 속에서 '스스로의 깨달음을 통해 시대와 거리를 두는 방법으로 학술의 순결과 초연함을 유지했으나', 시대의 맥박과 융합하지 못함으로써 그 재건 가능성을 잃어버린 과정이었다는 것이다.

왕효명은 이를 "지식인이 갖가지 박해를 받은 후 정신이 왜소화·동물화되는 과정으로 이해하며, 인문정신의 상실과 궁극적 가치에 대한 관심의 소멸은 바로 이 왜소화와 동물화의 최후로 표현된다"고 설명한다.

진사화는 과거 봉건시대에는 '나아가서는 관직에 들어가고, 물러나서는 민간으로 돌아왔으니, 서원을 세워 교육에 종사하든 책을 지어 학설을 세우든, 모두 하나의 도통 속에서 순회하며 폐쇄적 자기 완성 기제를 이루었던' 지식인의 행복한 시대였지만, '20세기에 이르러 봉건시대의 조정은 저절로 없어졌고 가치는 다원화되었으므로, 지식인이 조정 이외의 곳에 자신의 위치를 세울 수 있는지, 그리고 인문정신을 계승하고 발양하여 자신의 인격 형상을 빚을 수 있는지가 지식인들 앞에 놓인 현실적인 문제'라고 지적한다. 게다가 20세기에는 서양의 '척도[向度]'가 들어옴으로써 도통, 정통, 학통의 전통적인 가치체계가 해체된 상황에서 현대 지식인의 새로운 도통을 건립할 수 있는지, 지식인이 자신의 작업 위치에서 안신입명하는 근본을 확립할 수 있을지, 그리고 오늘날 보편성을 지닌 가치규범의 새로운 중심을 세워야 하는 것인지의 문제를 제기한다. 결국 봉건시대의 사대부의식을 현재적으로 체현한 현대 지식인으로서 자신들이 안신입명할 곳이 과연 있는가, 있다면 어디인가 하는 것이 이들 인문정신 논자들의 관심의 초점이다.

여기에는 사대부의식, 그 현재적 표현으로서의 엘리트의식이 강하게 배어 있다. 맹자는 "하고자 하는 바가 사는 것보다 더 심한 것이 있고, 싫어하는 것이 죽는 것보다 더 심한 것이 있다"고 하면서 "사는 것 역시 내가 바라는 것이지만 사는 것보다 더 하고 싶은 것이 있으니 구차하게 삶을 얻지 않으며, 죽는 것 역시 내가 싫어하는 것이지만 죽는 것보다 더 싫어하는 것이 있으니 환난을 당해도 피하지 않는다"고 하였다〔《맹자(孟子) 고자상(告子上)》〕.

'하고자 하는 바가 사는 것보다 더 심하다는 것'은 곧 인격의 존엄을 말하며 '싫어하는 바가 죽는 것보다 더 심하다는 것'은 인격적 굴욕을 말한다. 맹자는 '하고자 하는 바가 사는 것보다 심한 것'을 '의(義)'라고 했는데, 이른바 의란 자신의 독립적 인격을 유지하는 동시에 남의 독립적 인격을 존중하는 것을 가리킨다. "덕으로써 대항하다(以德抗位)"를 더욱 강조했던 고대 중국 맹자의 가르침으로부터 대덕(大德)으로써 대도(大道) 구현에 나서는 자세와 노력, 진사화를 비롯한 소장 인문정신 논자들이 속심으로 바라는 것은, 실은 누구에게도 방해받지 않는 자신의 생존공간으로서의 안정적인 '정신의 정원〔精神家園〕'[12]인 것이다. 거기에서 정치권력과 세속으로부터 일정한 거리를 유지하면서 정신적인 자유를 향유하며, 궁극적 가치와 초월적 가치를 지속적이고 안정적으로 추구하는 것이 이들의 지상 목표이다. '세계에 대한 인문적 관심', 그것은 아무나 갖는 게 아니라 지식인에게 주어진 사회적 소명과도 같은 것이기 때문이다.

본래의 계획경제체제가 와해되었든 그렇지 않든 간에 지식인들은 반드시 자신의 생존공간을 가져야만 한다……. 지식인들은 당연히 민간에서 자신의 역할을 찾아야 하며, 자신의 경로〔渠道〕를 통해 인문적 이상의 목

---

12) 許紀霖, 陳思和, 蔡翔, 郜元寶 좌담, 〈道統, 學統與政統〉, 〈독서〉(1994년 제5기).

소리를 전달해야 한다. 인문정신은 결코 지식인이 의존하는 자위적 아Q주의가 아니며, '당신이 허리에 천만 관의 돈을 두르든 말든, 나는 인문정신을 가지고 있다'는 식의 소극적인 방어도 아니다. 인문정신은 일종의 현실 개입〔入世〕 태도이며, 지식인들의 세계와 사회에 대한 독특한 이해방식이자 개입방식이다. 그리고 지식인들의 학통은 정통으로부터 분리된 후 재건된 일종의 자아를 표현하는 기제이다. …… 세계에 대한 인문적 관심은 누구나 다 할 수 있는 일은 아니다. 이것이 곧 미래 사회에서 인문과학 지식인들의 특수한 지위를 형성한다.[13]

인문정신에 대한 좌담에서는 1980년대를 제외하고는 20세기가 결코 지식인들에게 행복한 시기가 아니었다는 점을 거듭 지적한다. 20세기 대부분의 시기는 정통에 의해 지식인들의 인문정신이 끊임없이 관여를 받았고, 그러한 갖가지 박해로 인해 지식인들이 그 특유의 인문정신을 왜소화, 동물화할 수밖에 없었던 결과가 오늘의 엄혹한 인문정신의 상실 지경을 야기했다는 것이다.

따라서 이들은 20세기 초 서구의 모더니스트들이 그러했듯이, 한편으로는 세상과의 절연·초연을, 다른 한편으로는 '선 긋기'를 통해 거리두기를 하거나 나름의 사회적 실천을 통해 '타락', 체제 내적 수렴의 경로를 가면서, 지배 권력과의 친연성을 드러내거나 상업적 욕망에 쫓기는 '타락'을 '순교자'의 자세로 거부하고자 한다. 그것이 지식인들이 세상에 자신을 관철시킬 수 있는 유일한 방식이라는 것이 인문정신 논자들의 공통된 인식이다. 더 이상 계몽적 지도자로서의 자기 지위를 찾으려는 것이 아니라, 주변적 지위에서 부정과 비판을 통해 오늘에 답하는 형식으로 자리 보존을 하고자 하는 것이다.

---

13) 허기림 등 앞의 좌담에서 진사화의 발언.

...... 인문주의자가 이상의 방기를 원치 않는다면 원칙의 보편주의와 실천의 개체주의에 대하여 신중한 경계의식을 가져야 할 것이다. 그렇지 않다면 우리의 인문 이상이 치열해질수록 우리의 존재방식도 점차 위험해지고 보다 침략적인 성격을 갖게 될 것이다.[14]

이들이 끊임없이 경계하는 것은 중심의식이다. 자신들은 더 이상 이 사회의 중심이 아니라 주변이다. 따라서 중심을 꿈꾸는 것은 곧바로 몰락을 자초하는 길이라는 인식 속에서 어떠한 보편적 가치규범도 새롭게 정립하려 하지 않는다. 그것은 역사가 증명하듯이 스스로 파시스트적 파멸을 자초할 수 있기 때문이다. 따라서 인문적 보편성만 확인된다면, 그에 대한 개체적 실천이 있을 뿐이라고 역설한다. 그런 점에서 집단화 또한 이들의 경계 대상이다. 1950년대의 반우파투쟁, 1989년 천안문 사건의 충격은 더 이상 과도한 역할 규정을 통해 권력 중심으로 복귀하는 꿈을 꾸지 않도록, 자신들 스스로를 주변적 지위에 굳건히 자리매김시키는 것만이 출로임을 자각하게 했다는 것이다.

문제는 거기서 '과도함'에 대한 반성은 하고 있지만, 단 한 번도 자신들이 세운 계몽 목표의 문제에 대해서는 반추해보지 않는 데 있다. 무엇보다도 오늘의 중국사회가 직면하고 있는 사회문화 위기는 자각적이든 비자각적이든 중국 계몽주의가 목표로 한 서구적 근대화 과정—세계 자본주의로의 편입 과정—자체에서 발생하는 것이다.[15] 중국 전통과 모택동식 사회주의에 가한 계몽주의의 비판은 적실한 측면이 있다.

그러나 서구적 근대를 지향하며 중국의 새로운 근대를 희구했던 계

---

14) 장여륜 등 앞의 좌담에서 주학근의 발언.
15) 졸고, 〈문학을 통한 역사읽기의 두 유형-陳思和의 '新文學整體觀'과 余華의 '活着'을 중심으로〉, 중국어문학회(1998. 1.).

몽주의사조는 현실 사회주의권의 몰락과 함께 자본주의가 전지구적으로 확장되고, 중국 경제 및 문화의 생산 과정 또한 거기에 전적으로 편입되어 있는 상황에 이르자 무기력함을 드러낸다. 경제 부문에서 성장론자들은 강대국 중국에 대한 도저한 낙관 속에서 모든 문제 해결의 관건을 시장경제의 자율성 여부에 두고 있다. 그러나 대다수 중국민들은 삶의 실질로부터 이러한 성장 위주의 전략에 대해 강력한 문제를 제기하고 있고, 중국의 신계몽주의, 곧 근대화론은 오늘의 중국 사회문화가 직면해 있는 위기적 상황을 분석할 방법도 극복 대안도 갖지 못하고 있는 것이다. 따라서 서구적 근대를 지향하며 중국의 근대를 추동해온 동력이었던 계몽주의사조는 역사적 쇠퇴일로를 맞고 있는 실정이다.

이처럼 신계몽주의의 역사적 사퇴로 상징되는 중국 지식계가 맞고 있는 상황적 교착, 그러나 그것은 외부적 요인에서 비롯된 것이라기보다는 문혁 이후 1980년대 중국 지식계가 걸어온 사상 행로와 실제 작업에 문제가 내재되어 있었다는 점을 지적하고자 한다. 서구적 근대화에 대한 비판적 시각이 결여되어 있었던 점, 반자본주의적 근대 기획을 구체화해 나가는 과정이었던 중국식 사회주의 건설 경로에 대한 전면 부정과 이를 근대주의적 잣대에 의해 서구/진보, 중국/낙후로 이분화시키고 중국 현대사를 끊임없이 대상화한 점, 그리고 민주화운동이 천안문 사건으로 귀결된 점 등이 그러하다.

그런데 근대화에 대한 낙관을 기본 시각으로 하여 20세기라는 시간성 속에 신문학을 놓아두고 중국 신문학을 지속적으로 근대 문학을 추구하는 과정의 문학으로 설명해왔던 진사화를 비롯한 인문정신 논자들은, 그 계몽 목표의 실패 원인에 대한 근본적인 반성을 진행하지 않는다. 기본적으로 이들은 신계몽주의가 추동했던 전사회적인 근대화의 과정을 비판적으로 이해하려는 노력이 없는 것으로 보인다. 자신들의 근대화에 대한 도저한 낙관이 문제의 핵심이었다는 사실을 간과하고 있다는 것이다. 요컨대, 모택동의 사회주의가 가지고 있던 반근대성의 경향을 보아내고, 그것의 핵질들을 이어내면서 새로운 중국식 근대 기획을 현실화시키는 것이 아니다. 모든 것을 효용성의 문제로 대체시켜 근대에 대한 비판성을 더 이상 지니고 있지 않은 등소평식 사회주의 개혁이 안고 있는 근대화 이데올로기, 그것의 이론적 받침은 다름아닌 신계몽주의였지만, 등소평의 기획이 한편으로는 자기 모순의 와중 속으로 빨려들어가면서도 다른 한편으로는 자기 문제의 정면에 서서 새로운 비약의 계기를 만들어가고자 하는 반면, 신계몽주의자들은 그 정치적 희생물(천안문 사건)이 되었고, 이제 문화적 영역에서까지 근대화로 인한 문제의 집점, 상업주의의 파고 속에서 그 피해 양상으로 현상해 있는 것이다.

이처럼 중국 사회주의의 진로나 대다수 중국민의 삶의 문제를 끊임없이 대상화하고 있는 이들 인문정신 논자들의 가장 본질적인 문제는 자신들의 계몽기획이라는 것이 지식인 중심의 계몽사관이 낳은 결과요, 오늘의 문화적 소외현상은 자신들의 존재양식에 준한 안신입명으로부터 단 한 발자국도 나아가지 않은 탓에 초래된 역사적 필연이었음을 진정으로 반사하지 못하고 있는 것이다.

한편, 이들이 인문정신의 실제적 함의를 중국 전통 유가들의 인본사상에 두고 있다는 점에 주목해보면, 그들이 재건하고자 하는 인문정신 또한 문제를 담지하고 있음을 알 수 있다. 중국의 전통 유가는 개별 인격을 중시하고 개인, 특히 사대부 지식인의 사회에 대한 책임감을 강조하는 적극적인 측면이 있다. 그러나 유가의 인간 본위의 철학은 상하 귀천의 등급 구분이나 신분제도에 근간함으로써 결정적인 한계를 갖는다. "임금은 임금답고, 신하는 신하로서 아버지는 아버지로서 아들은 아들로서 도리를 다해야 한다〔君君臣臣父父子子〕" "귀천

(귀하고 천함)에 허물은 없으나, 이른바 절도가 있다. 귀천에 순서가 없으면 어찌 국가를 이루겠는가?"[16]라는 공자의 논리는 이러한 상하 신분적 차이의 구분을 사회 구성원리로 제기하는 것이며, "자기를 극복하여 예로 돌아간다"는 '극기복례(克己復禮)'의 '예'는 유가 사회관의 핵심으로서 신분 질서에 걸맞은 예법을 이르는 것이다.

이것이 바로 유가가 중국 봉건통치 이념의 가장 중요한 부분으로서 중세 봉건사회의 지배질서를 구축하고 그것을 유지·보존시키는 지배 이데올로기로서 다른 사상적 흐름의 우위에 서왔던 근거이다. 말하자면, 유가의 상하 신분 구분논리는 역대 봉건 통치권자들의 이해에 적극적으로 부응한다는 점에서 상동상현(尙同尙賢. 평등을 숭상하고, 신분이 아니라 인물의 어진 사람됨을 존중함 : 역주)을 중시했던 묵가나 무위지치(無爲之治. 인위적 지배가 아닌 자연인 조화원리에 내맡기는 소극적 지배원리 : 역주)를 내세웠던 도가 등과는 달리 지배 이데올로기의 지위를 고수할 수 있었고, 유가들 또한 사대부로서 봉건 통치구조에 편입, 유가사상의 시대적 변용을 거듭하여 봉건통치 이념을 유지·보존시키며 지배 세력으로 존재해올 수 있었던 것이다.

공자의 원시 유가가 그 당시 지배 세력에 의해 수렴되지 못했다면, 한대의 동중서가 음양오행설을 수용하면서 정치 이데올로기로서 유가를 집대성해낸 것이나, 당대(唐代) 한유(韓愈)의 복고운동이 불교의 유입과 지배 이념으로의 등극에 따라 유가사상에 대한 위기적 재편이 필수불가결한 시점에서 일어났다는 점, 송대 성리학의 집대성 과정을 면밀히 살펴본다면, 유가사상 및 전통 사내부들의 존재방식과 그들이 견지해온 현실인식으로서의 인문정신의 역사적 실체를 해명해볼 수 있다.

---

16) 《左傳 昭公 29年》.

그리고 중국 인문정신 논자들이 이러한 유가적 인문정신의 거대한 수맥에 관을 대고 그로부터 새로운 물줄기를 뿜어올리고자 하는 한, 그것은 진정한 의미에서의 인문정신의 구현이라고 볼 수 없다. 다른 차원의 검토가 요구되지만 유가적 자본주의론이 동아시아 유교적 전통을 가지고 있는 나라들에서 새로운 구국론으로 횡행하고 있는 시점에서 그 현실의 문맥을 잘 살펴보아야 할 필요가 있거니와, '계몽'기획의 실패와 인문정신의 제출이라는 이들의 사상 행로에는 분명 석연치 않은 구석이 있다. 서구적 근대를 추수했던 과정에서 이들의 인문정신은 곧 계몽정신이었고, 그것은 계몽의 긍정적 측면, 곧 근대의 빛만 보고 그것이 만든 그늘에 대해서는 눈을 돌리지 않았던 그들 자신의 인식의 한계로부터 비롯된 것이었다.

따라서 문제는 그것을 근본적으로 반사해내는 일이 선행되어야 할 터인데, 이들 인문정신 논자들은 역사, 정치권력, 경제, 상업주의라는 외부적 요인에 책임을 전가시키기에 급급하고, 급기야 전통적 인문정신을 끌어내어 도덕적인 차원에서 문제를 해결하고자 하는 것이다.

그런데 근대 이전 중국에 예로부터 내려온 인문 전통은 학문체계로 구축되기보다는 지식인의 자기 실현, 정치적 실현으로 객관화됨으로써 그것이 동아시아 인문학의 특징을 이루고 있지만, 학문적 탐구의 보편체계를 구축하는 데는 많은 한계를 안게 된다. 허기림은 이 점에 주목하면서 오늘의 인문정신의 구현은 '구도(求道)의 공구, 혹은 통로에 불과했던 학통'[17]의 독립성을 도모하는 데 있음을 강조하고 있다. 허기림의 이러한 문제인식은 전통적 인문정신과의 도덕적 변절 지점을 분명히 한다는 점에서 현실성이 있다. 그러나 바로 이 지점에서 인문정신 논자들이 서구의 학문적 전통에 젖어들어 있고, 거기에

---

17) 허기림 등 앞의 좌담에서 허기림의 발언.

깊이 의존하고 있음을 발견하게 된다.

　아시다시피 중국의 인문학은 인간 개인의 윤리·도덕·철학 분야뿐만 아니라 인간관계를 규정하는 잣대로서 동아시아 세계에 역사적으로 기능해왔던 하나의 연속적이며 보편적인 지적 체계였다. 중국 송대에 이르면 전통적인 유가사상은 신유학으로 재편되는데, 공맹으로 이어지는 고대 유가사상이 본격적으로 체계화되는 것이 바로 이 시기이다.

　송대 신유학의 특징은 '수기치인(修己治人)'이라는 말로 집약된다. 그것은 학문적 수양을 통해 사람을 다스린다는 뜻으로, '자신을 닦아 다른 사람을 편안케 한다〔修己以安人〕', '자신을 닦아 백성을 편안케 한다〔修己以安百姓〕'[18]는 공자의 가르침에 근거한다. 그것은 앎과 함의 일치, 인식과 실천의 통일이라는 통합 지향적 학문형으로서 근대 이전까지 동북아시아 전체를 포괄하는 중세적 보편을 이루어왔으며, 그것이 서구와는 다른 동아시아적 학문 유형의 특질을 이룬다. 요컨대, 동양의 인문학적 전통 속에서는 학문은 학문 자체의 논리만 따라 발전해온 것이 아니다. 학문의 주체와 그 학문이 미치게 되는 사회의 여러 요소들 사이의 관계에 따라 학문의 성격 및 그 발전 방향과 수준을 달리해왔으며, 따라서 학문은 사회와의 관계 속에서 그 사회적 관계에 의해 전적으로 규정되고 규정하면서 발전해왔던 것이다.

　그러나 서양의 학문사는 그렇지 않다. 고대 그리스적 사유의 전통이 바로 서양 학문사를 특징짓는 기본적인 측면으로서, 그것은 앎, 지식이 그 자체의 가치를 가지고 있는 것으로 여기고, 앎 자체를 추구함으로써 사람이 가장 사람다워질 수 있다고 생각했던 것이다. 그런데 서양 학문의 그러한 이론학적 전통은 오늘날 서양 인문학이 자기 모

---

18) 孔子,《論語》,〈憲問〉편.

순에 빠지는 필연을 야기하게 된다. '이성을 정점으로 하는 일원론적 학문체계'의 자기 완결성을 지향한 플라톤의 학문론, 그것이 바로 서구의 학문적 전통의 근간을 이루며 서구 학문사를 관통해오고 있음은 익히 아는 사실이다.

하지만 이러한 일원론적 학문체계는 그 자체의 완전함을 추구하며 그것을 미덕으로 삼음으로써 그것의 실천적 운용에는 근본적인 제약이 있을 수밖에 없었다.

아리스토텔레스는 학문체계에 대해 본격적으로 성찰하면서 수학을 학문의 모범으로 삼아 일원적 학문체계를 강조한 플라톤보다는 융통성 있게 학문체계를 재구성하였다. 학문은 탐구 대상에 따라 서로 다른 원리를 가지며, 그로써 상호 독립적인 학문이 성립 가능하다는 것을 인정했던 것이다.

그러나 아리스토텔레스 역시 수학의 우위 및 '불변의 진리' 탐구를 지향하는 이론학(자연학, 수학, 형이상학)의 지위를 인정한다는 점에서 플라톤의 전통을 잇고 있는 것이 분명하다. 다만, 학문의 위계성을 중시하여 서구 학문의 이론학적 근저를 명확히 하는 가운데, 학문의 상호 다른 원리를 인정하여 학문이 다양성을 꾀할 수 있는 여지를 열어냈다는 점에서 주목된다. 이로써 인문학 차원에서 시학, 수사학, 윤리학을 상호 분립하는 분과 학문의 길을 가능하게 하였다.

아리스토텔레스 이후 베이컨, 데카르트에 이르기까지 수학의 우위성과 이론학적 전통이 지속되다가 비코와 그를 계승한 루소 및 독일 사상계의 관념론적 흐름 속에서 역사가 연구 대상화됨으로써 역사학이 인문학의 주요 구성 성분으로서 자리매김되기에 이른다. 역사학이 이론학의 전통 속에서 학문 연구의 대상이 되는 것, 이는 역사 속에 끊임없이 자기를 투영시키는 과정을 통해 지식을 연마하고 역사에 비추어 오늘의 현실을 가늠했던 동양의 학문적 전통과는 확연하게 변별되는 측면이 아닐 수 없다.

그런데 서구 인문학은 19세기 자연과학의 빛나는 성취 속에서 새로운 단계에 접어들게 된다. 과학적 방법론을 인문학에 적용하는 것이 지배적인 흐름이 된 것이다. 수학적 정확성과 실험을 통해 사태를 예측하고 검증하는 실증주의의 대두는, 이제까지 진리를 추구한다는 인문학적 전통에도 그 방법론의 적용을 요구하게 되었다. 즉, 진리 추구 방법인 이성적 사유에 대해 실증성을 요구하게 되었고, 이로써 과학적 방법론 연구가 인문학의 주류를 이루게 되었다. 분과 학문의 체계는 아리스토텔레스적 전통을 잇고 있는 것이지만, 서구 자연과학의 특정한 발전에 따른 개별 연구방법론이 체계화되면서 새롭게 학문체계로 구축된 것이다.

그런데 인문학이 인문과학으로 재편되는 과정은 인문학의 특성에 과학성을 부여하여 새로운 학문의 수준을 높이는 차원으로 정립된 것이라기보다는, 인문학이 과학에 일방적으로 적용된 측면이 강하다. 따라서 전문성을 제고시켰다는 점에서는 적극적인 의미가 있지만, 진리 탐구나 대도(大道)의 구현이라는 인문적 지향을 분립적으로 진행할 수밖에 없게 만들었다는 점에서는 역작용 또한 큰 것이 사실이다. 예컨대, 인문학의 고전 탐구와 그 인간적 자질을 높여가고자 하는 인간학으로서의 본래적 의미는 점차 상실되고, 분과체계 안에서 자체의 학문적 추구에 만족하거나 실용주의적으로 재편되어갈 수밖에 없는 것이다. 무엇보다도 서구 인문학이 20세기로 접어들면서 자본주의의 세계적 확장을 위해 도구화되어 간 과정이 이를 극명하게 드러내준다.

서구에서의 지역 연구, 지역학의 형성과 발전은 서구 인문학의 진리 탐구라는 이론학적 전통이 국가권력과 자본의 의도에 따라 기능적으로 변질된 전형적 실례가 될 것이다. 그리고 그것이 서구 인문학의 현주소이기도 하다.

　서양의 인문학과 그것이 수행한 인문 교육은 본래 어떤 특정 지식이나 기술을 연마하기보다는 휴머니타스(humanitas)로 표현되는 '인간다움'을 추구하였고, 동양에서의 인문학은 도구나 특정한 기능이 아닌 '도'의 구현을 최고 목표로 하였다.[19] 큰 배움의 성취는 밝은 덕〔明德〕을 밝혀 지극한 선에 이르는 도덕의 실현이었던 것이다.

　이처럼 동서양을 막론하고 인문적 지향은 그 추구 과정의 차이는 있지만 진리 추구, 도의 구현이라는 점에서 같은 맥락에 있다고 해도 과언이 아니다. 그런데 서구에서는 과학적 성취의 힘에 인문학의 본래적 의미가 제어당해온 형국이고, 동양에서의 인문학은 그 통합 학문적이고 실천적인 특징에도 불구하고 서구의 강점적 근대화에 따른 서구 인문학 방법론의 이식에 의해 비과학적이고 비체계적이라는 오명을 쓴 채 역사의 뒤안으로 물러나 있는 실정에 있다.

　따라서 서구 근대사회의 분화에 대한 학문적 반영으로서의 분과적인 지식 생산체계의 구성 과정을 비판적으로 점검하고, 중국 전통 학문의 통합적 성격에 대한 심도 있는 연구를 바탕으로 서구적 학문의 특성과는 다른 동양적 인문학의 본질과 그 창조적 전통을 이어내는 노력, 인문학의 본연을 회복하는 작업과 그를 위한 학문적 체계의 재구성이 시급히 요구된다.

　그러나 인문정신 논자들은 중국의 통합 학문적인 인문학적 전통에 대한 상대적 비하 속에서 도통에서 해방된 학통 자체의 독립성을 꿈꾸는 데만 신경을 곤두세우고 있다. 이는 그들이 아직도 서구/근대, 중국/전근대라는 이분법을 헤쳐나오지 못하고 있음을 명확히 반증한다. 이울러 실용주의의 대세 속에서 인문학이 존재 기반을 상실당하

---

19) 백낙청, 〈세계시장의 논리와 인문 교육의 이념〉, 《현대의 학문체계》 수록 논문.

고 있는 터에 '감사대' 운운하지만 자신들의 문화주의적·도덕주의적 회생을 사회적 책임감으로 오인하고 정신의 정원을 간절히 바라는 이들의 심사(尋思) 노력이 얼마나 실질적인 성과를 거둘 수 있을지, 안타까운 시선을 거둘 수가 없다.

  이와 같은 기본 한계에도 불구하고 비판과 동조가 엇갈리는 가운데 가속화된 인문정신론은 중국사회의 새로운 역사전환기에 문화·문학, 나아가 중국사회 전체에 반성적 성찰의 계기를 불러일으킨 중요한 의미를 띠고 있다. 최초의 제기자인 진사화, 왕효명 등은 논쟁을 야기시키기 위해서가 아니라 이러한 전반적인 반성을 촉구하고 당대 지식인에게 정신적인 활력을 불어넣고자 한 것으로,[20] 이들은 인문정신의 고취를 통해 문학의 시대적 사명을 제기해내고, 진정한 문학정신 및 학문정신에 입각한 인문 영역 전반의 회생환경을 조성하는 데 역점을 기울이고 있는 것이다.

3) 문학의 위기와 인문정신 상실론에 대한 반론

  인문정신의 상실 문제는 허무주의적인 문단현상에 대한 문제 제기에서 출발했으므로 이에 대한 작가들의 반론이 즉각적으로 제기된다. 왕삭, 오빈(吳濱, 우빈)을 비롯하여 허무주의적 풍조에 대한 인문정신 논자들의 비판에 반기를 든 작가들은 모두 자기 사업과 문필활동을 동시에 전개하는 이른바 '하해'의 대표 격에 속하는 사람들이다. 왕삭 등은 '위축·궤멸 내지 위기' 등으로 현재의 문단현상을 개괄하는 것은 실정에 맞지 않는다고 주장하면서, 문학은 침체상태에 있는 것이 아니라 오히려 다원화 경향 속에서 지속적으로 발전하여 그 어느

---

20) 王曉明 편,《人文精神尋思錄·編後記》, 文匯出版社, 1996.

때보다도 개성을 드러내고 있으며, 소설과 산문 창작이 활성화되고 있는 것이 그 증거라고 하였다.[21]

왕삭 등은 잡지의 전향과 일부 작가의 쇠락을 문학의 정체와 위기로 말하는 것은 억지 주장이며, 문제는 좋은 작품은 있는데 좋은 평론이 없는 것이라고 반격을 가한다. 그리고 인문정신이란 고정불변하며 규범이 있는 것이 아니라, 인생의 이상과 생활방식을 자유롭게 선택하고, 그것을 위해 노력을 게을리하지 않는 것이 가장 중요한 점이라고 주장하였다. 그리고 현재는 이러한 계기와 가능성을 제공하는 시대로서, 작가가 되든 상인이 되든 엄숙작가를 선택하든 통속적 대중작가를 선택하든, 개체의 선택과 개성의 자유를 존중하는 것이 중요하지, 자신의 입장을 강요하거나 싫어하는 문인을 비판·배척해서는 안 된다고 강조하였다.

한편, 저명한 중견 작가 왕몽 또한 인문정신 상실론에 대해 비판한다. 왕몽은 아주 신랄한 어조로 시장경제가 비감한 상실감을 불러일으키고 금전을 추구하는 실리주의가 도덕적 타락을 가져왔다고 하는데, 과연 그러한가? 그리고 상실되었다고 하면, 상실되기 이전에 우리의 인문정신은 어떤 상태에 있었는가에 대해 반문한다.[22] 또한 인문정신의 상실감이 통속적 대중문예를 겨냥해서 제기된 것에 대해, 그러면 통속적 대중문예가 제대로 발달하지도 못했던 과거 1950년대와 1960년대, 1970년대에는 과연 휴머니즘으로서의 인문정신을 포용했고, 충만했었느냐고 되묻는다.

왕몽의 인문정신 상실론에 대한 비판은 크게 보아 세 지점에 집중된다.

---

21) 왕삭 등, 〈選擇的自由與文學現象和人文精神〉, 〈上海文學〉(1994년 제4기).
22) 왕몽, 〈人文精神問題偶感〉, 《人文精神尋思錄》(원래는 〈東方〉 1994년 제5기에 게재).

우선은 문학이 위기 상황이라는 진단에 대한 비판이다. 왕몽은 왕삭 등의 조롱식 통속적 대중문학은 결코 반문학이 아니라 일종의 유머감각이 풍부한 것이라고 하면서, 인문정신 상실의 징조가 아니라고 역설한다.

어떤 상실감은 '조소문학'과 '룸펜문학' 때문에 생겨난 것이다. 조소와 룸펜의 통속적 대중문학 이전에 우리는 스스로 자랑하는 영웅과 전투의 문학을 가지고 있었다. 그러면 인문정신은 영웅과 전투의 정신인가? 아니면 조소는 반인문정신인가? 유머는? 유머감각은 인문정신 상실의 징조인가? 룸펜문학에 담겨 있는 문학 속의 '룸펜'인가? 나는 자못 곤혹스러움을 느낀다.[23]

왕몽은 인문정신은 결코 단일하고 배타적인 가치 표준을 갖추는 것이 아니므로 인문정신을 신성화, 절대화하는 것은 다른 추상적인 개념이나 교조를 절대화하는 것과 마찬가지로 자승자박이 될 것이라고 경고하면서, 인문정신이라는 하나의 잣대로 다양한 문학 경향을 비판하는 것은 옳지 못하다고 주장한다.

두 번째로 인문정신에 대한 개념 규정 문제를 언급한다. 왕몽은 인문정신은 사람에 대한 관심이라고 잠정적으로 정의하면서, 현대 중국에서는 진정한 인문정신이 구현된 적이 없기 때문에 인문정신 상실론은 사실상 허구라고 비판한다. 왕몽은 사람에 대한 관심은 본래 사람의 물질적인 생활조건을 개선하는 데 대한 관심을 포괄하는 것으로, 사람들에게 오랫동안 허리띠를 졸라매고 매서운 서북풍을 마시게 하면서, 이런 상황을 억지로 미화하는 이론을 인문정신이라고 선전해서

---

23) 왕몽, 앞의 글.

는 안 된다는 사실을 역설해주고 있다. 모택동 시대에 금욕주의를 강조하는 것은 결코 인문정신의 진정한 '정신'이 발현된 것이 아니라고 주장한다. 비단 모택동 시대만이 아니라 과거 역사 속에서도 인문정신이 구현된 적은 한 번도 없었으며, 인류의 '류'가 사람보다 더 중요하게 강조되어온 반인간적 역사였다고 인식한다.

또한 왕몽은 시장경제를 만병의 근원으로 생각하는 발상의 문제점을 비판한다. 왕몽에 따르면 계획경제는 사람을 진정으로 경제활동, 사회활동, 역사 전진운동의 주인이 되게 한다는 점에서, 그리고 인민의 물질적·정신적 요구를 최대한 만족시킨다는 점에서 시장경제보다 '더 인문에 가깝고, 더 고상하다'고 한다.

그러나 계획경제 하의 중국에서는 '가짜 인문정신'과 금욕주의가 사람들의 기본적인 욕구를 끊임없이 제어하고 억압해갔다. 하지만 새롭게 전개된 시장경제는 살아 있는 진실한 인간의 욕망과 요구를 긍정하는 물질적 토대를 이루므로, 그 속에서 만능이 아니라 한두 가지 기능, 존재 가치만 있는 것까지 다양한 요소가 상호 융합되면서 새로운 사회 진보와 진정한 문화 창명이 이루어질 수 있다고 주장한다.

사회의 진보와 문화의 창명은 여러 분야의 요인들이 제 역할을 발휘하고, 건강하게 운용되며, 제대로 순환되는 것의 결과일 것이다. 우리는 이미 이해했거나 혹은 바로 지금 이해하고 있다. 여기에는 어떤 만능 열쇠나 영험한 묘약이 없다는 사실을.

이데올로기는 결코 만능이 아니며, 계급투쟁과 혁명전쟁 또한 결코 만능이 아니다. 정부와 정당은 결코 만능이 아니며, 과학기술이 결코 만능은 아니다. 새로운 사조가 결코 만능이 아니며, 시장이 결코 만능이 아니다. 민주와 독재 또한 만능은 아니다. 문학(그것의 어떤 점들이 룸펜문학과 같아졌다는 것은 더 말할 필요도 없다)도 결코 만능이 아니며, 마찬가지로 인문정신도 만능이 아니다.

모든 것에 능한 것이 아니라 백 가지, 열 가지, 한 가지 혹은 반 가지에 능한 것이다. 말하자면, 모두가 존재 가치를 가지고 있는 것이다. 만능이 아니므로 누구에게 '만세'를 부를 것도 아니지만, 누구에게 만죄를 씌울 것도 아니다. 더 이상 마음대로 안 된다고 속죄양을 찾는 식의 어리석은 일은 하지 말아야 한다.

세상에 정말로 너무나 좋고 이로운 인문정신이 있다면, 그런 인문정신은 사회 현실과 문화구도 속의 여러 요소와 층차를 인정할 수 있어야만 할 것이며, 그것을 인정하는 것이 나름의 한계와 부정적인 면을 포함하고 있다는 사실 또한 인정해야 할 것이다. 어쩌면 이것이 나의 기우에 불과하겠지만.[24]

왕몽은 모택동 시대의 인민 전제에 대한 강력한 비판 속에서 시장경제를 물질적 토대로 하는 오늘의 사회는 일원이 아닌 다원화된 사회로, 여기에서 하나의 잣대로 세상사를 규정할 것이 아니라 각 요소들의 한계와 소극적인 측면까지를 있는 그대로 인정할 것을 요구하고 있다.

왕몽의 신랄한 비판은 인문정신 논자들뿐만 아니라 전문단과 지성계에 많은 충격을 주었고, 이로써 인문정신 논의는 지식인 논쟁으로 치닫게 된다.[25] 이 연구는 인문정신 논자들과 후현대론자들의 중국 사회문화 현상에 대한 해석과 개괄 및 극복 대안의 차이점에 따른 생성

---

24) 왕몽, 앞의 글, 118쪽.
25) 왕빈빈, 〈過于聰明的中國作家〉, 〈文藝爭鳴〉(1994년 제6기) ; 〈在談過于聰明的中國作家及其他〉, 〈文藝爭鳴〉(1995년 제2기), 〈具體而實在的人文精神〉(이 책 수록 논문) 참조.

을 부각시키는 데 초점이 있으므로, 여기에 대한 논의는 생략하고 후현대론자들의 인문정신론 비판에 주목한다.

▌중국적 포스트모더니즘

작가들의 반발에 이어 장이무, 진효명 등 신비평 역량 또한 인문정신론에 정면으로 반기를 든다. 특히 이들의 문제 제기는 쟁점을 촉발하여 1990년대 중국의 인문지형을 살피는 좋은 기제로서 작용한다.

장이무 등 후현대론자들의 인문정신론에 대한 비판은 포스트모더니즘과 후식민지주의를 사상적 기저로 하여 이루어진다. 비판의 핵심 내용을 간추려보면, 후현대론자들은 인문정신을 최후의 신화라고 비판하면서, 인문정신의 재건을 주장하는 것은 중세적 지배 이데올로기의 재건을 꿈꾸며, 그로써 변화된 현실을 재단하고 전통으로 복귀할 것을 주장하는 또 다른 수구 세력의 저의를 드러내는 것으로써, 세계 자본주의 시대에 변화된 현실을 직시하고 새로운 대응 방안을 주도적으로 모색해야 한다고 논박한다.[26]

장이무·왕령(王寧, 왕링)·진효명 등의 후현대적 관점은 민족성과 세계성을 강조하면서, 1990년대의 문화 상황을 세계적인 문화산업인 포스트모더니즘의 중국적 관철로 야기된 피해 상황이라고 해석하고, 제1세계/제3세계, 서방/동방, 현대/후현대의 이원 대립 속에서 해결의 출로를 찾고자 한다.

---

26) 장이무,〈人文精神-最後的神話〉,《人文精神尋思錄》〔원래는〈作家〉(1995. 5. 9.) 수록 논문〕.

304 인문학의 위기

따라서 이들의 입장은 인문정신 논자들이 인문정신의 쇠락에서 그 원인을 찾으면서, 인문정신의 재건을 극복 방향으로 제출하고, 보편주의원칙에 입각한 개체적 실천 경로를 제시하는 것과는 크게 대별된다.

우선, 후현대론자들의 입장을 간략하게 설명하고, 인문정신론과의 대비 지점을 명확히 하는 선에서 각각의 문제점을 도출하고, 그 극복 방향을 제기해보기로 한다.

1) 후현대문학(문화)론

'20세기 문학론' '문학사 다시 쓰기' 등 지나간 문학사에 대한 재평가 작업에 치중했던 문단 및 학계는 1990년 이후 천안문 사건으로 인한 정치적 긴장이 다소 이완된 국면과 새로운 문학 생존환경의 변화 속에서 현실주의와 모더니즘으로도 해석이 안 되는 눈앞의 문학현상과 풍토를 해석·개괄하고, 새로운 문학론의 정립을 통해 국면의 전환을 꾀하려는 방향성 속에서 논의를 집중시키게 된다.

오늘의 중국문학은 복잡다단한 전환적 시기에 처해 있으며, 우리 문학은 각종 문제에 직면해 있다. '후현대적'인 문학의 흐름이 바야흐로 신속하게 일어나고 있는 것이다. 이것은 문학의 신성함이 궤멸되고 해소된 것을 표지로 한다. 또한 동시에 문학 창작의 실험화〔여화, 격비, 손감로(孫甘露, 쑨깐루) 등의 소설, 비비주의(非非主義) 시가(詩歌) 등〕, 문학비평의 해체화〔맹열(孟悅, 멍위에), 이이건(李以建, 리이지엔), 왕령 등의 평론〕, 대중매체와 통속적 대중 문학의 '상품화' 등〔은밀한 성, 정치 주제를 표현한 기실문학(紀實文學)〕의 추세가 나타났다. 이러한 후현대적인 이론과 실천의 발전은 문화적 전통을 다른 방식으로 이해하도록 이끈다. 이것은 또한 모더니즘 문화의 '국제적 풍격'이 이미 다원화되었고, 평면된 본토적 (중국적) 특색을 가진 후현대성으로 대체되었음을 예시하고 있다. '제3세계 문화'의 이론은 바로 이러한 발전으로 해석과 존재의 근거를 찾았고, 제3세계 후현대성의 발전 또한 이론의 발전을 위해 풍부한 근거를 제공했다. 제3세계 문화 이론은 중국에서 문화의 본토성을 자각함에 따라 반드시 지대한 발전을 이루게 될 것이다.[27]

북경대학의 장이무·왕령, 북경사범대학의 왕일천(王一川, 왕이추안), 사회과학원의 진효명 등 소장학자들은 이러한 논의의 선도적 주자들이다. 이들은 신비평 역량으로 진용을 갖추고 1990년대 이후 시장경제제도가 채택되면서 중국문화가 새로운 문화어경 속에 진입해 있음을 주장하며, 20세기 중·후반기 세계 문학비평계의 동향과 성과를 근거로 유럽의 탈구조주의·탈근대 철학 및 미국의 포스트모더니즘·탈식민주의 이론을 도입하여 후현대문학론을 구축한다.

후현대문학론은 한마디로 포스트모더니즘 시대의 제3세계 문학론이라고 할 수 있다. '전지구 문화가 대중매체 및 세계적인 상업문화 활동과 함께 하는 시대에 어떠한 제3세계 민족도 후현대문화와 관련된 문화발전밖에 할 수 없으며, 오직 전지구적인 시장화라는 저지할 수 없는 진전 속에서만 자신의 위치를 찾을 수 있고, 어떠한 본토 문화의 특성도 전지구적 문화 속에 드러날 수밖에 없기 때문에'[28] 포스트모더니즘이 비록 서구 후기 산업사회의 문화논리지만 이를 주도적으로 활용하여 현재 중국문화를 '새롭게 써내는 도구'[29]로 삼을 수 있다는 것이 그 논리의 입지점이다.

---

27) 장이무,〈第三世界文化與中國文學〉,〈문예쟁명〉(1990년 제1기).
28) 장이무,〈後現代性與後新時期〉,〈文藝硏究〉(1993년 제1기).
29) 장이무, 위의 글.

후현대문학론의 핵심 내용은 문학의 현대성에 대한 재평가, 1990년대 문화 및 문학현상의 해석과 개괄, 새로운 문학 방향 및 창작방법의 제기 등 세 가지로 집약할 수 있다.

우선, 후현대문학론은 후현대성이 관철되는 '후신시기'라는 문학사 분기 개념으로 1990년대 중국문학의 흐름을 해석·개괄하였다. 여기서 후현대성이란 한번 쓰면 버리는 소비성과 다원성, 그리고 제3세계적 비판성을 그 내용으로 한다. 그리고 후신시기는 신시기 문학과는 질적으로 다른 새로운 문학사 과정을 이르는 개념이면서, 한편으로는 중국의 본토성이 체현된 후현대주의를 지칭하는 개념으로 획득된다. 다국적 자본의 문화논리인 포스트모더니즘이 제3세계에 전파·침투되어 기존의 문화 질서와 대치·융합되면서 서로 다른 변체를 탄생시켰는데, 그것이 바로 후신시기 문학이라는 것이다.

둘째, 후현대문학론은 중국문학의 현대화 역정을 현대성이 관철된 타자화된 민족우언(民族寓言. 프레드릭 제임슨(Fredric Jameson)이 제3세계에서 모든 문학은 정치적 우언의 문학이라고 한 것을 참조하여 개념지음 : 역주)의 문학으로 정의하고, 중국 현대사와 신시기 이후를 관통하는 현대화의 신화에 대해 비판한다. 특히 1980년대 신계몽주의가 전통/근대를 낙후/진보라는 선험적 이분법으로 가르고, 자본주의적 근대를 절대적으로 이상화한 것을 비판하면서, 중국적 근대의 문제를 새롭게 고민할 수 있는 계기를 추동하고자 하였다.

셋째, 후현대문학론은 본토성을 근간으로 한 문학 현대화기획을 후유토피아·후신시기·후동방(後東方) 등으로 세시한나. 중국문학의 미래 지향을 민족성과 세계성의 획득으로 제시해낸 것이다. 곧 1990년대에는 포스트모더니즘이 문화산업으로 전파되어 중국문학의 위기를 가중시키고 있으므로, 이를 전면적으로 극복하기 위해서는 제3세계적 인식을 견지하고, 제3세계적 비판성을 역동화하여 제1세계/제3

세계의 역사적인 이원 대립을 해체·전도(데리다의 해체 전도 개념에서 차용)할 본토적 문학을 지향해 나가야 한다는 것이다.

2) 후현대론의 쟁점

후현대문학론은 제기된 순간부터 논쟁을 일으킬 요인을 꽤 많이 안고 있었다. 그것이 바탕하고 있는 서구의 포스트모더니즘론 자체가 일반적인 정의를 내릴 수 없을 만큼 불확정성과 다원성을 특질로 하고 있는 데다가, 서구 지성사의 진전으로서의 최근 지적 담론체계 전체 속에 포스트모더니즘을 자리매김해내야 하는 어려움이 있고, 아울러 사회 현실의 변화, 말하자면 자본주의 세계체제와 시장경제 시대의 중국사회의 성격에 대한 사회과학적 분석을 근거로 포스트모더니즘의 형성 배경을 설명해내지 않고는 논의의 올바른 진전을 기대하기 어렵기 때문이다.

후현대문학론자들은 중국사회의 성격을 규정하면서 후기 산업사회라는 문제를 설정하기는 하지만, 중국에서의 자본운동과 그 성격에 대해서는 어떠한 과학적 분석 노력을 진행하지 않았다. 현상에 대한 자의적인 이해 수준에서 '후현대론'을 정초해낸 것이다. 이를테면, 제3세계적인 현실인식도 자본주의 세계체제의 현단계가 제3세계적인 현실을 어떻게 규정하고 있으며, 중국이 처한 사회·경제적 상황과 다른 제3세계는 어떻게 다르고, 중국 특수의 사회발전 단계에 대한 독자적인 분석 시각 및 그 제3세계적 현실이 구체적으로 전체 사회에 어떻게 현상하고 있는지에 대해서는 본격적으로 연구해 들어가지 않는 것이다. 문화적 현상에 대한 표피적 인식 차원에서 한정적으로 사고하고 있다는 점을 지적하지 않을 수 없는데, 이 점을 이들 후현대문학론자들의 기본 한계로 인식하고, 쟁점화된 점에 초점을 맞추면서 후현대문학론이 갖는 문제점을 지적해보기로 한다.

후현대문학론에 대해 비판적 인식을 전개한 주요 논자로는 신필기소설(新筆記小說) 작가이자 비평가인 이경서(李慶西, 리징시)와 중견 평론가인 추평(鄒平, 조우핑)과 남범(南帆, 란판), 서구 포스트모더니즘에 대한 기본 이해를 바탕으로 후현대문학론을 분석해 들어가는 장청화(張淸華, 장칭화), 그리고 왕효명 등 인문정신 논자들을 들 수 있다.

중국 문단 및 학계에서 후현대문학론에 대한 비판은 대개 후현대주의에 대응하는 발달된 후기 자본주의사회가 아직 중국에 도래하지 않았다는 것과, 후현대적 정서와 분위기가 과연 전체 중국 사회문화를 포괄하고 있는가 하는 데 있다. 즉, 후현대문학론에 반기를 제기하는 비평가들은 중국 전체 인구의 2/3를 차지하는 8억 농민이 아직 전현대(前現代, 전근대)사회의 공동체적 유대관계 속에서 삶을 영위하고 있음에도 불구하고, 후현대문학론자들이 대도시와 경제 특구 등 산업화가 이루어진 일부 지역에서 징후적 현상을 과도하게 돌출시키고 있다고 비판한다. 이는 후현대문학론자들이 후기 산업사회라는 문제를 문단과 학계에 설정했으면서도 중국사회의 성격을 과학적으로 규명해내지 못하고 있고, 그런 점에서 이론의 취약성을 드러내는 것이라고 할 수 있다.

다른 한편으로는, 후현대문학론이 끼친 부정적인 영향에 대한 비판을 들 수 있다. 서구 이론과 개념을 중국 문학현상에 그대로 대입하여 해석·개괄해내는 오독의 문제와, 특히 일부 작품의 경향, 곧 선봉적 작품에 한정하여 선택적 비평을 하고 있는 것이 쟁점의 다른 한 측면을 이루고 있는 것이다.

서구 이론의 수용 문제는 중국문학의 현대적 전개 과정에서 늘 제기되어온 것이지만, 1990년대에 이르러 이 문제가 크게 부각되는 것은 시장경제 시대에 걸맞는 새로운 문학이념을 건립하는 것이 시급한 과제로 대두되고 있기 때문이다. 작가들에게 문학 방향을 제시하고 성실한 비평으로 창작의 활성화와 작품성을 제고하는 데 기여해야 하며, 독자들에게 진정한 작품을 선별할 수 있는 눈을 주어야 하지만, 1990년대 비평은 그 역할과 임무를 다하지 못하고 있다. 비평의 다양한 갈래들이 상호작용을 통해 진정한 문학비평의 길로 나아가게 하는 것 또한 평단이 짊어져야 할 과제이고, 그것은 근본적으로 문학이념의 정립 문제지만, 기존의 평단은 방향타를 잃고 부유하고 있는 실정이다.

후현대문학론자들은 바로 이러한 패배주의와 청산주의의 무기력함을 드러내고 있던 문단의 풍토를 비판하면서 새로운 이론으로 무장, 비평의 총아로 떠오른 것이다. 그러나 이들이 진정한 본토성의 구현을 향후 문학이 나아갈 방향으로 제시했지만, 정작 그들이 부지런히 써낸 문학담론은 서구 이론을 그대로 중국문학에 대입하면서 끊임없는 새 지식과 개념을 양산하는 데 역점을 둔 것이었다. 무엇보다도 이들의 비평담론에서 드러나는 문제는 서구의 새로운 인문사조에 대한 사전 지식, 거기에서 도출된 개념에 익숙하지 않고는 그 평론 자체가 해석이 안 된다는 점이다. '명사의 대폭격'이라고 할 만큼 비평 용어를 무절제하게 구사하는 것, 강력한 주장, 무도한 비판 등의 비평방식은 문단과 학계에서조차 소통 불가능한 거리를 조성하였으니, 독자들의 문학 이해를 돕는 비평의 역할은 전혀 수행하지 못했다고 해도 과언이 아니다.

또한 문학작품은 비평 이론의 예증을 위해 있는 것이 아님에도 불구하고, 후현대문학론자들의 실제 비평 작업은 그러한 혐의에서 자유롭지 못하다. 게다가 서구 이론을 근거로 축조해낸 검증되지 않은 자의적 성격이 강한 문학론의 예증으로서 작품이 읽히는 경향이 두드러지는데, 이는 명백한 오독에 속한다. 새로운 문학 흐름에만 시각이 집중되고, 이들의 실제 비평 작업도 거기에 한정된다는 사실은 이를 단적으로 입증해준다.

또한 비평의 주체 문제에서 이들은 학원파 비평을 제창하고 있는데, 이 점에서도 적지 않은 문제가 제기된다. 학원(대학 혹은 이에 준하는 연구원)이란, 현실과 일정하게 유리된 공간이다. 왕령이 학원파 비평을 제창한 의도는 비평의 수준을 제고하고 정치적 규정성을 덜 받는 지배 이데올로기로부터 상대적으로 자유로운 비평의 공간을 열고자 학원과 비평의 연계를 주장한 것이다.

그러나 학원파 비평의 실체가 드러나자 평단에서는 이의 주역들이 학원이 갖는 상대적 자율성을 조건으로 또 하나의 독단을 행사하고 있다는 시각이 지배적이었다. 대다수의 비판론자들은 이들이 문제의 본질을 이데올로기적으로 호도하고, 폐쇄회로 속에서 현실과의 접촉을 의도적으로 제한함으로써 담론 공간에서 모든 문제를 해결하고자 하는 것이 아닌가 하는 의구심을 떨치지 못했다.

그러나 후현대문학론 자체에 대한 분석적 비판을 시도하는 움직임은 아직 보이지 않고 있다. 예컨대, 그들의 비평이 선봉문학(전위문학)에 한정되고 있다는 지적에서도 선봉문학에 관한 한 그들의 비평이 정당하다는 평가로 받아들일 수 있으므로, 후현대문학론의 가장 중요한 부분인 문학을 바라보는 관점과 그 비평의 문제에 대해 보다 원칙성을 견지한 구체적인 분석 비판이 요구된다.

후현대문학론은 신시기 전체의 문학적 성과를 수렴, 민족문학론의 정립과 전개를 통해 문학 주체들의 요구에 부응해간 것이 아니라, 포스트모더니즘이라는 서구 다국적 자본의 문화논리와 그 이데올로기적 효과에 기대어 중국 지배담론 공간이 해체되어가는 국면을 파고들어갔다는 점에서 절충적 성격이 강하고, 그런 점에서 선도적 의미와 문화 책략이라는 양면성을 지닌다. 특히 비평의 결석이 운위되는 상황 속에서 소장학자들인 후현대문학론자들이 학원식 비평을 주창하는 것은 비평의 지위와 역할에 대한 문제 제기적 성격이 강하지만, 대내적으로는 지배담론과 상업담론의 주도성 속에서 자기 입지를 확보하고자 하는 책략적 의도가 두드러지는 것이다.

세계적인 담론체계와 다원적 문화구조의 형성, 일원론적 구도의 종식과 다원 공생의 시대 운운하는 것에서 알 수 있는 바와 같이, 후현대문학론자들은 총체성의 이데올로기를 거부하며, 추상적인 세계 담론 공간을 설정하고, 담론의 대화와 교류를 역설하고 있다. 이것은 서구의 포스트사조가 필연적으로 담지하고 있는 지식인적 좌절의식을 후현대문학론 또한 담지하고 있다는 사실을 말해준다. 그러나 후현대문학론의 그러한 대두와 전개 자체가 중국 문학 이론과 비평 발전이 전환기에 이르렀음을 표징해주고 있다는 점에서 시사하는 바가 크다.

한편, 1990년대 문학의 실제를 통해 1990년대 문학의 문제를 나름대로 진단하고 그 극복 방향을 가늠한다면, 1990년대 전반기 중국 신시기 문학이 보여주는 전개 과정은 후현대문학론자들이 주창하는 바와 같이 후현대성이 관철된 후신시기문학이 아니라, 20세기 문학 현대화 과정을 총괄하고 새로운 세기의 문학을 준비해가는 전환기(전형기)의 문학이라고 할 수 있다. 이는 1990년대의 몇 가지 대표적 문학 현상만 보아도 그대로 입증된다. 곧 '왕삭열'과 '폐도열〔廢都熱. 저명한 '뿌리찾기'소설 작가인 가평요(賈平凹)의 근작 《폐도》가 황색소설이라는 오명을 쓰면서 판매 금지 처분을 받았지만 1,300만 부나 팔리는 폐도현상을 일으켰다 : 역주〕' 등은 중국이 정치 중심의 일원화된 사회에서 상업 중심의 다원화된 사회로 전환되는 과정에서 문화가 보여주는 무질서의 단계를 그대로 드러내준 것이며, 따라서 이러한 특정 단계에서 인문 가치의 혼란과 미로상태를 어떻게 벗어날 것인가 하는 문제를 문학 주체 및 사회 전체에 제기해내고 있는 것이다.

또한 신상태소설(新狀態小說)과 신역사소설(新歷史小說) 등 1993년 이후에 대두한 신조 소설(新潮小說)들은 중국문학 주체들이 역사적 전환기에서 문학은 신변 잡기도 일반 상품도 아니며, 자신만의 고유한 규율과 운동 궤적을 가진 치열한 미적 긴장의 소산임을 재인식하고 변화된 환경 속에 자신과 문학을 위치시키려 한다는 것을 잘 보여주고 있다. 신조소설들은 하나 같이 '새로움[新]'을 표방하고 나오는데, 이것은 한편으로는 인간과 역사와 현실에 대한 새로운 탐구 속에서 자신의 문학을 일신(一新)하고, 다른 한편으로는 시장경제라는 새로운 문학 유통구조 속에 적극적으로 대응하며, 1980년대와의 관계를 역사적으로 단절하지 않고 끊임없는 교류와 정합 과정 속에서 새로운 궤도를 찾아나가려는 의지의 표현이다.

3) 후현대론의 성과와 한계

후현대문학론의 성과와 한계를 집약하면, 다음과 같이 정리할 수 있다.

우선, 후현대론은 5·4 시기로부터 1980년대까지 중국문학 현대화 역정을 민족우언의 문학으로 평가한다. 이것은 1990년대라는 역사적 시점에서 중국문학의 현대성에 대한 재평가이자 '문학사 다시 쓰기'의 노력이라고 볼 수 있다. 인문정신론자들이 주창했던 '문학사 다시 쓰기'가 문학 내재적 발전론에 무게중심을 두고 '20세기 문학론'의 문제 제기를 실체화했다면, 후현대문학론은 '20세기 문학론'이 세계문학과의 동보성을 주장한 것에 중심을 두고 그것의 이론적 발전을 꾀한 것이다. 또한 그것은 '20세기 문학론'이나 '문학사 다시 쓰기'가 과거 문학사 문제에 한정된 것에 비해, 문학사 재평가를 통해 현단계 문학론을 구체적으로 제기한다는 점에서 한 단계 발전을 이룬 것이라고 할 수 있다.

그러나 후현대론은 서구적 근대를 중국식으로 극복하고자 했던 중국 근현대사와 그것의 문학적 반영을 일관되게 서구적 근대를 추수한 문학으로 이해함으로써 중국 역사와 문학의 주체적 발전 과정을 무위로 돌려버리는 오독의 오류를 범했다.

중국 현대사에서 문학의 전개는 자본주의적 근대의 이중성을 민족문제로 제기받으면서, 그것을 주체적인 힘에 의해 극복하고자 했던 모든 민족사적 노력의 문학적 발현이었고, 그 발전이었다. 반우파투쟁 및 문혁 시기에 이성의 파괴에 의한 극단적인 문학 반동화가 일어난 것은 사실이지만, 그로 인한 문학적 폐해가 극도화되었다고 해서 5·4 이후 중국문학의 치열한 현실주의적 문학 성과를 무위화할 수는 없다. 그것은 중국 현대문학이 일궈낸 문학적 전통으로서 명확히 자리매김되어야 할 뿐만 아니라, 신시기 이후 문학의 역동적 발전을 이끄는 창조적 힘으로 작용했다는 사실을 잊어서는 안 된다. 이를 타자화된 민족우언의 문학으로 간주하는 것은 제임슨이 제시한 제3세계에서의 민족우언문학의 원래적 의미, 제3세계 문학이 필연적으로 가질 수밖에 없는 정치성과 인식적 우위성의 의미를 잘못 이해한 것일 뿐만 아니라, 현대문학의 전통을 단절하려는 또 다른 문학적 반동이자 독단에 다름아니다.

둘째, 1990년대 중국문학의 흐름을 후현대주의로 해석·개괄해내는 문제이다. 이것은 1990년대 중국문학이 처한 위기의 성격을 나름대로 규명했다는 점에서 의미가 있다. 현대주의로도 해석되지 않는 복잡다단한 문학현상을 포스트모더니즘이 문화산업의 형태로 중국에 전파·파생되면서 소비적이고 다원적인 문학현상을 야기시켰다고 설명함으로써 혼란 속에 있던 문학 주체들의 인식을 전환시키는 데 기여하고 문학을 활성화시키는 촉진적 역할을 했던 것이다.

그러나 그것은 중국의 사회·역사적 상황에 대한 과학적 분석과 전망 및 중국문학 현실 속에 깊이 들어감으로써 제기된 것이 아니라, 서구의 지적 담론체계에 의거하여 포스트모더니즘을 전세계적인 보편적 문화 상황으로 이해하고, 중국문학 상황을 이것에 대한 예증으로 제시한 측면이 강하다. 즉, 중국문학의 역사적 발전 맥락 및 신시기 문학의 성과를 수렴, 민족문학론의 정립을 통해 문학 주체들의 요구에 부응해간 것이 아니라, 포스트모더니즘이라는 다국적 자본의 문화 논리와 그 이데올로기적 효과에 기대어 1980년대 말 정치적 격변 속에서 중국 지배담론 공간이 해체되어가는 국면을 파고들어간 측면이 강한 것이다. 그런 점에서 절충이고, 선도적 의미와 문화 책략이라는 양면성을 띤다. 책략적이라는 것은 천안문사건 이후 실추된 문학과 비평의 지위를 담론을 갱신함으로써 상승시키고, 안정된 담론의 재생산 및 비평가의 사회적 지위와 역할을 상향적으로 재조정하려는 의도가 내재되어 있다고 보기 때문이다. 후현대문학론자들이 문화의 확장, 중심의 소실과 다원 공생구조를 강조하는 것은 문제의 핵심을 잘 말해준다.

셋째, 후현대론은 포스트모더니즘의 해체·전도의 힘으로 제1세계가 제3세계를 일방적으로 지배해온 과정을 전도할 문학, 곧 세계문학과 같은 층면의 대화와 접점을 형성할 수 있는 본토 문학을 구축하는 것을 새로운 문학 과제로 설정한다. 이른바 후유토피아적·후신시기적 추동방적 관점을 견지하면서, 이에 근거한 중국의 사태, 있는 그대로의 중국적 삶을 그려내는 반우언(反寓言. 후현대론자들은 제임슨적 의미의 민족우언문학은 서구적 근대를 추수하고자 한 타자화된 문학으로, 그런 점에서 5·4 이후 중국문학은 지양되어야 할 대상이라고 주장한다. 그리고 새로운 문학은 정치성·타자성이 배제된 자체의 생존을 있는 그대로 드러내는 반우언적 문학이어야 한다는 것이다 : 역주) · 신상태 혹은 초정감(超情感) · 신본토(新本土) 문학을 1990년대 문학 방향이자 창작방법론으로까지 구체화한 것이다.

후현대론자들이 본토성을 근간으로 한 문학 현대화기획을 제기해낸 것은 중국문학의 미래 지향을 민족성과 세계성의 획득으로 제시한 의미를 갖는다. 후현대문학론자들은 그럴 수 있는 시공간적 조건이 마련되어 있다고 본다. 문화의 등급제도를 타파한 '후현대'가 이미 이론적으로 문화의 형태로 전파 · 파생되고 있으며, 본토화로 인한 끊임없는 가능성으로 시간적 낙후성과 공간적 특이성을 극복하게 한다는 것이다.

이것은 1990년대 중국문학이 나아갈 길을 민족성의 체현과 세계화의 경로를 통해 제시한 것으로서, 중국문학 현대화 문제를 진지하게 고민할 수 있는 계기를 부여했다. 그것은 서구 중심의 세계체제 및 문화 지배에 대한 제3세계 지식인의 비판적 인식이 낳은 결과이다. 제1세계가 제3세계를 문화적으로 지배해온 역사성에 대한 비판적 시각을 갖게 하고, 그 현단계 또한 재고하게 하는 것이다.

그러나 후현대론이 제시한 문학 방향은 잘못 설정된 것이다. 서구의 동방에 대한 지배적 관점을 주체적으로 벗어나야 한다는 주장은, 초국적 자본의 자기 증식논리가 전방위적으로 관철되는 1990년대 급변하는 중국사회 현실 속에서 어느 정도는 설득력이 있다. 그리고 서구 중심의 세계문학과 동등한 지위에서 당당하게 대화하고 교류하며, 상호 발전을 모색하면서 새로운 세기로 나아가는 것은 민족문학이 반드시 지향해야 할 바다.

그러나 1990년대 중국의 현실을 제3세계적 삶의 그것으로 파악한다면, 그 제3세계적 현실이란 자본주의 세계경제의 성립 · 발전과 전지구적 확산에 의해 야기된 피해 상황일 뿐이다. 20세기의 막바지에서 대다수 중국민이 겪는 문제의 본질은 물적 토대의 변화에 따른 새로운 삶의 존재방식과 중심 가치의 붕괴 속에서 겪는 혼란이다. 계획경제에 의한 집체적 생산양식, 그리고 한솥밥 천하에서의 삶의 문제……. 곧 대다수 중국민의 나날이 급증하는 물질적·문화적 요구가 오늘의 중국으로 변화시킨 것이지만, 그러나 자본주의적 생산 패러다임 속에서 노동력을 상품화해서 살아가야 하는 새로운 삶의 방식은 동시대 중국민들에게 이루 말할 수 없는 곤혹이자 위기감으로 다가온다. 노동력을 상품화해야만 삶을 유지할 수 있는 노동의 문제가 인간 문제의 중심을 이루게 되면서, 모든 가치체계의 붕괴를 가져오는 것, 이것이 바로 1980년대와는 확연히 구분되는 1990년대식 삶의 문제의 보편을 이루는 것이다. 1990년대 문학은 1990년대식 삶의 소산이자, 그 반영이다.

따라서 오늘을 살아가는 작가들은 변모된 중국사회의 현실, 그 속에서 살아가는 대다수 중국민의 삶의 문제에 시선이 닿아 있지 않을 수 없다. 제3세계적 삶의 보편적 문제가 어떻게 중국적으로 심화되고, 그것이 전체 중국민의 삶의 내용과 형식을 어떻게 억압하며, 그에 대해 대다수 중국민중은 어떤 극복 과정을 거치는가의 문제를 문학적으로 재현해내는 일을 문학적 과제로 하는 것이다.

다시 말해서 가중되는 국가재정 적자, 부정부패 문제, 농촌 문제, 실직 문제 등 시장경제체제 하의 중국사회가 직면해 있는 문제의 집적이 어떻게 대다수 중국민의 삶의 내용과 형식을 제어하고 있는지에 대한 구체적인 현실 인식과, 이를 어떻게 문학적 현실로 재현해 나갈 것인가 하는 것이 후현대론자들이 말하는 본토성 구현의 실제적인 내용을 이루는 것이다. 제3세계적 삶의 현실을 떠난 담론을 통해 제3세계를 극복하는 것은 허구에 불과하며, 제3세계적 삶의 현실에 굳건히 뿌리를 내리고 그 삶의 결과로서 일구어진 문학으로서만이 제1세계에 대한 자신의 목소리를 울려낼 수 있을 것이고, 그로써 진정한 의미의 상호 교류와 극복의 과정이 조직될 수 있다. 제3세계적 삶의 문제에 심도 있게 접근하고, 거기서 해결방식을 찾으려는 노력으로 이론의 갱신을 거듭할 때, 후현대문학론은 새로운 민족문학론으로서 정립될 수 있을 것이다.

넷째, 후현대문학론이 침체된 문단과 해체된 담론 공간에 생기와 갱신 및 발전의 좋은 기회를 가져다준 것은 사실이지만, 동시에 전면적인 '궤멸'과 와해를 주도하였다. 후현대문학론은 문화담론의 정치 담론에 대한 해체 및 대체 단계에서 일정한 성과를 거두었다. 그것은 1985년 다원화된 문학구조가 지속적으로 추동된 과정의 1990년대적 완결로 볼 수도 있다. 그러나 그것은 한편으로는 끊임없이 이전의 문학과 문화관념과는 이질화된 가치 판단을 가지고 그것을 배척했다. 1980년대 문학, 나아가 5·4 이래 중국 신문학의 전개 과정 전체와 1990년대 문학을 이원 대립시킨 것이다.

그리고 다른 한편으로는 경제의 급속한 발전으로 야기된 상업적 분위기와 가치 기준이 바탕한 내적 기초의 해체 및 동요를 지나치게 강조함으로써 모든 기존의 문학관념과 정신을 와해시키고 부정하는 데 일조하였다. 예컨대, 12억 인구 중의 8할을 차지하는 농민층은 아직도 전근대적 문화 공간 속에 있는데, 이 문제에 대해 후현대문학론은 전혀 언급한 바가 없다. 주변의 목소리를 복원할 것을 주장하지만, 스스로 문화의 주변을 만들어가고 있는 것이다.

또한 후현대문학론은 본토성을 체현할 것을 강조하면서도 비평 용어와 분석틀은 거의 서구의 포스트모더니즘·후기 구조주의·후식민주의 담론에서 그대로 차용하고, 모든 기존의 문학관념·비평 용어·분석틀을 전현대의 유물로 취급한다. 이것은 문화 향유층으로서 문단과 학계에 '다중심의 다원 공생구조'가 아니라 또 다른 '주변부'를 만드는 것으로, 후현대문학론의 제기로 인해 담론이 분립되고, 상호 대치와 배척 풍토가 학계와 평단에 조성되고 있는 것은 심각한 문제가 아닐 수 없다. '우언' '반풍(反諷, 아이러니)' 등의 용어가 아니면 문학이 해석되지 않고, '후(後)'열의 조성으로 모든 문학적 성과들을 극복의 대상으로만 인식하게 한 것 등은 문단과 학계 신/구세대 간의 인위적인 대립을 조장하고, 그 상호 전화의 가능성을 어렵게 만들고 있다.

다행히 기존 평단이 일신하여 전형기 문학·세기말 문학이라는 개념으로 당면 문학현상을 개괄하고 그 방향성을 찾으려는 노력으로 일종의 장력을 형성하여, '후'론의 독주를 막고, 새로운 문풍과 비평 풍토를 개선해 나가는 발전적 계기를 마련하고 있는 점은 다행스럽고도 매우 고무적인 일이다. 평단에 조성된 이러한 긴장관계 속에서 후현대문학론자들은 1980년대 문학에 대한 재평가를 시도하고, 1990년대 문학의 실제에 보다 근접하고자 하는 관념의 공중에서 현실의 땅으로 내려오려는 준비를 하고 있다.

4) 인문정신론과 후현대론

인문정신 주창자들과 후현대주의론자들의 입장 차이는 앞에서 언급한 바와 같이 당면 문학 및 문화 상황에 대한 해석과 개괄, 5·4 이후 중국문화 현대화 과정에 대한 평가, 극복 대안의 세 측면에서 대비된다. 입장 차이가 분명한 만큼 쟁점들을 부각시키는 것이 우선되겠지만, 이 연구의 목적은 사실상 차이를 드러내기보다는 이를 통한 1990년대 중국 인문지형을 살피는 데 있고, 각 논자들이 제기하는 문제의 집점 속에서 21세기 중국문화의 향방을 가늠하고 그것을 통해 향후 우리 문학 및 문화의 방향감을 새롭게 다잡아가는 데 있으므로, 쟁점 자체보다는 고민의 양상을 살피는 차원에서 정리해보고자 한다.

인문정신 논자들은 당면 문화현상을 인문정신의 상실과 쇠락에서 비롯되는 것이라고 파악하고, 지난 역정에 대한 평가를 통해 상실 원인을 규명해 나간다. 그런 점에서 외적 요인보다는 내적 요인에 많은 비중을 두는데, 오늘의 인문 영역의 침체를 이들은 세 가지 요인에 의한 것으로 파악한다. 상업주의 흐름, 중국 현대사의 사회주의적 전개가 인문 영역에 가한 억압과 폭력, 지식인 자신의 저력 부족이 그것이다.

이들은 상업주의 흐름이 왜 급격하게 대두되고 인문 영역을 일거에 휩쓸어갔는지에 대한 규명은 사실 하지 않는다. 그것은 이들이 자신들의 계몽주의적 편향을 비판 대상으로 하지 않는 것과 맥락을 같이 하는 것으로, 영광의 1980년대가 왜 자신들에게서 돌아섰는지에 대해, 말하자면 근대주의의 추수가 낳은 필연적 귀결에 대해 자각하지 못하거나 언급을 회피하고 있다. 그로부터 이들 담론의 전반적인 논조는 수세적이고 방어적으로 유지된다. 상업주의 흐름이 급격하게 대두된 것은 자신들과는 전혀 무관한 것으로, 어느 날 예고 없이 사회의 중심부에서 주변부로 밀려나 있는 자신들을 발견하고 경악하는 형세인 것이다.

원인 규명에 들어가자 이들 논자들은 하나같이 혁명기 이후 중국 현대사는 지식인을 전적으로 배제해간 과정이라고 서술한다. '전쟁문화'의 포화와 '민간문화'의 눈부신 발전 속에서 '묘당문화'는 설 자리를 잃어버렸다는 것이다. 반우파투쟁, 문혁, 천안문사건으로 이어지는 중국 현대사의 굴절 속에서 지식인들이 겪은 육체적·정신적 고통이 적지 않은 것은 사실이다.

그러나 그러한 반역사적 상황을 주도한 것도 지식인이었고, 피해 당사자도 지식인이었다는 사실 또한 간과해서는 안 될 것이다. '몇

대에 걸친 인문정신의 상실' 운운에서 알 수 있듯이, 1980년대를 제외한 중국 현대사 전체는 인문정신 논자들의 입장에서 보면 전적으로 지식인 말살 과정이었던 것으로 반사된다. 그처럼 갖가지 박해를 받은 후 정신이 '왜소화·동물화'되어 지식인 특유의 행위규범이자 실천원칙으로서의 인문정신은 상실되고, 궁극적 가치에 대한 관심이 소멸된 채 오늘의 사태에 이르렀다는 것이 이들의 문제인식이다.

동일한 시공간에 살고 있지만 후현대론자들의 시각은 다르다. 이들은 소비문화의 만연과 전반적인 문학의 지위 하락 속에서 비평의 생존과 지위 문제, 보다 본질적으로는 지식과 지식인의 활로를 고민하는 가운데 중국의 변화된 문화환경은 현실 사회주의권의 몰락으로 인한 실질적인 냉전 종식 이후 자본주의의 세계적 확산과 관련이 있는 문제임을 인식한다. 단순히 문학사의 문제가 아니라 세계사의 대전환 시기에 포스트모더니즘이 국경을 넘어 본토의 문화 전통을 파괴하고 반문화적 위기를 조성하는 가운데, 지식과 지식인이 과연 무엇을 할 수 있고 무엇을 해야 하는가[30]가, 이들 신조 비평 세력의 고민의 초점인 것이다.

따라서 이들은 해석 부호를 달리한다. 전통적이고 보편적인 인문정신이 아니라 후신시기로 당면 현상을 해석하는데, 후신시기란 포스트모더니즘이 중국에 현상하면서 그 제1세계의 문화적 침투에 대해 제3세계 지식인의 비판적 인식을 관철한 후현대주의의 중국적 현상형태이자 '본토화한' 개념이라고 한다. 후현대론자들은 '1990년대 제3세계 문화의 모국어가 가진 특성에 내한 끊임없는 사고 속에서 제3세계의 후현대성에 서구와는 다른 층면을 더해주는' 후신시기 개념을 '획

---

30) 장이무·왕령·유강(劉康)의 좌담, 〈後新時期的文學批評〉(《文藝理論》 1994. 6.)에서 장이무의 발언.

득'해냈다고 강조한다.[31]

후신시기라는 개념과 내용의 획득은 국제적인 후현대주의 논쟁에 참여하고 오늘의 중국문학 현상을 이해하는 과정에서 제출되었다는 것이다. 이러한 문학 내지 문화의 '후신시기'에는 많은 새로운 현상들이 출현한다. 이것의 주된 원인은 상품화와 대중매체의 지배적인 작용에 있는데, 상품화와 대중매체의 가공할 힘은 중국문화에 전현대·현대·후현대적 요소가 나란히 설치되어 복잡하게 뒤얽힘으로써 다원화되게 하였고, 바야흐로 문화적 소비체계를 갖추어 가고 있다는 것이 후현대론자들의 설명이다.

후현대론자들은 담론의 창신(創新)을 정당화하기 위해 푸코식의 인식론적 단절을 꾀한다. 5·4 이후 1980년대까지 중국 현대사의 역정을 타자화된 역사로 읽으며, 그 전역정을 1990년와 대치시키는 것이다. 그러나 반우파투쟁 및 문혁 시기에 극단적 반동화가 일어났고, 그로 인한 폐해가 극도화되었다고 해서 5·4 이후 중국 현대사의 전진, 그리고 그것을 치열한 현실주의로 돌파해왔던 문학적 역정을 타자화된 역사요 문학으로 내칠 수는 없는 일이다. 모택동식 사회주의가 갖는 반근대성의 의미를 숙고하고 그 위대한 실패와 진정한 극복의 문제를 전향적으로 고민해가는 과정을 전사회적으로 조직해 나가지 않은 채, 서구 담론에 기대어 자의적으로 역사와 문학을 해체·전도시

---

31) 장이무는 후신시기는 자신들이 만들어낸 것이 아니라 점차로 성숙된 개념, 곧 신시기가 무한히 발전하는 하나의 개념이었던 것처럼 후신시기 역시 신시기의 반사로부터 역사적으로 성숙되고 획득된 개념이라고 하였다. 왕령은 '후신시기'를 문화 개념으로 설명한다. 그것은 중국경제의 고속 성장과 개혁개방의 문화논리 자체의 발전에서 확정된 것이며, 시기를 구분하는 개념일 뿐만 아니라 시간상의 연속, 코드상의 반역 등과 같은 표징을 포괄한다는 것이다. 그리고 신시기에서 후신시기로의 발전 과정을 전신시기(前新時期)·성신시기(盛新時期)·후신시기의 세 단계로 설정하며, 그 속에서 창작과 비평의 흐름을 정리한 바 있다. 왕령은 그러한 문학사의 전개 과정은 신시기 문학 발전의 필연적 결과이며, 전지구적 문화 전형(轉型)과도 합치되는 것이라고 주장한다.

키려는 의도는, 그야말로 방자하고 무도한 작태가 아닐 수 없다. 후현대론자들이 무책임한 도발성 담론의 책임을 스스로 지고갈 수밖에 없는 자기 모순에 이르는 것은 당연한 귀결이다.

한편, 극복 대안으로 인문정신 논자들은 인문정신의 중건을 제창한 반면, 후현대론자들은 민족성과 세계성의 기치를 내세우면서 본토성의 체현을 제기한다. 인문정신 논자들은 오늘의 문화적 상황이 기본적으로 위기이고, 그 원인은 몇 대에 걸친 인문정신의 상실에 있다고 파악한다.

따라서 '순도자'의 자세로 보편주의원칙에 입각한 개체적인 실천을 통해 지식인 특유의 행위규범이자 실천원칙인 새로운 인문정신을 재건하고, '정신상의 본분'의식을 잃지 않으며, 자신의 생존 공간을 가지고, 세계와 사회에 대한 독특한 이해방식이자 개입방식인 인문정신을 발현하여 비평정신과 부정정신으로 가치 부재의 현실을 넘어 인문적 이상으로 사회를 견인해 나갈 것을 촉구한다. 인문정신의 재건은 사상 해방과 상품화 물결 속에서의 곤혹감으로부터 신념에 대한 지지와 역할을 새롭게 정립할 수 있다고 보는 것이다.

그러나 후현대론자들은 중국에 후현대적 상황이 벌어진 것에 대해 곤혹을 느끼지 않는다. 오히려 서구 지성사의 현단계, 허무주의적인 이론이 만개할 수밖에 없는 한계상황과 제3세계의 미래 지향성을 대비시키면서, 제3세계의 언어/생존의 현실 속에서 제1세계는 결코 이루지 못할 세계적인 다원 공생의 새로운 시대를 창조해낼 계기가 주어졌으므로 미래의 세기를 위한 탐색을 해나가야 한다[32]고 주장하는

---

32) 장이무, 〈第三世界文化與中國文學〉, 앞의 글.
　장이무는 서구에서 문학 이론과 비평의 발전은 후기 구조주의 시대에 이르러 일체의 중심, 구조관계와 가치체계가 철저하게 파괴된 채 종극으로 치닫고 있다고 평가하면서, 데리다·라캉·푸코 이후 어떤 담론이 만들어질 수 있을까라고 반문한다. 서구 비평의

것이다.

후현대론자들은 오늘의 후현대적 문화 상황이 야기된 내재적 원인으로 중국 현대사에서 민족성을 표방하고 나오는 문화 현대화기획에 문제를 제기한다. 에드워드 사이드의 탈식민주의가 이들 후현대론자들에게 미친 영향은 제임슨 이상으로 매우 큰 것으로 보인다. 장이무가 제임슨의 민족우언 개념으로 5·4 이래 신문학의 발전을 재해석하는 데 비해, 진효명은 사이드의 동방주의 개념에서 차용, 신문화의 발전을 동방성과 민족성이 관철된 과정이라고 파악한다.[33] 동방성이란 서구적 해석에 의해 특징지워졌다는 의미이다.

이들에게 문제가 되는 것은 왜곡된 민족주의이다. 따라서 변화된 세계 질서, 그 문화적 평면화가 조성되어 있는 국면에서 시급히 이러한 허구적 민족주의를 극복하고 진정한 본토성을 현시해내는 것이 중요하다고 보는 것이다. 후현대성이 관철되는 후신시기에는 타자화된 민족성이 아니라 본토성을 목적의식적으로 획득해 나가야 하며, 그것을 위해서 후유토피아·후동방·후신시기의 관점을 획득해 나가야 한다고 이들은 주장하고 있다.

인문정신 논자들과 후현대론자들, 이들의 미래 지향은 각기 전혀 다른 차원으로 제기된다. 그러나 이들은 기묘하게도 하나의 동일한 문제를 안는다. 문화주의의 태내에서 벗어나지 못하고 있는 것이다. 1990년대의 문화 정황은 본질적으로 중국의 자본주의화 과정으로 야기된 것이다. 그런데 인문정신론은 1990년대 중국, 사회주의 시장경

발전은 실어증과 같은 미망과 곤혹에 직면해 있고, 인문 문화는 엄중한 위기에 직면해 있으며, 자신이 조성한 지배 문화의 폐해에 둘러싸여 풍부한 참조를 잃었고, 이에 따라 이론은 생존으로부터 점점 더 먼 거리에 있으나, 제3세계는 서구의 이론을 참조로 자신의 언어/생존 속에서 세계의 미래를 창조해 나갈 수 있는 계기를 맞았다고 역설한다.
33) 진효명, 〈後東方視點與穿越表象與錯覺〉, 〈문예쟁명〉(1994년 제2기).

제제도의 채택이라는 물적 토대의 변화에 따른 사회문화의 전형, 세계적인 자본운동의 받는 정치·경제·사회·문화의 전환을 총체적으로 인식해내지 못한 채, 문제를 한 개인의 도덕적 실천 차원으로 돌리는 우를 범했다.

그리고 후현대론자들은 제3세계적 현실을 추상적으로 이해하여, 이론 담론 공간에서 문화주의적 해결이 가능한 것처럼 문제를 도치시켜 놓는다. 횡포하기 짝이 없는 자본의 논리 앞에서 서구와 중국 고전에 담지된 추상적 윤리규범을 제기하는 것이나, 제3세계적 문제가 담론 공간 속에서 동보적 교류를 통해 해결될 것이라고 장담하는 쪽이나, 기본적으로 문화주의라는 한계를 벗어나지 못하고 있고, 그것이 오늘의 중국 사회문화의 상황적 교착을 더욱 야기시키고 있다고 보는 것이다.

따라서 인문정신론이나 후현대론 모두 오늘의 중국 사회문화의 상황적 위기를 돌파할 수 있는 근본적인 대안은 못 된다는 것이 이 글의 시각인데, 이는 인문정신과 후현대론의 직접적 충돌 과정에서 더욱 부각되므로 인문정신론과 후현대론의 상호 비판을 객관화하는 가운데 논의하기로 한다.

인문정신론과 후현대론의 직접적인 충돌은 인문정신 논자들이 허무주의 문학 풍토를 개탄하는 자리에서 문학의 위기 상황을 새로운 술어로 해석해내는 데 급급한 것이 더 심각한 현실로 인식한 데서[34] 비롯되었고, 인문정신이 본격적으로 논의되면서 중국 지성계를 광범위하게 포괄해가는 시점에 후현대론자들이 인문정신론에 대한 비판을 감행하면서 전면화되었다.

인문정신 논자들의 후현대론에 대한 비판의 초점은 위기 상황을 새

---

34) 왕효명, 〈曠野上的廢墟〉, 앞의 글.

로운 술어로 해석하는 데 급급함으로써 상황적 위기를 더욱 가중시키고 있다는 것과, 수입 지식에 기생하여 문단 및 학계를 상호 대립적으로 해체시키고 있다는 데 있다. 인문정신 논자들은 이것 또한 인문정신 상실의 한 표지로서 이해한다. 오랫동안 수입 지식에만 의존해온 학술 전통과 그것에서 비롯된 저력의 부족, 분석능력과 비판능력의 상실이 인문학 발전의 치명적인 장애라는 것이다.[35]

분명히 말할 것은, '저력〔底氣〕 부족'의 문제로 귀납될 수 있느냐이다. 이는 "현실의 뿌리〔地氣〕와 접촉이 있는가" 하는 문제와 관련이 있을 수 있다. 이 점은 사상사 연구 영역에서도 두드러지게 드러난다.

'지기'라는 것은, 연구자와 연구 대상이 하나의 인문·지리적 환경에 함께 있음으로써 국외 연구자에 비해 연구 대상의 흐름과 변화를 절실하게 느낄 수 있다는 것을 의미한다. 대륙학자가 대륙 사상사, 특히 근현대 사상사를 연구하는 것이 바로 '지기와 접촉하는' 위치에 있는 것으로, 본래 자신들의 언어로서 자신들의 문제를 제기할 수 있어야 한다. 요 몇 년 동안 우리 사상사의 문제가 대부분 해외에서 수입된 것이라는 점은 정말 유감이다. 예를 들어, 지식인의 주변화 문제, 5·4의 반전통 문제, 중국 현대사의 급진주의와 보수주의 문제 등이 그것이다.

대륙의 일부 중·장년층 학자들은 해외에서 들어온 문제에 응하느라 바빠서, 정작 자신들은 심도 있는 문제를 제기해내지 못하고 있다. 물론 해외에서 들어온 문제가 가치가 없는 것이라고 할 수는 없다. 하지만 그들은 방관자로서 분명한 입장을 가지고 있고 이데올로기적 오염도 적지만, 결국에는 중국 현실과 한 발 떨어져 간격을 두고 있으므로 신발을 신고 가려운 데를 긁는 한계를 면치 못하며, 다른 곳을 긁을 수도 있다…….

---

35) 장여륜 등 앞의 좌담.

확실히 그렇다. 오랫동안 인문학계는 진정한 문제를 제기해내지 못했고, 마치 문제까지도 모두 밖에서 수입해야 할 것 같은 상황에 이르렀다. 이는 요 몇 년 동안 지식계의 '쟁점'과 흔히 사용되는 몇 가지 술어 등을 살펴보기만 해도 충분히 알 수 있다. 실제로 피상적이고 평범한 것, 심지어는 분명하게 소통되지 않는 것조차 단지 '수입품'이기만 하면 떠받들고, 거기에 대한 분석 비평능력을 완전히 잃어버린 사람들도 있다.

중국 근대 학술사를 진지하게 정리해보면, 많은 문제와 교훈을 발견할 수 있을 것이다. 예컨대, 지난 1백 년 동안, 경전의 지위에 오를 만한 작품이라고 할 수 있는 사상문화 작품이 얼마나 있는가라고 묻는다면, 아마 부끄러워서 진땀을 흘릴 것이다. 왜 그럴까. 그것은 그 누구도 중국인의 지적 역량이 그것밖에 안 된다고 말하지는 못할 것이다. 반드시 다른 원인이 있는 것이다.

지식인 자체로 보면, 그들이 보유해온 인문정신이 점차 희박해진 점과, 마침내 그것을 상실한 것이 당연히 주요 원인이다.

그러므로 오늘날 잃어버린 인문정신을 다시 찾고자 한다면, 우선 그것이 어떻게 상실되었는가를 추궁하는 것에서 시작해야 할 것이다. 그런 정신을 가지고 학문에서 체현한다면, 경지가 저절로 높아지고 골격이 저절로 커질 것이다.[36]

인문정신 논자들은 후현대론의 당면 문화에 대한 해석·개괄의 힘과, 그것이 갖는 과도적 의미에 관심을 두지 않는다. 후현대론자들이 기존의 지식 담론구조의 질서를 해체할 목표를 가지고 있는 한, 그것은 인문정신 상실의 표지일 따름이기 때문이다. 따라서 인문정신 논

---

36) 장여륜·왕효명·주학근·진사화 좌담, 〈人文精神—是否可能與如何可能〉, 《人文精神尋思錄》19~20쪽[원래는 〈독서〉(1994년 제3기) 수록 논문]에서 주학근, 장여륜의 발언.

자들은 새로운 시대에 걸맞는 인문정신을 창출해내고, 도통을 중심으로 한 전통적인 사유로부터 학통을 독립적으로 건립해내는 것, 그리고 보편적인 원칙에 입각한 인문정신의 개체적 실천에 보다 중점을 두게 된다.

반면에 후현대론자들의 인문정신론에 대한 비판은, 그것이 기본적으로 계몽주의담론이라는 점에 집중된다. 다원화시대에 인문정신은 하나의 거대한 신화가 되어 담론의 위계질서를 만들고자 하지만, 인문정신 또한 '질의할 수 없는 신성한 기표'가 아니라 '언어와 특정 담론 속의 한 개념'으로서, 그것의 유한성 또한 피할 수 없는 것이기 때문이다.

이른바 '인문정신'은 여전히 절대성/무한성/보편성을 통해 오늘의 문화 문제를 초월했다. 그러나 그것이 갖는 풍자적 의미가 있다. 그것은 그 자체가 바로 눈앞에 펼쳐진 문화어경의 일부분을 이루고 있다는 것이고, 바야흐로 오늘의 전세계와 중국의 다중적 문화 문제를 입증하는 것이라는 점이다.

이처럼 진정으로 순수와 초월을 추구하는 지식인 및 그들이 생산한 '지식'은 '후현대'와 '후식민'적인 오늘의 역사정세 속에 잠입하지 않을 도리가 없고, 그리하여 그것의 없어서는 안 될 일부가 되었다. 우선, 그것은 전세계 문화 속에 '과거'의 형상으로 중국의 낙후성을 실증하고, 그 독특한 방식으로 일종의 문화와 사상 자원을 제공하여 중국문화의 빈곤과 타락을 증명한다.

다음으로 인문정신은 오늘의 중국문화에 대한 철저한 멸시를 거친 뒤, 어제의 주체(봉건시대의 사대부 지식인)로 다시 돌아가는 최후의 길을 제공한다. 그것은 5·4 이후 지식인의 구체적·세속적인 '현대성' 목표를 저버리는 것을 대가로 하여 초연하게 어떤 초험적이고 파악할 방법이 없는, 보다 환상적인 현대성 목표를 환기시켰다. 그 목표는 바로 인문정신을 지식인이 보유하고 있는 '계몽' '대변'이라는 담론 중심 위치의 합법적 전제로 삼으려는 것이다. 여기에는 사실 지극히 세속적인 권력 운용의 책략이 도사리고 있다. 인문정신은 결코 오늘의 문화에 대한 힘있는 분석력을 제공하지 못하며, 다중적으로 전환하고 있는 세계와 역사 진행 과정에서 (적응하지 못한 채) 자신을 지식인의 현학화 및 신학화라는 도피 과정으로 변질시켰다. 그러나 이러한 도피는 결국 전세계와 중국 역사정세의 소극적인 부분으로 변해버렸다.

총체적으로 말하면, 인문정신으로 오늘의 중국문화 상황을 설명해내는 작업은 매우 음모적이다. 그것은 인문정신/세속문화의 이원 대립을 설정했고, 이러한 이원 대립 속에서 자신을 하나의 초험적 신화로 만들어버렸다. 그것은 오늘이라는 시간적 현재의 특징을 거절함으로써 희망을 신화식의 '과거'에 위치시켰으며, '상실'이라는 말은 일종의 환상적인 신성한 천국을 표지하였다. 그것은 동시대인들과 함께 오늘을 탐색한 것이 아니라, 그들에 대한 질책과 교훈으로 일관하는 귀족식 우월감에 가득 차 있는 것이다. 그것은 오늘의 문화가 갖는 복잡함과 다원성을 두려워하여 전횡적인 패권주의적 자태로서 자신의 담론적 권위를 확립한다. 이러한 '노파심(걱정증)'에 가득 찬 불안과 초조는 오늘의 문화를 파고 들어가는 데 전혀 도움이 되지 않으며, 자신을 단편적으로 틀에 박힌 '교훈자'로 만들 뿐이다.[37]

이에 1990년대 상업주의를 배경으로 하여 인문관심은 절박하게 표현된다. 1980년대, 1990년대 사회 이행기에 인문주의 입장이 정치적 무의식의 서사기능을 취했던 것처럼 말이다.

인문주의에 대한 관심을 표명하는 것은 크게는 지식인의 전문 직책에 속하며, 오랜 기간에 걸쳐 형성된 문화 전통 또한 지식인의 속성이 된다는 점

---

37) 장이무, 〈人文精神―最後的神話〉, 앞의 글, 140~141쪽.

은 부인할 수 없는 사실이다. 이러한 초월적 가치를 강조함으로써 지식인들은 그들의 엘리트주의 경향과 문화에 대한 우월성을 충분히 표현해냈다. (세상에 관여하는) 입세 태도는 줄곧 지식인이 전문 활동에 종사하는 근거가 된다. '내성외왕'은 인격 이상이라기보다는 일종의 학술사상이라고 보아야 할 것이다. 현실에 대한 관심은 심지어 꿈결처럼 서재에 묻혀 있던 문인학자들까지 규합해냈다. 어떠한 방식으로 심신을 수양하든, 결국 '아울러 천하를 다스리는〔兼濟天下〕' 소망을 잊기란 끝내 어려운 일이다.

결국 어떤 힘이 지식인들로 하여금 이처럼 현실에 관심을 갖게 하는 것일까? 이처럼 내재적 초월성과 책임감을 강조하게 하는 것일까? 사람들은 물론 같은 말을 반복하는 형식으로 신속히 대답할 수는 있다. 이것이 지식인이라는 부류의 주관의식이며, 본래의 전업활동이라고 말이다.

그러나 내가 여기에서 규명하고자 하는 것은 바로 이러한 '주관의식'의 원동력이다. 그것의 가장 큰 추동력은 과연 현실의 요구에서 나오는 것인가, 주체의 자각의식에서 나오는 것인가?

사실 인문 관심이니 궁극적 가치니 하는 것들은 지식인이 설명한 일종의 담론에 지나지 않는다. 이것은 현실에 대한 특별한 관심 혹은 문화를 담당하는 도의적 책임이 큰 데서 비롯되었다고 보기보다는, 그들이 이러한 담론을 말하는 데 치중해 있고, 이러한 지식을 인정하는 데 치우쳐 있다고 해야 할 것이다. 여기에서 지식계보 자체는 잊혀지고, 그것을 주장한 '사람'은 지배작용을 결정하는 주체로 인정된다. 따라서 그러한 '관심'의 자태를 가진 사람들은 확실히 현실에 직면한다는 한 측면만을 볼 뿐, 지식 동일시라는 보다 원초적이고 근본적인 측면에 대해서는 은폐되고 만다.

실제로 인문정신 논자는 줄곧 지식의 한 종류를 말하고 있고, 이러한 지식계보는 '인문 관심'을 포함하고 있다. '계몽과 구국'이라는 이원관계로 현대 이후 중국 진식인의 선택을 설명하는 것이 적합하든 그렇지 않든, 적어도 현대성의 계몽기획은 현대 이래 중국 인문 지식인의 지식구조 유형을 관통하고 있다. 중국 현대문학 혹은 중국 현대 사상사어경 속에서의 담론 문제는 조금도 의심할 바 없이 인문 관심이라는 원래의 명제로 다루어지고, 심지어 이러한 지식 유형은 그러한 사상적 알기를 포함하고 있다고 할 수 있다.

내가 인문학에 관심을 갖는 오늘의 지식인들에게 역사적인 존경심을 충분히 가지고 있다고 하더라도, 나는 여전히 이러한 일종의 환각을 타파하고자 한다. 즉, 어떤 특별한 숭고와 특별한 책임감을 가진 지식인들, 그들이 인류의 운명과 정신적 가치에 더욱 많은 관심을 가지고 있다는 환각을.

그러나 내가 표명하고자 하는 것은 바로 이 점이다. 그들 또한 담론의 한 종류를 이야기하는 데 지나지 않으며, 이미 습관이 되어버린 전문지식을 운용하고 있을 뿐이라는 것, 그리고 특정한 지식 배경은 그들이 관심을 가지고 있는 인문정신의 현실적 형상과 잘 어울린다는 사실이다.

오늘날과 같은 다원화 시대에 이러한 정신을 치나치게 널리 선양하는 것은, 모든 것을 인문정신의 강령 아래 통괄하려는 것이며, 그 밖의 다른 지식과 담론을 거절하고 폄하하고 억압하는 것이니, 적어도 독단이 아닌가![38]

후현대론자들은 담론의 상존, 다원화 구조 자체를 중요하게 여기므로 이들의 인문정신에 대한 비판은, 하나의 상위적 가치 범주란 존재하지 않는다는 것에 초점이 맞추어진다.

진효명은 "이런 다원화 시대에 이러한 정신을 과분하게 널리 선양하는 것은 모든 것을 '인문정신'의 강령 아래 통괄하려는 것이고, 그 밖의 다른 지식과 담론을 거절하고 폄하하고 억압하는 것으로, 독단

---

38) 진효명, 〈人文關懷――一種知識與敍事〉, 《人文精神尋思錄》, 123~124쪽, 128쪽〔원래는 〈上海文學〉(1994년 제5기) 수록 논문〕.

이 아닐 수 없다"고 비판하였다. 또 장이무는 "진정으로 순수와 초월을 추구하는 지식인 및 그들이 생산한 '지식'은 '후현대'와 '후식민'적인 오늘의 역사정세 속에 잠입하지 않을 도리가 없고, 그리하여 그것의 없어서는 안 될 일부가 되었다"고 지적하였다.

이들이 역설하는 것은 '인문정신'론은 지식과 서사의 한 종류에 지나지 않는 것이고, 따라서 다른 담론들과 동등한 지위에서 상론될 수 있을 뿐, 상위의 가치 범주로 등위되는 것은 불가능하다는 것이다. 이는 중심의 해체, 다원 공생을 목표로 하는 후현대론자들로서는 당연한 문제 제기이다.

그러나 인문정신론을 책략적이라고 비판하며 하나의 담론으로 강등시켜 다원 공생구조 속에 포함시키는 것 또한 후현대론자들의 문화 책략임을 간과할 수는 없다. 계몽담론의 해체와 전도, 중화 중심주의의 신화 구축을 통해 지배담론과의 공존을 꿈꾸는 이들의 저의 또한 명백하기 때문이다.

지식인의 위치 규정에서 인문정신 논자들과 후현대론자들은 각각 '순도자'와 '수망자(守望者)'로 자처한다. 주변적 지위로의 전락은 이들 모두 인정하는 바이지만, 인문정신 논자들이 계몽적 지도자로서의 지위를 고수하고자 한다면, 후현대론자들은 관망자, 묘사를 할 뿐 간섭하거나 개입하고 참여할 가능성은 없는[39] 존재로 설정한다. 인문정신 논자들이 계몽적 지도자 지위를 박탈한 권력과 세속 문화를 겨냥하여 독자적인 지위를 고수하고자 하는 기획을 가시화한다면, 후현대론자들은 기본적으로 대내적 갈등을 회피, 문화/문명 충돌 상황으로서 당면한 문화 상황을 개괄하고 담론과 생존의 다원 공생구조를

---

39) 張頤武·李書磊·張檸·孟繁華·李揚 좌담, 〈重估現代性〉(1994. 3. 북경대 어언문학연구소).

지향하기 때문에 지식인의 관망적 지위가 이들에게는 그리 문제될 것이 없다. 오히려 이러한 조건이 안으로는 다원 공생, 밖으로는 본토성 구현을 통해 중화주의를 세계적으로 발현해 나갈 수 있는 더할 수 없는 기회를 제공하는 것으로 파악하는 것이다.

이들은 이처럼 서로 다른 존재 규정과 지향성을 가지고 있지만, 기본적으로 1990년대의 중국 사회문화를 해석하고 개괄하는 데서 정치경제적인 맥락을 결락하고 있는 공통의 한계를 안는다. 거리두기나 다원 공생이 기본적으로 지식인의 생존 전략 차원에서 제기되고 있는 점, 그리고 해석 및 해결방식에서의 문화주의는 이들에게 피할 수 없는 숙제이다. 세계적인 자본운동의 변환을 읽는 노력과 대다수 중국민의 삶의 지평 속에서 지식과 지식인의 출로에 대한 재고가 거듭 요구된다.

요컨대, 인문정신 논쟁과 후현대 논쟁을 통해 지식인 문제와 현대성 재평가 문제가 도출된 만큼, 과거사를 대상화하기보다는 근현대사의 굴절이 자본주의적 근대 극복이라는 반근대성의 실현 과정에서 비롯된 것임을 인식하고, 그 속에서 지식인의 사회적 지위와 역할에 대한 진정한 반사를 진행하는 가운데, 자본주의 세계체제 안에 있다는 현실인식을 보다 구체화하여 본질적인 문제에 정면으로 맞서 나가는 것이 절실히 요구된다.

유물의 진, 자신들을 둘러싸고 있는 혹은 가로막고 있는 가시덤불〔刺叢〕은 결코 무물(無物)이 아니라 유물의 실체이다. 따라서 그 실체를 제대로 아는 것이 길 찾기〔求索〕의 지름길임은 두말할 나위가 없다.

맺음말

　중국 정부가 로마 교황청에 경고를 보냈다. 교황청이 선교용으로 중국어판 인터넷 홈페이지를 개설한 것을 두고 중국정부가 내정간섭이라고 강력히 항의한 것이다. 신문지면에서는 종교와 정치의 갈등이라는 점에서 문제를 부각시켰지만, 이것은 향후 세계에 대한 중국의 자기 관철방식을 예견하게 해준다는 점에서 시사하는 바가 크다.
　세계 어느 나라가 로마교황청의 권위에 도전한 적이 있었는가. 그런데 중국이 중국정부의 이름으로 정부의 방침을 교황청에 통보한 것, 요컨대 교구의 관리나 신도 문제는 중국정부가 관리하는 것이므로 교황청이 중국정부의 허가도 받지 않고 일방적으로 지도와 관리를 행하는 것은 명백히 내정간섭에 속한다는 입장을 천명하고 즉각 철회할 것을 요구한 것은, 사회주의국가에서 종교 문제에 대한 국가적 입장을 분명히 한 것이자 향후 사회주의라는 형식을 결코 벗지 않겠다는, 어쩌면 중국 사회주의 백년대계의 상을 가장 분명하게 그리게 하는 대목이 아닐까 생각된다.
　그리고 바로 이 대목에서 중국 지식인의 무력감 또한 선연해오는 것은 글쓴이만의 곡해인가.
　중국 지식인들에게 정말로 문제가 되는 것은 인문정신의 쇠락이나 현대성 문제가 아니라, 국가적 차원에서 행사되는 저 강고한 사회주의적 지향이 아닐까? 자본주의세계에 대한 문화운동을 가장 확실하게 진행하고 있는 것은 바로 중국정부이고, 그러한 일방적인 관의 주도, 그리고 그 속에서 도외시되고 있는 지식인 군체……. 왕몽은 극좌적 편향이 재현될 것을 우려하는 가운데 상업주의 담론의 횡행에 지나친 의미를 부여하고자 했지만, 사회주의를 결코 포기하지 않는 중국의 백년대계 앞에서 개체성 혹은 다원성을 부르짖으며 자기 존립의 근거를 찾으려는 중국 지식인들의 몸부림은 안쓰럽기 짝이 없다.

왜 그들은 끊임없이 자신의 존립 기반 만들기에만 부심하는 것일까? 대다수 중국민의 '생존 지향〔意向〕'이라는 개념은 사회주의 시장 경제인 오늘날 문제의 본질과 여러 층면의 실정을 파악하기에는 지극히 추상적인 현실인식이다. 또 '죽음을 무릅 쓴 대오' 운운하지만 그들에게 진정 중국의 미래에 대한 상이라는 것이 있는 걸까?

사실 인문적 지향이라는 것, 인문정신 논자들이 말하는 '보편적인 인문원칙의 개체적 실천'이나, 후현대주의자들이 제출한 '문화의 수망자'로서 자기 전문성을 획득한다는 최종 선택은 21세기 중국을 여는 데 과연 어떠한 힘으로 작용할 것인지……

새로운 인문정신의 재건이 자기 수양 차원에 머물러 있는 한, 후현대주의자들의 본토성 관철이 자기 존립 기반을 안정적으로 구축하는 것이라는 저의를 가지고 있는 한, 그러한 도덕적 혹은 책략적 행로는 결코 21세기 중국의 미래를 진정한 인간의 진보 지향을 향한 경로로서 조직화하는 힘이 될 수 없다는 것이 글쓴이의 생각이다.

새로운 가치 범주를 만들어내야 하는가 말아야 하는가, 정확히 말하면 우리가 운신하는 데 새로운 가치 범주가 골칫거리, 나아가 족쇄가 될까, 아니면 출로를 여는 열쇠가 될까. 그런 식의 궁리는 그야말로 기회주의적 발상의 전형에 속한다. 그리고 개체적 실천이라는 서구의 개인주의 혹은 실용주의적 발상은 결코 오늘의 중국 문제에 대한 적극적인 대응방식이 될 수 없는 것이다.

후현내주의사들 또한 문화의 수망자를 자처하면서도 담론구도 속에서 모든 기존의 가치를 부정하고자 하는데, 담론구조 속에서의 해체 책략은 전도로 나아가기도 전에 스스로 자기 궤멸에 이를 것이 자명하며, 저돌적으로 문제를 제기해냄으로써 지식 사회의 조명을 한 몸에 받고는 있지만, 그 또한 담론 스타로 개인적 삶을 보장받고자 하는, 그야말로 기회주의적이고 이기적인 돌파방식이 아닐 수 없다.

인문정신이냐 포스트모더니즘이냐, 마치 선택의 기회가 주어진 것처럼 논제를 달았지만, 실상은 인문정신이나 후현대론이 21세기 중국의 전도를 가시화하는 힘으로 작용하지 못하다는 데 연구자의 안타까움이 있다.

중국은 무고한가? 혹은 무고할까?

중국이 향후 세계에 대해 패권적으로 자기를 관철해 나갈 것이라는 경계 속에 중화주의의 혐의를 두는 시각이 전혀 타당성이 없는 것은 아니지만, 세계를 하나의 피해 양상으로 보편화해가는 미국 독점 자본을 중심으로 한 신자유주의 공세에 대한 가장 강력한 대응 세력 또한 중국밖에 없다는 현실은 중화주의 실체에 대한 면밀한 점검을 요구한다.

새로운 천 년을 구도할 21세기, 가까운 장래에 중국이 어떤 방식으로든 세계를 주도해 나갈 것이라는 점을 부정할 사람은 없다. 그리하여 우리의 시선은 모두 중국에 쏠려 있는데, 정작 중국의 인문 지식인들은 자기 본위의 인문주의적 행로를 벗어나려 하지 않는 현실을 응시하면서 또 다른 곤혹을 맛본다. 문혁과 천안문사건의 충격이 그만큼 크다는 것을 반증해주는 것이지만, 방법은 달리 있는 것이 아니다. 동아시아적 접근구도를 보다 구체화하여, 이들 중국 지식인들의 인식 전환을 꾀하는 그야말로 진정한 동보성의 확보, 그것이 유물의 진을 뚫는 이런 전사의 당면 임무가 아니겠는가.

푸른숲의 시

요즈음엔 버리는 연습을 한다
이시연 시집/신4·6판/132쪽
자연과 만난 경험을 나지막한 목소리로 노래해온 이시연 시인의 네 번째 시집.

밥보다 더 큰 슬픔
김선옥 外/신4·6판/180쪽
한국방송공사(KBS)를 일터로 삼고 있는 8명의 시인들의 시편을 모은 시집.

그대 굳이 사랑하지 않아도 좋다
이정하 시집/신4·6판/104쪽
이루어질 수 없는 사랑에 때론 아파하고 때론 절망하는 마음을 서정적인 감성으로 그린 시집.

너는 눈부시지만 나는 눈물겹다
'96·'97·'98 시부문 전국 베스트셀러
이정하 시집/신4·6판/104쪽
사랑의 애잔한 아픔과 그 속에 깃든 사랑의 힘을 섬세하게 풀어쓴 시집.

그대가 곁에 있어도 나는 그대가 그립다
8년 연속 전국 베스트셀러
류시화 시집/신4·6판/112쪽
뛰어난 서정성과 환상적 이미지로 삶의 비밀을 섬세하게 풀어낸 류시화 시집.

그대에게 가고 싶다
7년 연속 전국 베스트셀러
안도현 시집/신4·6판/98쪽/값 3,000원
가슴 아픈 사랑의 마음을 그린 서정시집.

그대 거침없는 사랑
5년 연속 전국 베스트셀러
김용택 시집/신4·6판/108쪽
〈섬진강〉의 시인 김용택이, 소박하고 꾸밈없는 목소리로 사랑의 경건함과 따사로움, 사랑의 순정함을 노래한다.

아름다운 사람 하나
'97년 시부문 베스트셀러
고정희 시집/신4·6판/144쪽
고통스러우면서도 절실한 사랑의 감정을 통해 성숙해가는 이를 그린 서정시집.

푸른숲의 소설

누가 내 애인을 사랑했을까
김탁환 장편소설/신국판/264쪽
이 시대 청춘들의 치명적인 삶과 사랑을 작가 특유의 발랄하지만, 슬픔어린 문체로 이야기하는 연작 장편. 집착과 동경, 왜곡된 욕망 등을 생에 대한 '사랑'이라 믿었던 서툰 영혼들의 '삶과 죽음의 변주곡'이라 할 만하다.

세상에서 제일 잘생긴 익사체
마르케스 外/신국판/300쪽
지난 반세기 서구 단편문학의 풍성한 줄기를 한눈에 살필 수 있는 소설집. 〈플레이 보이〉지에 실렸던 수백 편의 작품들 중 문학성과 재미를 두루 갖춘 열 편을 엄선하여 실었다.

봉순이 언니
공지영 장편소설/신국판/216쪽
60~70년대 고도성장의 뒷골목에서 한없이 추락하면서도 삶에 대한 낙관을 포기하지 않는 주인공을 통해 끝끝내 포기할 수 없는 '희망'의 메시지를 건져올린 공지영의 장편소설.

무소의 뿔처럼 혼자서 가라
공지영 장편소설/신국판/332쪽

더 이상 아름다운 방황은 없다
공지영 장편소설/신국판/364쪽

그리고, 그들의 아름다운 시작
공지영 장편소설/신국판/전2권

허삼관 매혈기
'99 출판인회의 '이달의 좋은책' 선정도서 / '99 중앙일보 좋은책 100선 선정도서
위화(余華) 장편소설/신국판/348쪽
《살아간다는 것》에 이어 소개되는 중국 제3세대 소설가 위화의 장편소설. 출간 직후부터 지금까지 중국 최고의 베스트셀러가 된 문제작으로 독일·이탈리아·프랑스 등에서 출간돼 격찬을 받았다.

살아간다는 것
위화(余華) 장편소설/신국판/312쪽

광야에서
윤영수 장편소설/신국판/전3권

푸른숲의 에세이

헤르만 헤세의 인도 여행
이인웅 · 백인옥 옮김/변형 4 · 6판 양장본/652쪽
헤세가 서른네 살의 나이에 어린 시절부터 꿈꾸던 동경의 대상이자 영혼의 본향(本鄕)인 인도를 여행하고 쓴 기록.

도스토예프스키의 유럽 인상기
도스토예프스키/이길주 옮김/변형 4 · 6판 양장본/408쪽
벨린스키, 페트라셰프스키 등 혁명 지식인 그룹과의 교류로 정치범으로 체포되어 10여 년간의 시베리아 유형과 강제적인 복역 근무를 마치고 돌아온 도스토예프스키가 1860, 1870년대 독일, 영국, 프랑스, 이탈리아, 스위스 등 서구 유럽 사회를 여행하며 남긴 기록.

괴테의 이탈리아 기행
괴테/박영구 옮김/변형 4 · 6판 양장본/720쪽
저명한 작가이자 바이마르 공국의 정치가로서 명성을 떨치고 있었던 독일의 대문호 괴테가 자신의 문학적 상상력을 옭죄는 궁정생활을 탈출하여, 베네치아 · 피렌체 · 로마 · 나폴리 · 시칠리아 등 이탈리아 전역을 여행하며 남긴 기록.

김동수의 핸드백엔 먹을 것이 가득하다
김동수 지음/신국판/268쪽
패션모델 김동수의 맛있는 웃음이 담긴 요리 에세이. 열량을 꽉꽉 줄인 아이디어 요리법, '그 나물'에 '그 밥'으로 만드는 김동수식 퓨전 푸드 등을 공개하고 있다.

인간적인 것과의 재회
박호성 지음/국판 양장본/268쪽
박호성 교수의 새벽 산책같이 맑고 신선한 수상록. 익숙한 일상과 결별하고 있는 시대에 우리가 다시 만나야 할 것은 무엇인가를 자신의 체험과 사색을 통해 맛깔스럽게 그려내고 있다.

벌거벗은 문화 체험
김병호 지음/신국판/240쪽
인도, 스리랑카, 아프가니스탄, 타이, 미얀마 등 원시부락 마을에서 만난 사람들과 동고동락하며 체험한 생생한 문화체험기.

지상에서 사라져가는 사람들
김병호 外/국판 양장본/280쪽
오랫동안 현대 문명과 단절된 채 민족 고유의 생활방식을 따르며 살아온 소수민족의 삶과 죽음, 종교와 제의, 성의식과 결혼 풍습 등을 문화 인류학적인 관점에서 조명한 문화 탐사기.

영혼을 위한 닭고기 수프
잭 캔필드 · 마크 빅터 한센/류시화 옮김/신국판/전2권
살아가면서 잃어버리기 쉬운 꿈과 행복을 어떻게 지키며 살아가야 하는가를 보여주는 1백여 편의 감동적인 이야기.

삶이 나에게 가르쳐준 것들
류시화 명상 에세이/국판 양장본/228쪽
삶을 찾아 끊임없이 헤매어다닌 긴 여행길의 이야기들을 내적인 체험과 다양하고 재미있는 우화 사이를 넘나들면서 류시화 특유의 바람결 같은 문체로 이끌어가고 있다.

여성이여, 느껴라 탐험하라
전여옥 · 임정애 에세이/신국판/372쪽
우리 사회의 성차별과 남성 우위의 의식구조에 문제의식을 갖고서, 억압되어 온 여성의 성(性)문제를 조명하였다.

여성이여 테러리스트가 돼라
전여옥 에세이/신국판/384쪽

심리를 알면 궁합이 보인다
최창호 심리 에세이/신국판/368쪽

성격대로 살아가기
김정일 심리 에세이/변형 국판 양장본/280쪽

아하, 프로이트
김정일 심리 에세이/신국판/전2권

어떻게 태어난 인생인데!
김정일 심리 에세이/신국판/340쪽

푸른숲의 인문 · 사회과학

이탈리아 르네상스의 문화
야콥 부르크하르트/안인희 옮김/변형 국판 양장본/756쪽
19세기의 빛나는 역사가 부르크하르트가 남긴 문화사 최고의 고전(古典). 14세기부터 16세기까지의 이탈리아 문화 전체를 종횡으로 들여다보며 현대인의 기원과 '개인'이라는 의식의 생성 과정에 대한 답변을 모색한다.

지혜로 읽는 史記
'99 간행물윤리위원회 읽을 만한 책 선정도서
김영수 지음/신국판/328쪽

살아 있는 인류의 백과전서 《사기》의 백미 '열전'에 등장하는 인물을 추적, 그들의 행적을 통해 역사와 시대를 살다간 사람들의 참 멋과 통치의 지혜를 생각하게 한다.

아서 니호프 교수의 사람의 역사
'99 중앙일보 좋은책 100선 선정도서
'99 교보문고 좋은책 선정도서
아서 니호프/남경태 옮김/신국판/전2권

인류학적 상상력과 역사적 사실, 흥미로운 공상 과학을 넘나들며 입체적으로 재현한 인간의 문화와 역사. 선사시대에서 우주시대까지 5백만 년의 시간을 살아온 인간들의 생생한 삶과 마음을 읽는다.

진화의 미래
크리스토퍼 윌스/이충호 옮김/신국판/408쪽

2백만 년 전 인류가 현재의 인류로 어떻게 진화해왔고 또한 미래엔 어떻게 진화해갈 것인지를 다양한 분야의 과학적 사실과 설득력 있는 실험을 통해 제시하는 진화서.

2000년, 이 땅에 사는 나는 누구인가
이진우 外/신국판/324쪽

2000년을 눈앞에둔 전환의 시기에 한국의 지식인 23명의 자기성찰과 메시지를 담은 책.

모래땅의 사계
알도 레오폴드/윤여창·이상원 옮김/신국판/292쪽

초기 환경운동의 선구자이자, 환경학자, 생태학자로서 현장에서 헌신적으로 운동을 추진했던 알도 레오폴드의 자연 에세이. 미국 환경보호운동의 이론적 기초를 제공한 고전으로 자리잡은 책.

츠바이크의 발자크 평전
슈테판 츠바이크/안인희 옮김/변형 4·6판 양장본/692쪽

소설보다 더 극적이고 파란만장한 발자크의 삶과 문학을 생생하게 그려낸 슈테판 츠바이크 최후의 걸작. 자기 시대 인간 군상의 모습을 가장 적나라하게 보여준 위대한 작가의 내면세계가 입체적으로 그려져 있다.

이야기 세계의 신화
에이미 크루즈/배경화 편역/신국판/320쪽

문명의 시작을 설명해주는 고대의 암호이며, 현재 인류의 생활 속에 생생히 남아 있는 역사의 출발점인 신화를 통해서 각국의 문화와 역사의 특성을 살펴볼 수 있는 입문서.

도도의 노래
'98 언론노동조합연맹 선정 올해의 책
'99 중앙일보 좋은책 100선 선정도서
데이비드 쾀멘/이충호 옮김/신국판/전2권

진화와 멸종을 연구하는 섬 생물지리학의 모든 역사와 진화의 비밀, 지구상에서 일어난 멸종의 사례, 그리고 자연 파괴의 현장에서 멸종을 막으려는 사람들의 노력을 흥미진진하게 풀어간 책.

히틀러 평전
한겨레신문 '98 상반기 추천도서
요아힘 C. 페스트/안인희 옮김/변형 국판 양장본/전2권

히틀러 평전의 결정판. 철저한 고증, 균형잡힌 시각으로 서술한 평전의 모범으로, 한 인물의 전기를 넘어서 그 시대의 역사를 폭넓고 깊이 있게 다루고 있다.

권력장
곽존복/김영수 옮김/신국판 양장본/484쪽

중국 역사 속에 나타난 다양한 권력행사 유형을 통해 권력의 본질과 올바른 권력행사 방법을 제시하는 역사서.

박정희를 넘어서
한국정치연구회 편/신국판/416쪽

한국정치연구회의 젊은 소장학자들이 그 동안의 연구 성과를 토대로 집필한 이 연구서는 박정희 신드롬, 박정희 시대의 정치, 박정희 시대의 산업화, 박정희 시대의 외교를 객관적·역사적으로 다루고 있다.

문명의 기둥
'97 교보문고 좋은 책 선정도서
곤도 히데오 外/양억관 편역/신국판/268쪽

전설 속의 대륙 아틀란티스와 레무리아에서부터 수메르, 메소포타미아, 이집트, 고대 에게해의 문명국들, 아메리카의 잉카 제국, 중국의 황허 문명, 인도의 갠지스 문명에 이르기까지 세계의 고대 문명을 총괄한 고대 문명 입문서.

최초의 인간 루시
'96 한국간행물윤리위원회 서평도서
도널드 요한슨·메이틀랜드 에디/이충호 옮김/신국판/464쪽

1974년 에티오피아에서 발견된 '최초의 인간 루시'를 통해 인류진화 과정을 설명하는 이 책은, 고인류학의 태동에서부터 인류학사에 중요하고 재미있는 사건을 총망라하여 상세하고도 흥미롭게 다루고 있다.

한 권으로 읽는 융
E. A. 베넷/김형섭 옮김/신국판/240쪽
인간의 감정, 사고, 행동의 근원이 되는 무의식의 정신 활동과 내적 세계의 탐구에 몰두했던 정신의학자 융의 사상과 생애를 한 권으로 정리한 융 심리학 개설서.

한 권으로 읽는 프로이트
D. S. 클라크/최창호 옮김/신국판/276쪽
프로이트가 남긴 20여 편의 저서를 중심으로 그의 정신분석 이론이 발전해가는 과정을 총망라하여 보여주는 정신분석 해설서.

우리 역사를 움직인 33가지 철학
황훈영 지음/신국판/336쪽
단군신화에서부터 토테미즘, 삼신할매 등의 신화를 비롯, 원효 지눌 등 불교와 미륵 사상을 거쳐 개화 사상과 동학, 사상의학 등에 담긴 철학의 내용을 알기 쉽게 풀어쓴 교양서.

우리 역사를 읽는 33가지 테마
'97 교보문고 청소년 권장도서
우윤 지음/신국판/360쪽
정치·문화·학문·생활 등 33가지 주제를 통해 우리 역사 전반을 분석한 책. 역사학자로서의 전문성과 흥미로운 서술방식을 갖춘 역사서.

푸른숲 필로소피아 총서

탈주의 공간을 위하여
서울사회과학연구소 편/신국판 양장본/388쪽

야만적 별종
안토니오 네그리/윤수종 옮김/신국판 양장본/472쪽

근대적 시·공간의 탄생
이진경 지음/신국판 양장본/180쪽

니체와 해석의 문제
앨런 슈리프트/박규현 옮김/신국판 양장본/356쪽

분자 혁명
펠릭스 가타리/윤수종 옮김/신국판 양장본/468쪽

반항의 의미와 무의미
줄리아 크리스테바/유복렬 옮김/신국판 양장본/472쪽

마르크스의 정치이론
최형익 지음/신국판 양장본/336쪽

푸른 역사

20세기 사학사
조지 이거스/임상우·김기봉 옮김/변형 국판/272쪽
20세기 서양 역사서술의 흐름과 경향을 분석·진단하여 위기에 선 역사학의 전망을 다루고 있는 당대 최고의 사학사 입문서.

누가 일본의 얼굴을 보았는가
이규배 지음/신국판/264쪽
일본을 이해하는 데 있어 중요한 키워드 중 하나인 천황의 역사와 실체를 '객관적 사실과 기록'을 중심으로 파헤친 역저.

김정동 교수의 근대 건축 기행
김정동 지음/신국판/264쪽
명동성당에서 서울역, 화신백화점까지 한국 근대 건축물에 담긴 건축과 역사의 문화사.

나스카 유적의 비밀
카르멘 로르바흐/박영구 옮김/산국판/256쪽
고대문명의 마지막 수수께끼로 남은 페루 나스카 지상 그림의 비밀과, 그 그림을 알리고 보존하기 위해 평생을 사막에 바친 마리아 라이헤의 삶을 추적한 보고서.

역사의 길목에 선 31인의 선택
'99 한국 간행물 윤리위원회 청소년 권장도서
'99 중앙일보 좋은책 100선 선정도서
우리 시대의 역사학자 18인 씀/신국판/340쪽
삼국시대부터 해방 공간까지 역사적 전환기를 이끌어 간 31인의 선택과 행적을 재평가하여 우리의 현재와 미래를 비추어 본 역사서.

일본주의자의 꿈
김용범 지음/신국판/296쪽

여성적인 동양이 남성적인 서양을 만났을 때
이옥순 지음/신국판/204쪽

내 아들 딸들에게 아버지가 쓴다
'99 중앙일보 좋은책 100선 선정도서
허경진 편역/신국판/292쪽

누가 왕을 죽였는가
이덕일 지음/신국판/292쪽

조각난 역사
프랑수아 도스/김복래 옮김/변형 국판/420쪽

진훤이라 불러다오
이도학 지음/신국판/344쪽

백원담

연세대 중문과를 졸업하고 동대학원에서
〈중국 신시기 후현대주의(新時期後現代主義) 문학비평론 연구〉로 박사학위를 받았다.
연세대, 강원대, 성공회대에서 강의하고 있다.
주요논문으로는 〈중국 1990년대 문학비평의 모색〉, 〈문학을 통한 역사읽기의
두 유형—진사화(陳思和) '新文學整體觀' 과 여화(余華) 《살아간다는 것(活着)》을 중심으로〉
〈5·4는 반전통주의인가〉, 〈모택동(毛澤東) 연안문예강화(延安文藝講話)의 재음미〉 등이 있다.
번역서로 《살아간다는 것(活着)》, 저서로는
《전환기의 중국문학》, 《중국철학산책》(공편) 등이 있다.

인문학의 위기

첫판 1쇄 펴낸날 · 1999년 10월 5일

편역자 · 백원담
펴낸이 · 김혜경 / 편집주간 · 김학원 / 기획실 · 김수진 조영희 선완규 지평님
편집부 · 한예원 임미영 고연경 / 디자인 · 김진 이열매 / 제작 · 김영희
영업부 · 이동흔 엄현진 / 관리부 · 권혁관 임옥희 윤혜원
인쇄 · 백왕인쇄 / 제본 · 정민제본

펴낸곳 · 도서출판 푸른숲
출판등록 · 1988년 9월 24일 제 11-27호
주소 · 서울 서대문구 충정로 3가 270, 푸른숲 빌딩 4층 우편번호 120-013
전화 · (기획실) 362-4457~8 (편집부) 364-8666
(영업부) 364-7871~3 팩시밀리 · 364-7874
http://www.prunsoop.co.kr

ⓒ 백원담, 1999

ISBN 89-7184-251-2 03150

* 잘못된 책은 바꾸어 드립니다.
* 본서의 반품 기한은 2003년 10월 31일까지입니다.

우 편 엽 서

보내는 사람

이 름 .... 성별 남 ☐ 여 ☐

생년월일 .... (만 세) 미혼 ☐ 기혼 ☐

직 업 .... E-mail

주 소 ....

☐☐☐ - ☐☐☐

서울시 서대문구 충정로 3가 270 푸른숲 B/D 4층 (우:120-013)
#270, 3-Ka, Chungjung-Ro, Seodaemun-Ku, Seoul, 120-013 Korea
TEL (02)364-7871 FAX (02)364-7874

1 2 0 - 0 1 3

우편요금
수취인 부담

발송유효기간
1999.1.1~2000.12.31
서대문우체국 승인
제 168호

독자엽서

도서출판 푸른숲은 인간과 세계를 이해하고자 하는 읽고 싶은 사선으로
시대를 뛰어넘는 삶의 기서가 담긴 책을 펴내고자 합니다.
아래의 물음에 답하여 보내주신 엽서는 좋은 책을 펴내는 소중한 자료로 쓰여집니다.

■ **구입하신 책제목**

■ **구입하신 곳**   예: 있는   서점

■ **이 책을 구입하시게 된 동기**
- 주위의 권유로 □ 선물로 받음 □ 광고를 보고 □
- 광고를 본 매체
  - 신문이나 잡지 이름:
  - 라디오나 TV 프로그램 이름:
  - 기타:
- 기사나 서평을 보고
  - 신문이나 잡지 이름:
  - 라디오나 TV 프로그램 이름:
  - 푸른숲 홍보물:
  - 사보 혹은 기타:

- 서점에서 우연히 (제목 □ 표지 □ 내용 □) 이 눈에 띄어서
- 이미 (작가 □ 푸른숲 □) 을 알고 있어서

■ **이 책을 읽고 난 느낌**

• 내용이 기대보다	□ 만족	□ 보통이다	□ 불만족이다
• 재미요	□ 좋다	□ 보통이다	□ 나쁘다
• 본문 편집이	□ 좋다	□ 보통이다	□ 나쁘다
• 표지가	□ 좋다	□ 보통이다	□ 나쁘다
• 종이 질감이	□ 좋다	□ 보통이다	□ 나쁘다
• 인쇄·제본 상태가	□ 좋다	□ 보통이다	□ 나쁘다

■ **가장 좋아하는 작가는**

■ **최근에 읽은 책 중 가장 기억에 남거나 권하고 싶은 책은**

■ **기타 구독하고 있는 신문, 잡지 이름**

■ **즐겨 듣는 라디오 프로그램**

■ **즐겨 보는 TV 프로그램**

■ **평소 즐겨 읽는 책의 분야**
- □ 시   □ 에세이   □ 국내소설   □ 외국소설   □ 고전   □ 역사
- □ 철학   □ 환경   □ 과학   □ 경영   □ 경제   □ 외국어   □ 컴퓨터

■ **푸른숲 책을 읽고 난 소감이나 바라는 점**

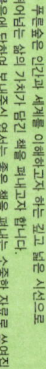

푸른숲